NCS

서울
디자인재단

필기시험

KB158849

PREFACE

우리나라 기업들은 1960년대 이후 현재까지 비약적인 발전을 이루었다. 이렇게 급속한 성장을 이룰 수 있었던 배경에는 우리나라 국민들의 근면성 및 도전정신이 있었다. 그러나 빠르게 변화하는 세계 경제의 환경에 적응하기 위해서는 근면성과 도전정신 이외에 또 다른 성장 요인이 필요하다.

최근 많은 공사ㆍ공단에서는 기존의 직무 관련성에 대한 고려 없이 인ㆍ적성, 지식 중심으로 치러지던 필기전형을 탈피하고, 산업현장에서 직무를 수행하기 위해 요구되는 능력을 산업부문별ㆍ수준별로 체계화 및 표준화한 NCS를 기반으로 하여 채용공고 단계에서 제시되는 '직무 설명자료'상의 직업기초능력과 직무수행능력을 측정하기 위한 직업기초능력평가, 직무수행능력평가 등을 도입하고 있다.

서울디자인재단에서도 업무에 필요한 역량 및 책임감과 적응력 등을 구비한 인재를 선발하기 위하여 고유의 필기시험을 치르고 있다. 본서는 서울디자인재단 채용대비를 위한 필독서로 서울디자인재단 필기시험의 출제경향을 철저히 분석하여 응시자들이 보다 쉽게 시험유형을 파악하고 효율적으로 대비할 수 있도록 구성하였다.

신념을 가지고 도전하는 사람은 반드시 그 꿈을 이룰 수 있습니다. 처음에 품은 신념과 열정이 취업 성공의 그 날까지 빛바래지 않도록 서원각이 수험생 여러분을 응원합니다.

핵심이론정리

NCS 직업기초능력 핵심이론
을 체계적으로 정리하여 단기
간에 학습할 수 있도록 하였
습니다.

출제예상문제

적중률 높은 영역별 출제예상
문제를 수록하여 학습효율을
확실하게 높였습니다.

인성검사 및 면접

실전 인성검사와 서울디자인
재단 면접기출로 취업의 마무
리까지 확실하게 책임집니다.

CONTENTS

PART

I

서울디자인재단 소개

01 기업소개 및 채용안내

1 기업소개

(1) 설립목적

서울디자인재단은 DDP(동대문디자인플라자) 시설을 기반으로 서울의 디자인 진흥과 디자인 문화 확산에 필요한 사업을 성공적으로 수행함으로써 시민 삶의 질 제고 및 서울의 디자인 경쟁력을 국제적 수준으로 향상시키기 위해 설립되었다.

(2) 미션 및 비전

① **미션** … 디자인산업 육성 및 디자인문화 확산을 통한 서울의 경쟁력 향상

② **비전** … 서울시민의 더 나은 삶을 선도하는 디자인 기관

③ **핵심가치** … 시민중심, 미래선도, 전문역량, 선진경영

④ **전략**

전략목표	전략과제
디자인의 공공성 강화	• 시민서비스디자인 확산 • 유니버설 디자인 거점 구축 및 개념 확산 • 창의인재 육성을 위한 생애주기별 교육
미래 선도 디자인 지원	• 미래 선도 디자인 거점 구축 • 지속가능 디자인 문화확산 • 미래 선도 디자인 연구
디자인산업 상생 기반 고도화	• 디자인 비즈니스 지원 및 기반마련 • 디자인 일자리 창출 및 인재육성 • 디자인산업 활성화를 위한 국내외 교류협력
혁신 경영 시스템 도입	• 상생경영의 사회적 가치 실현 • 지속 경영 인프라 구축

(3) 사업소개

① **DDP 운영** … DDP(동대문디자인플라자)는 서울의 미래 성장을 견인하는 '창조산업의 전진기지'를 위해 건립된 세계 최대 규모의 3차원 비정형 건축물이다. 세계적 건축가 자하 하디드가 설계하였으며, 신제품 발표, 전시, 공연, 비즈니스, 쇼핑과 휴식을 위한 5개의 시설로 이루어져 있다.

② **패션사업** … 세계가 주목하는 패션 중심 도시로서의 서울의 위상을 제고하며, 국내 디자이너 브랜드의 해외 진출 교두보를 마련하기 위한 사업으로, 서울패션위크, 트레이드쇼, 글로벌 패션브랜드육성지원, 패션디자인기반마련 등 다양한 사업을 추진한다.

③ **패션/의류 산업** … 서울의 패션의류 제조산업의 인프라 강화 및 활성화를 위해 권역별 4개 패션지원센터 운영, 청년 일자리 창출 및 창업지원사업, 소상공인 판로개척 및 동대문 패션상권 활성화 사업 등을 추진 중에 있다.

④ **디자인사업** … 시민중심 생활밀착형 서비스디자인 사업 실행을 목표로 디자인을 통해 낙후된 지역 산업의 가치를 재발견하고 지역 상권에 활력을 불어넣기 위한 도심창조산업 활성화 사업, 도심의 위해 요소를 발굴하고 개선하기 위한 안전안심 디자인사업, 청년디자이너, 컨설턴트, 지역 기관의 담당자가 함께 시민 생활과 밀접한 문제를 디자인으로 해결하는 서울디자인컨설턴트 사업을 실행해오고 있다.

⑤ **디자인/공예 산업** … 가치소비 등 소비트렌드 변화와 디자인·공예 산업 육성 및 지원체계 고도화를 위해 디자인 공예 산업 순환체계를 마련하고 이를 통해 DDP가 시대의 라이프 스타일을 만드는 공간이자 전시와 유통, 매출로 이어지는 아시아 디자인의 발신지가 되도록 '디자인 비즈니스 허브' 비전에 기여하고자 한다.

⑥ **서울새활용플라자** … 「자원순환도시 서울시 비전 2030」을 토대로 새활용(Upcycling)에 대한 환경적, 사회적, 경제적 인식을 넓히고, 업사이클링 기반 산업의 생태계를 육성한다.

⑦ **서울디자인창업센터** … 서울특별시와 서울디자인재단이 설립하고 운영하는 청년 디자인 창업과 혁신 창업을 위한 지속가능한 지원 인프라이다. 디자인 창업에 특화된 공간과 차별화된 프로그램을 통해, 젊은 디자이너들이 작지만 역량 있는 스타트업으로서 그 시작을 함께하고, 성장을 공유할 수 있는 '서울청년 디자인창업 허브'로서 자리매김하고 있다.

⑧ **서울도시건축비엔날레** … 서울의 도시·건축 현안부터 세계 도시의 다양한 이슈를 연구하고, 이에 대한 디자인적·정책적 담론을 생성하여 널리 소통하고자 운영되는 사업이다.

❷ 채용안내

※ 2019년 정규직 신입직원 채용 공고 및 2020년 블라인드 채용 대행 공고 기준으로 자세한 사항은 서울디자인재단 홈페이지를 참고

(1) 모집분야 및 응시자격

「서울디자인재단 인사규정」 제8조의 결격사유에 해당하지 않으며, 분야별 아래 응시자격을 충족하는 자

채용분야			자격요건
공지사항			• 재단 정년 만60세 이하인자로, 임용 후 즉시 근무가 가능한자 • 학력 및 경력 제한 없음
일반직 6급	디자인	제품디자인	• 제한 없음
		전시디자인	
		서비스경험디자인	
	일반행정		
	정보기술		
	시설	전기	• 전기산업기사이상 소지자
		안전	• 산업안전산업기사이상 소지자
	일반행정(장애인제한경쟁)		• 장애인
계			

(2) 근로조건

① 6개월 수습근무 후, 별도 평가절차를 거쳐 정규직으로 임용

② 보수수준 … 우리재단 보수규정에 따름(연봉제)

※ 재단 홈페이지 내 보수규정 참조, 보수 관련 경력 최대 2년까지 인정

③ 근무예정지

㉠ 서울디자인재단(서울특별시 종로구 율곡로 283)

㉡ 동대문디자인플라자(서울특별시 중구 을지로 281)

㉢ 이외 마포, 용산 등 서울지역에 여러 근무지를 두고 있으며 인력운용 상황에 따라 근무지역은 변동될 수 있음

(3) 전형별 우대사항

① 매 전형 ··· 취업지원대상자, 장애인, 북한이탈주민

    ㉠ 지원서에 기재하고 증빙서류를 제출할 경우 전형별 가산점 부여(우대조건 중복되는 경우 유리한 1 개 사항만 인정. 다만 장애인 제한경쟁분야의 경우 장애인을 제외한 우대조건 중 유리한 1개 사항만 인정)

    ㉡ 「국가유공자 등 예우 및 지원에 관한 법률」 등에 따른 취업지원대상자(만점의 5%, 10%)

        ※ 분야별 가산점을 적용받아 합격하는 인원은 선발예정인원의 30%를 초과할 수 없음

    ㉢ 「장애인고용촉진 및 직업재활법률」 등에 따른 장애인(만점의 10%)

    ㉣ 「북한이탈주민의 보호 및 정착지원에 관한 법률」 등에 따른 북한이탈주민(만점의 10%)

② 필기시험 ··· 서울디자인재단 기간제근로자(계약직) 근무경력, 자격사항

    ㉠ 서울디자인재단 기간제근로자(계약직) : 다수일 경우 최장기 근무 1종만 인정

근무경력 1년 초과 2년 이하	결과점수 10% 가점
근무경력 6개월 이상 1년 이하	결과점수 5% 가점

    ㉡ 자격증 가점

      • 각 과목별 만점의 일정 비율에 해당하는 점수를 다음 표에 의하여 필기시험의 각 과목별 득점에 가산함

      • 자격증 가산점은 분야별 자격증 1개만 인정

주요직무	자격증명	가점 기준
디자인	[기술] 제품디자인, 시각디자인, 컬러리스트, 웹디자인, 제품응용모델링, 컴퓨터그래픽스운용, 패션디자인, 패션머천다이징, 한복, 양복, 양장, 신발류제조	• 디자인 기술자격 – 기사 이상 : 10% – 산업기사 : 7% – 기능사 : 3%
일반행정	[전문] 공인노무사, 세무사, 공인회계사, 변호사, 법무사 [서비스] 컨벤션기획사, 전산회계운용사, 컴퓨터활용능력	• 전문자격 : 10% • 서비스자격 – 1급 : 5% – 2급 : 3% – 3급 : 1%
정보기술	[기술] 정보관리, 컴퓨터시스템응용, 전자계산기조직응용, 정보처리, 사무자동화, 정보기기운용, 정보보안	• 정보기술 기술자격 – 기사 이상 : 10% – 산업기사 : 7% – 기능사 : 3%

    ※ 다수일 경우 가장 높은 배점 자격증 1종만 인정

    ※ 자격증 인정종목, 범위 등은 고용노동부 국가기술자격법 및 한국산업인력공단에서 고시한 정보를 기준으로 함.

(4) 채용전형 절차

① 채용절차

| 필기시험 | ▶ | 서류전형 | ▶ | 면접전형 | ▶ | 최종합격 발표 및 임용 |

② 평가기준

구분	평가방법	평가요소
필기전형	인성검사 및 NCS 직업기초능력 평가	의사소통능력, 수리활용, 문제해결능력, 조직이해능력 등 객관식문항
서류전형	입사지원서 및 자기소개서 검증	응시자격요건 충족 및 자기소개서 불성실 기재여부 검증
면접전형	실무진 구조화 면접(PT) 최종면접(BEI)	글로벌마인드, 전문성, 열정과 도전, 인성, 창의성
신원조회	본적지 기준 결격사유 조회	—
신체검사	공무원 채용 신체검사 기준 준용	

(5) 기타사항

① 모집분야 적격자가 없는 경우 선발하지 않을 수 있습니다.

② 채용시험에 있어서 부정행위 등 채용비위사실이 발견될 경우 합격을 취소하고 응시자격을 영구 박탈합니다.

③ 각 전형단계에서 합격하더라도 증빙서류를 제출하지 아니하거나 허위기재 또는 허위증빙 제출 시 불합격 처리되며 또한 최종합격 후 또는 입사 이후라도 관련 사실이 밝혀지면 불합격 처리됩니다.

④ 응시원서나 각종 증명서의 기재사항 착오 및 누락, 연락 불능, 제출시간 지연 등으로 발생하는 일체의 불이익은 응시자의 책임입니다.

⑤ 각 채용단계별 응시자 대상으로 이의제기 절차를 운영합니다.

⑥ 응시자에게 합격 여부만 통보하며 불합격 사유는 별도로 설명하지 않습니다.

⑦ 서울디자인재단은 공무원 신체검사 기준을 준용하며, 신체검사 결과에 결격사유가 있는 경우 또는 신원조회(조사) 결과 결격사유가 발견될 경우에는 합격이 취소됩니다.

⑧ 채용 결격사유 발생, 임용포기, 임용 후 퇴사 등의 사유로 합격자 발표일로부터 6개월 이내에 결원 발생 시 최종면접 성적순에 의거하여 추가합격자를 임용할 수 있습니다.

⑨ 채용진행경과에 따라 일정 등은 변경될 수 있으며, 변경 시 채용지원 홈페이지 등을 통해 공고할 예정입니다.

⑩ 우리 재단은 윤리경영의 실천과 공정하고 투명한 기업문화를 유지, 발전시키고자 채용 관련 인사 청탁자는 전형대상에서 제외하고 있습니다.

⑪ 기타 자세한 사항은 재단 채용지원 홈페이지(seouldesign.bzpp.co.kr)를 참고하시기 바랍니다.

02 관련기사

서울시 겨울 빛 축제 '서울라이트' 100만 명 발길⋯ DDP 개관 이래 최대 성황

세계 최장 220m DDP 외벽 영상쇼에 탄성과 환호, 국내외 방송과 SNS 뜨겁게 달궈
동대문상권, 건물외관 소등과 마켓에 참여해 상생협력⋯ 축제성공으로 새로운 활력
서울시, 세계적 빛 축제로의 육성을 위해 금년부터 계절별 개최 등 확대 준비

보름이라는 짧은 기간 동안 국내외 관광객 총 100만 명, 하루 평균 6만 명 이상이 찾은 '서울라이트(SEOULIGHT)'가 지난 3일(금) 성황리에 막을 내려 한겨울 서울의 대표축제임을 입증했다.

'서울라이트(SEOULIGHT)'는 서울시와 서울디자인재단이 15일(19.12.20.~20.1.3.)간 ▲ 대표 콘텐츠인 미디어파사드를 비롯해 ▲ 서울라이트 마켓, ▲ 문화공연, ▲ 서울라이트 포럼·워크숍, ▲ 이벤트, ▲ 전시, ▲ 푸드트럭 등 풍성한 부대행사를 함께 선보인 겨울 빛 축제다.

행사기간 중 총 100만 명 이상이 방문 한 것으로 추산되는데 ▲ CCTV 집계 866,603명, ▲ CCTV가 집계되지 않는 디자인거리 150,000명, ▲ 기타 유동인구 50,000여명 등을 포함한 수치다.

CCTV 집계만 보더라도 서울라이트 축제가 시작된 지난해 12월 20일부터 올해 1월 3일까지 DDP를 찾아온 방문객이 DDP 개관 이후 사상 최대로 늘어나면서 2018년 동기간 대비 59%, 2017년 동기간 대비 118% 증가되면서 이번 서울라이트가 DDP와 인근상권 방문을 유도하는데 획기적인 역할을 했다는 입증이다.

특히, DDP 외벽 전체가 커다란 선물 박스로 변신한 크리스마스 시즌(24~25일)과 2020년 새해맞이 카운트다운 특별영상쇼가 있었던 31일에는 시민·관광객 등 총 25만 명이 성탄과 새해를 축하하며 뜻깊은 시간을 보냈다.

서울시는 올해 처음 개최된 '서울라이트'가 성공적으로 안착함에 따라, 관광 비수기인 겨울철 서울의 대표축제로 육성한다는 계획이다. 이를 위해, 축제를 매년 같은 시기에 개최하는 ① 정례화를 통해 국내외 관광객의 유입을 도모하고, 축제의 외연확대를 위해 ② 동대문상권과의 민관협력 강화, ③ 민간기업의 참여유치, ④ 계절별 서울라이트 확대, 콘텐츠 고도화를 위해 ⑤ 첨단 ICT 기술 활용 등을 추진 할 계획이다.

−2020. 1. 9.

면접질문	• '서울라이트' 같은 대표축제 중 아는 것이 있다면 말해 보시오.
	• 지역 축제를 활성화시킬 수 있는 방안을 제안해 보시오.

유니버설디자인으로 새로운 라이프스타일을 제시하는 서울 UD라이프스타일 공모전 개최

유니버설디자인 기반의 새로운 라이프스타일을 제안하는 제품디자인, 아이디어 영상 공모
상금, 유럽 디자인워크숍 참가비, 프로토타입 지원비 등 천만 원 상당의 다양한 혜택
수상작은 DDP UD라이프스타일 플랫폼 전시 및 DDP 스토어 입점 등 홍보 기회 제공

서울디자인재단은 유니버설디자인을 기반으로 새로운 라이프스타일을 창조하는 디자인을 찾는 "서울 UD라이프스타일 공모전"을 개최한다고 밝혔다. '유니버설디자인(UD, Universal Design)'은 유니버설디자인은 성별, 나이, 장애, 언어 등으로 인해 제약을 받지 않도록 모든 사람에게 불편한 요소를 제거하고 편리한 사용성과 시스템을 배려하는 디자인 분야이다.

서울 UD라이프스타일 공모전은 유니버설디자인을 기반으로 우리의 생활문화(생활양식, 행동 양식, 생활 방법 등)를 새로운 라이프스타일을 창조하는 디자인을 찾는 과정으로, 삶의 질을 높이는 참신한 아이디어의 발굴과 확산을 목적으로 기획되었다.

이번 공모전의 주제는 '서울 UD라이프스타일 개념에 부합하는 제품디자인 및 아이디어'이며 일반인, 기업, 청소년 부문으로 나누어 진행한다. 일반인과 기업 부문은 제품 디자인을 출품해야 하며, 청소년 부문은 디자인 아이디어 영상을 출품할 수 있다. 모든 수상작은 DDP UD라이프스타일 복합문화공간과 DDP 미디어 매체를 통해 전시·상영 기회가 제공되어 시민에게 선보여지고, 특히 기업 제품은 홍보의 기회가 될 것이다.

한편, DDP UD라이프스타일 복합문화공간은 UD 혁신 플랫폼을 통한 UD 인식 개선 및 디자인 산업 육성을 위해 올해 상반기에 개관 예정이다. 전문 디자인 지식 공간으로 DDP 공간 활성화와 DDP만의 차별화된 콘텐츠를 선보일 것으로 기대된다.

최경란 서울디자인재단 대표이사는 "이번 공모전에서 시민의 우수한 디자인은 샘플 개발과 기업 연계 지원 등을 통해 구체화하여 확산하고, 청소년의 영상 디자인은 생활환경의 불편을 개선하는 아이디어가 될 것이며, 기업 부문의 디자인은 제품의 우수성을 널리 홍보할 예정이다."라고 전했다.

-2020. 1. 4.

면접질문 • 공모전에 참가했던 경험이 있다면 말해 보시오.

PART

II

인성검사

01 인성검사의 개요

1 인성(성격)검사의 개념과 목적

인성(성격)이란 개인을 특징짓는 평범하고 일상적인 사회적 이미지, 즉 지속적이고 일관된 공적 성격(Public – personality)이며, 환경에 대응함으로써 선천적·후천적 요소의 상호작용으로 결정화된 심리적·사회적 특성 및 경향을 의미한다.

인성검사는 직무적성검사를 실시하는 대부분의 기업체에서 병행하여 실시하고 있으며, 인성검사만 독자적으로 실시하는 기업도 있다.

기업체에서는 인성검사를 통하여 각 개인이 어떠한 성격 특성이 발달되어 있고, 어떤 특성이 얼마나 부족한지, 그것이 해당 직무의 특성 및 조직문화와 얼마나 맞는지를 알아보고 이에 적합한 인재를 선발하고자 한다. 또한 개인에게 적합한 직무 배분과 부족한 부분을 교육을 통해 보완하도록 할 수 있다.

인성검사의 측정요소는 검사방법에 따라 차이가 있다. 또한 각 기업체들이 사용하고 있는 인성검사는 기존에 개발된 인성검사방법에 각 기업체의 인재상을 적용하여 자신들에게 적합하게 재개발하여 사용하는 경우가 많다. 그러므로 기업체에서 요구하는 인재상을 파악하여 그에 따른 대비책을 준비하는 것이 바람직하다. 본서에서 제시된 인성검사는 크게 '특성'과 '유형'의 측면에서 측정하게 된다.

2 성격의 특성

(1) 정서적 측면

정서적 측면은 평소 마음의 당연시하는 자세나 정신상태가 얼마나 안정하고 있는지 또는 불안정한지를 측정한다.

정서의 상태는 직무수행이나 대인관계와 관련하여 태도나 행동으로 드러난다. 그러므로 정서적 측면을 측정하는 것에 의해, 장래 조직 내의 인간관계에 어느 정도 잘 적응할 수 있을까(또는 적응하지 못할까)를 예측하는 것이 가능하다.

그렇기 때문에, 정서적 측면의 결과는 채용 시에 상당히 중시된다. 아무리 능력이 좋아도 장기적으로 조직 내의 인간관계에 잘 적응할 수 없다고 판단되는 인재는 기본적으로는 채용되지 않는다.

일반적으로 인성(성격)검사는 채용과는 관계없다고 생각하나 정서적으로 조직에 적응하지 못하는 인재는 채용단계에서 가려내지는 것을 유의하여야 한다.

① 민감성(신경도) … 꼼꼼함, 섬세함, 성실함 등의 요소를 통해 일반적으로 신경질적인지 또는 자신의 존재를 위협받는다는 불안을 갖기 쉬운지를 측정한다.

질문	그렇다	약간 그렇다	그저 그렇다	별로 그렇지 않다	그렇지 않다
• 남을 잘 배려한다고 생각한다.					
• 어질러진 방에 있으면 불안하다.					
• 실패 후에는 불안하다.					
• 세세한 것까지 신경 쓴다.					
• 이유 없이 불안할 때가 있다.					

▶ **측정결과**

㉠ '그렇다'가 많은 경우(상처받기 쉬운 유형) : 사소한 일에 신경 쓰고 다른 사람의 사소한 한마디 말에 상처를 받기 쉽다.

• 면접관의 심리 : '동료들과 잘 지낼 수 있을까?', '실패할 때마다 위축되지 않을까?'

• 면접대책 : 다소 신경질적이라도 능력을 발휘할 수 있다는 평가를 얻도록 한다. 주변과 충분한 의사소통이 가능하고, 결정한 것을 실행할 수 있다는 것을 보여주어야 한다.

㉡ '그렇지 않다'가 많은 경우(정신적으로 안정적인 유형) : 사소한 일에 신경 쓰지 않고 금방 해결하며, 주위 사람의 말에 과민하게 반응하지 않는다.

• 면접관의 심리 : '계약할 때 필요한 유형이고, 사고 발생에도 유연하게 대처할 수 있다.'

• 면접대책 : 일반적으로 '민감성'의 측정치가 낮으면 플러스 평가를 받으므로 더욱 자신감 있는 모습을 보여준다.

② 자책성(과민도) ··· 자신을 비난하거나 책망하는 정도를 측정한다.

질문	그렇다	약간 그렇다	그저 그렇다	별로 그렇지 않다	그렇지 않다
• 후회하는 일이 많다. • 자신이 하찮은 존재라 생각된다. • 문제가 발생하면 자기의 탓이라고 생각한다. • 무슨 일이든지 끙끙대며 진행하는 경향이 있다. • 온순한 편이다.					

▶측정결과

㉠ '그렇다'가 많은 경우(자책하는 유형) : 비관적이고 후회하는 유형이다.

• 면접관의 심리 : '끙끙대며 괴로워하고, 일을 진행하지 못할 것 같다.'

• 면접대책 : 기분이 저조해도 항상 의욕을 가지고 생활하는 것과 책임감이 강하다는 것을 보여준다.

㉡ '그렇지 않다'가 많은 경우(낙천적인 유형) : 기분이 항상 밝은 편이다.

• 면접관의 심리 : '안정된 대인관계를 맺을 수 있고, 외부의 압력에도 흔들리지 않는다.'

• 면접대책 : 일반적으로 '자책성'의 측정치가 낮아야 좋은 평가를 받는다.

③ 기분성(불안도) ··· 기분의 굴곡이나 감정적인 면의 미숙함이 어느 정도인지를 측정하는 것이다.

질문	그렇다	약간 그렇다	그저 그렇다	별로 그렇지 않다	그렇지 않다
• 다른 사람의 의견에 자신의 결정이 흔들리는 경우가 많다. • 기분이 쉽게 변한다. • 종종 후회한다. • 다른 사람보다 의지가 약한 편이라고 생각한다. • 금방 싫증을 내는 성격이라는 말을 자주 듣는다.					

▶측정결과

㉠ '그렇다'가 많은 경우(감정의 기복이 많은 유형) : 의지력보다 기분에 따라 행동하기 쉽다.

• 면접관의 심리 : '감정적인 것에 약하며, 상황에 따라 생산성이 떨어지지 않을까?'

• 면접대책 : 주변 사람들과 항상 협조한다는 것을 강조하고 한결같은 상태로 일할 수 있다는 평가를 받도록 한다.

㉡ '그렇지 않다'가 많은 경우(감정의 기복이 적은 유형) : 감정의 기복이 없고, 안정적이다.

• 면접관의 심리 : '안정적으로 업무에 임할 수 있다.'

• 면접대책 : 기분성의 측정치가 낮으면 플러스 평가를 받으므로 자신감을 가지고 면접에 임한다.

④ 독자성(개인도) … 주변에 대한 견해나 관심, 자신의 견해나 생각에 어느 정도의 속박감을 가지고 있는지를 측정한다.

질문	그렇다	약간 그렇다	그저 그렇다	별로 그렇지 않다	그렇지 않다
• 창의적 사고방식을 가지고 있다.					
• 융통성이 있는 편이다.					
• 혼자 있는 편이 많은 사람과 있는 것보다 편하다.					
• 개성적이라는 말을 듣는다.					
• 교제는 번거로운 것이라고 생각하는 경우가 많다.					

▶ 측정결과

㉠ '그렇다'가 많은 경우 : 자기의 관점을 중요하게 생각하는 유형으로, 주위의 상황보다 자신의 느낌과 생각을 중시한다.
• 면접관의 심리 : '제멋대로 행동하지 않을까?'
• 면접대책 : 주위 사람과 협조하여 일을 진행할 수 있다는 것과 상식에 얽매이지 않는다는 인상을 심어준다.

㉡ '그렇지 않다'가 많은 경우 : 상식적으로 행동하고 주변 사람의 시선에 신경을 쓴다.
• 면접관의 심리 : '다른 직원들과 협조하여 업무를 진행할 수 있겠다.'
• 면접대책 : 협조성이 요구되는 기업체에서는 플러스 평가를 받을 수 있다.

⑤ 자신감(자존심도) ··· 자기 자신에 대해 얼마나 긍정적으로 평가하는지를 측정한다.

질문	그렇다	약간 그렇다	그저 그렇다	별로 그렇지 않다	그렇지 않다
• 다른 사람보다 능력이 뛰어나다고 생각한다. • 다소 반대의견이 있어도 나만의 생각으로 행동할 수 있다. • 나는 다른 사람보다 기가 센 편이다. • 동료가 나를 모욕해도 무시할 수 있다. • 대개의 일을 목적한 대로 헤쳐나갈 수 있다고 생각한다.					

▶측정결과

㉠ '그렇다'가 많은 경우: 자기 능력이나 외모 등에 자신감이 있고, 비판당하는 것을 좋아하지 않는다.
  • 면접관의 심리: '자만하여 지시에 잘 따를 수 있을까?'
  • 면접대책: 다른 사람의 조언을 잘 받아들이고, 겸허하게 반성하는 면이 있다는 것을 보여주고, 동료들과 잘 지내며 리더의 자질이 있다는 것을 강조한다.
㉡ '그렇지 않다'가 많은 경우: 자신감이 없고 다른 사람의 비판에 약하다.
  • 면접관의 심리: '패기가 부족하지 않을까?', '쉽게 좌절하지 않을까?'
  • 면접대책: 극도의 자신감 부족으로 평가되지는 않는다. 그러나 마음이 약한 면은 있지만 의욕적으로 일을 하겠다는 마음가짐을 보여준다.

⑥ 고양성(분위기에 들뜨는 정도) ··· 자유분방함, 명랑함과 같이 감정(기분)의 높고 낮음의 정도를 측정한다.

질문	그렇다	약간 그렇다	그저 그렇다	별로 그렇지 않다	그렇지 않다
• 침착하지 못한 편이다. • 다른 사람보다 쉽게 우쭐해진다. • 모든 사람이 아는 유명인사가 되고 싶다. • 모임이나 집단에서 분위기를 이끄는 편이다. • 취미 등이 오랫동안 지속되지 않는 편이다.					

▶측정결과

㉠ '그렇다'가 많은 경우 : 자극이나 변화가 있는 일상을 원하고 기분을 들뜨게 하는 사람과 친밀하게 지내는 경향이 강하다.

- 면접관의 심리 : '일을 진행하는 데 변덕스럽지 않을까?'
- 면접대책 : 밝은 태도는 플러스 평가를 받을 수 있지만, 착실한 업무능력이 요구되는 직종에서는 마이너스 평가가 될 수 있다. 따라서 자기조절이 가능하다는 것을 보여준다.

㉡ '그렇지 않다'가 많은 경우 : 감정이 항상 일정하고, 속을 드러내 보이지 않는다.

- 면접관의 심리 : '안정적인 업무 태도를 기대할 수 있겠다.'
- 면접대책 : '고양성'의 낮음은 대체로 플러스 평가를 받을 수 있다. 그러나 '무엇을 생각하고 있는지 모르겠다' 등의 평을 듣지 않도록 주의한다.

⑦ 허위성(진위성) … 필요 이상으로 자기를 좋게 보이려 하거나 기업체가 원하는 '이상형'에 맞춘 대답을 하고 있는지, 없는지를 측정한다.

질문	그렇다	약간 그렇다	그저 그렇다	별로 그렇지 않다	그렇지 않다
• 약속을 깨뜨린 적이 한 번도 없다. • 다른 사람을 부럽다고 생각해 본 적이 없다. • 꾸지람을 들은 적이 없다. • 사람을 미워한 적이 없다. • 화를 낸 적이 한 번도 없다.					

▶측정결과

㉠ '그렇다'가 많은 경우 : 실제의 자기와는 다른, 말하자면 원칙으로 해답할 가능성이 있다.

- 면접관의 심리 : '거짓을 말하고 있다.'
- 면접대책 : 조금이라도 좋게 보이려고 하는 '거짓말쟁이'로 평가될 수 있다. '거짓을 말하고 있다.'는 마음 따위가 전혀 없다 해도 결과적으로는 정직하게 답하지 않는다는 것이 되어 버린다. '허위성'의 측정 질문은 구분되지 않고 다른 질문 중에 섞여 있다. 그러므로 모든 질문에 솔직하게 답하여야 한다. 또한 자기 자신과 너무 동떨어진 이미지로 답하면 좋은 결과를 얻지 못한다. 그리고 면접에서 '허위성'을 기본으로 한 질문을 받게 되므로 당황하거나 또 다른 모순된 답변을 하게 된다. 겉치레를 하거나 무리한 욕심을 부리지 말고 '이런 사회인이 되고 싶다.'는 현재의 자신보다, 조금 성장한 자신을 표현하는 정도가 적당하다.

㉡ '그렇지 않다'가 많은 경우 : 냉정하고 정직하며, 외부의 압력과 스트레스에 강한 유형이다. '대쪽 같음'의 이미지가 굳어지지 않도록 주의한다.

(2) 행동적인 측면

행동적 측면은 인격 중에 특히 행동으로 드러나기 쉬운 측면을 측정한다. 사람의 행동 특징 자체에는 선도 악도 없으나, 일반적으로는 일의 내용에 의해 원하는 행동이 있다. 때문에 행동적 측면은 주로 직종과 깊은 관계가 있는데 자신의 행동 특성을 살려 적합한 직종을 선택한다면 플러스가 될 수 있다.

행동 특성에서 보여 지는 특징은 면접 장면에서도 드러나기 쉬우므로 평소 자신의 태도, 행동이 면접관의 시선에 어떻게 비치는지를 점검하도록 해야 한다.

① 사회적 내향성 … 대인관계에서 나타나는 행동경향으로 '낯가림'을 측정한다.

질문	선택
A : 파티에서는 사람을 소개받는 편이다. B : 파티에서는 사람을 소개하는 편이다.	
A : 처음 보는 사람과는 어색하게 시간을 보내는 편이다. B : 처음 보는 사람과는 즐거운 시간을 보내는 편이다.	
A : 친구가 적은 편이다. B : 친구가 많은 편이다.	
A : 자신의 의견을 말하는 경우가 적다. B : 자신의 의견을 말하는 경우가 많다.	
A : 사교적인 모임에 참석하는 것을 좋아하지 않는다. B : 사교적인 모임에 항상 참석한다.	

▶측정결과

㉠ 'A'가 많은 경우 : 내성적이고 사람들과 접하는 것에 소극적이다. 자신의 의견을 말하지 않고 조심스러운 편이다.
- 면접관의 심리 : '소극적인데 동료와 잘 지낼 수 있을까?'
- 면접대책 : 대인관계를 맺는 것을 싫어하지 않고 의욕적으로 일을 할 수 있다는 것을 보여준다.

㉡ 'B'가 많은 경우 : 사교적이고 자기의 생각을 명확하게 전달할 수 있다.
- 면접관의 심리 : '사교적이고 활동적인 것은 좋지만, 자기주장이 너무 강하지 않을까?'
- 면접대책 : 협조성을 보여주고, 자기주장이 너무 강하다는 인상을 주지 않도록 주의한다.

② 내성성(침착도) … 자신의 행동과 일에 대해 침착하게 생각하는 정도를 측정한다.

질문	선택
A : 시간이 걸려도 침착하게 생각하는 경우가 많다. B : 짧은 시간에 결정을 하는 경우가 많다.	
A : 실패의 원인을 찾고 반성하는 편이다. B : 실패를 해도 그다지(별로) 개의치 않는다.	
A : 결론이 도출되어도 몇 번 정도 생각을 바꾼다. B : 결론이 도출되면 신속하게 행동으로 옮긴다.	
A : 여러 가지 생각하는 것이 능숙하다. B : 여러 가지 일을 재빨리 능숙하게 처리하는 데 익숙하다.	
A : 여러 가지 측면에서 사물을 검토한다. B : 행동한 후 생각을 한다.	

▶**측정결과**

㉠ 'A'가 많은 경우 : 행동하기 보다는 생각하는 것을 좋아하고 신중하게 계획을 세워 실행한다.
 • 면접관의 심리 : '행동으로 실천하지 못하고, 대응이 늦은 경향이 있지 않을까?'
 • 면접대책 : 발로 뛰는 것을 좋아하고, 일을 더디게 한다는 인상을 주지 않도록 한다.
㉡ 'B'가 많은 경우 : 차분하게 생각하는 것보다 우선 행동하는 유형이다.
 • 면접관의 심리 : '생각하는 것을 싫어하고 경솔한 행동을 하지 않을까?'
 • 면접대책 : 계획을 세우고 행동할 수 있는 것을 보여주고 '사려 깊다'라는 인상을 남기도록 한다.

③ 신체활동성 … 몸을 움직이는 것을 좋아하는가를 측정한다.

질문	선택
A : 민첩하게 활동하는 편이다. B : 준비행동이 없는 편이다.	
A : 일을 척척 해치우는 편이다. B : 일을 더디게 처리하는 편이다.	
A : 활발하다는 말을 듣는다. B : 얌전하다는 말을 듣는다.	
A : 몸을 움직이는 것을 좋아한다. B : 가만히 있는 것을 좋아한다.	
A : 스포츠를 하는 것을 즐긴다. B : 스포츠를 보는 것을 좋아한다.	

▶**측정결과**

㉠ 'A'가 많은 경우 : 활동적이고, 몸을 움직이게 하는 것이 컨디션이 좋다.
  • 면접관의 심리 : '활동적으로 활동력이 좋아 보인다.'
  • 면접대책 : 활동하고 얻은 성과 등과 주어진 상황의 대응능력을 보여준다.
㉡ 'B'가 많은 경우 : 침착한 인상으로, 차분하게 있는 타입이다.
  • 면접관의 심리 : '좀처럼 행동하려 하지 않아 보이고, 일을 빠르게 처리할 수 있을까?'

④ 지속성(노력성) … 무슨 일이든 포기하지 않고 끈기 있게 하려는 정도를 측정한다.

질문	선택
A : 일단 시작한 일은 시간이 걸려도 끝까지 마무리한다. B : 일을 하다 어려움에 부딪히면 단념한다.	
A : 끈질긴 편이다. B : 바로 단념하는 편이다.	
A : 인내가 강하다는 말을 듣는다. B : 금방 싫증을 낸다는 말을 듣는다.	
A : 집념이 깊은 편이다. B : 담백한 편이다.	
A : 한 가지 일에 구애되는 것이 좋다고 생각한다. B : 간단하게 체념하는 것이 좋다고 생각한다.	

▶**측정결과**

㉠ 'A'가 많은 경우 : 시작한 것은 어려움이 있어도 포기하지 않고 인내심이 높다.

　• 면접관의 심리 : '한 가지의 일에 너무 구애되고, 업무의 진행이 원활할까?'

　• 면접대책 : 인내력이 있는 것은 플러스 평가를 받을 수 있지만 집착이 강해 보이기도 한다.

㉡ 'B'가 많은 경우 : 뒤끝이 없고 조그만 실패로 일을 포기하기 쉽다.

　• 면접관의 심리 : '질리는 경향이 있고, 일을 정확히 끝낼 수 있을까?'

　• 면접대책 : 지속적인 노력으로 성공했던 사례를 준비하도록 한다.

⑤ 신중성(주의성) … 자신이 처한 주변상황을 즉시 파악하고 자신의 행동이 어떤 영향을 미치는지를 측정한다.

질문	선택
A : 여러 가지로 생각하면서 완벽하게 준비하는 편이다. B : 행동할 때부터 임기응변적인 대응을 하는 편이다.	
A : 신중해서 타이밍을 놓치는 편이다. B : 준비 부족으로 실패하는 편이다.	
A : 자신은 어떤 일에도 신중히 대응하는 편이다. B : 순간적인 충동으로 활동하는 편이다.	
A : 시험을 볼 때 끝날 때까지 재검토하는 편이다. B : 시험을 볼 때 한 번에 모든 것을 마치는 편이다.	
A : 일에 대해 계획표를 만들어 실행한다. B : 일에 대한 계획표 없이 진행한다.	

▶**측정결과**

㉠ 'A'가 많은 경우 : 주변 상황에 민감하고, 예측하여 계획 있게 일을 진행한다.

　• 면접관의 심리 : '너무 신중해서 적절한 판단을 할 수 있을까?', '앞으로의 상황에 불안을 느끼지 않을까?'

　• 면접대책 : 예측을 하고 실행을 하는 것은 플러스 평가가 되지만, 너무 신중하면 일의 진행이 정체될 가능성을 보이므로 추진력이 있다는 강한 의욕을 보여준다.

㉡ 'B'가 많은 경우 : 주변 상황을 살펴보지 않고 착실한 계획 없이 일을 진행시킨다.

　• 면접관의 심리 : '사려 깊지 않고, 실패하는 일이 많지 않을까?', '판단이 빠르고 유연한 사고를 할 수 있을까?'

　• 면접대책 : 사전준비를 중요하게 생각하고 있다는 것 등을 보여주고, 경솔한 인상을 주지 않도록 한다. 또한 판단력이 빠르거나 유연한 사고 덕분에 일 처리를 잘 할 수 있다는 것을 강조한다.

(3) 의욕적인 측면

의욕적인 측면은 의욕의 정도, 활동력의 유무 등을 측정한다. 여기서의 의욕이란 우리들이 보통 말하고 사용하는 '하려는 의지'와는 조금 뉘앙스가 다르다. '하려는 의지'란 그 때의 환경이나 기분에 따라 변화하는 것이지만, 여기에서는 조금 더 변화하기 어려운 특징, 말하자면 정신적 에너지의 양으로 측정하는 것이다.

의욕적 측면은 행동적 측면과는 다르고, 전반적으로 어느 정도 점수가 높은 쪽을 선호한다. 모의검사의 의욕적 측면의 결과가 낮다면, 평소 일에 몰두할 때 조금 의욕 있는 자세를 가지고 서서히 개선하도록 노력해야 한다.

① 달성의욕 ··· 목적의식을 가지고 높은 이상을 가지고 있는지를 측정한다.

질문	선택
A : 경쟁심이 강한 편이다. B : 경쟁심이 약한 편이다.	
A : 어떤 한 분야에서 제1인자가 되고 싶다고 생각한다. B : 어느 분야에서든 성실하게 임무를 진행하고 싶다고 생각한다.	
A : 규모가 큰일을 해보고 싶다. B : 맡은 일에 충실히 임하고 싶다.	
A : 아무리 노력해도 실패한 것은 아무런 도움이 되지 않는다. B : 가령 실패했을 지라도 나름대로의 노력이 있었으므로 괜찮다.	
A : 높은 목표를 설정하여 수행하는 것이 의욕적이다. B : 실현 가능한 정도의 목표를 설정하는 것이 의욕적이다.	

▶측정결과

㉠ 'A'가 많은 경우 : 큰 목표와 높은 이상을 가지고 승부욕이 강한 편이다.
- 면접관의 심리 : '열심히 일을 해줄 것 같은 유형이다.'
- 면접대책 : 달성의욕이 높다는 것은 어떤 직종이라도 플러스 평가가 된다.

㉡ 'B'가 많은 경우 : 현재의 생활을 소중하게 여기고 비약적인 발전을 위하여 기를 쓰지 않는다.
- 면접관의 심리 : '외부의 압력에 약하고, 기획입안 등을 하기 어려울 것이다.'
- 면접대책 : 일을 통하여 하고 싶은 것들을 구체적으로 어필한다.

② 활동의욕 ··· 자신에게 잠재된 에너지의 크기로, 정신적인 측면의 활동력이라 할 수 있다.

질문	선택
A : 하고 싶은 일을 실행으로 옮기는 편이다. B : 하고 싶은 일을 좀처럼 실행할 수 없는 편이다.	
A : 어려운 문제를 해결해 가는 것이 좋다. B : 어려운 문제를 해결하는 것을 잘하지 못한다.	
A : 일반적으로 결단이 빠른 편이다. B : 일반적으로 결단이 느린 편이다.	
A : 곤란한 상황에도 도전하는 편이다. B : 사물의 본질을 깊게 관찰하는 편이다.	
A : 시원시원하다는 말을 잘 듣는다. B : 꼼꼼하다는 말을 잘 듣는다.	

▶**측정결과**

㉠ 'A'가 많은 경우 : 꾸물거리는 것을 싫어하고 재빠르게 결단해서 행동하는 타입이다.
- 면접관의 심리 : '일을 처리하는 솜씨가 좋고, 일을 척척 진행할 수 있을 것 같다.'
- 면접대책 : 활동의욕이 높은 것은 플러스 평가가 된다. 사교성이나 활동성이 강하다는 인상을 준다.

㉡ 'B'가 많은 경우 : 안전하고 확실한 방법을 모색하고 차분하게 시간을 아껴서 일에 임하는 타입이다.
- 면접관의 심리 : '재빨리 행동을 못하고, 일의 처리속도가 느린 것이 아닐까?'
- 면접대책 : 활동성이 있는 것을 좋아하고 움직임이 더디다는 인상을 주지 않도록 한다.

3 성격의 유형

(1) 인성검사 유형의 4가지 척도

정서적인 측면, 행동적인 측면, 의욕적인 측면의 요소들은 성격 특성이라는 관점에서 제시된 것들로 각 개인의 장·단점을 파악하는 데 유용하다. 그러나 전체적인 개인의 인성을 이해하는 데는 한계가 있다.

성격의 유형은 개인의 '성격적인 특색'을 가리키는 것으로, 사회인으로서 적합한지, 아닌지를 말하는 관점과는 관계가 없다. 따라서 채용의 합격 여부에는 사용되지 않는 경우가 많으며, 입사 후의 적정 부서 배치의 자료가 되는 편이라 생각하면 된다. 그러나 채용과 관계가 없다고 해서 아무런 준비도 필요없는 것은 아니다. 자신을 아는 것은 면접 대책의 밑거름이 되므로 모의검사 결과를 충분히 활용하도록 하여야 한다.

본서에서는 4개의 척도를 사용하여 기본적으로 16개의 패턴으로 성격의 유형을 분류하고 있다. 각 개인의 성격이 어떤 유형인지 재빨리 파악하기 위해 사용되며, '적성'에 맞는지, 맞지 않는지의 관점에 활용된다.

- 흥미·관심의 방향 : 내향형 ←──────→ 외향형
- 사물에 대한 견해 : 직관형 ←──────→ 감각형
- 판단하는 방법 : 감정형 ←──────→ 사고형
- 환경에 대한 접근방법 : 지각형 ←──────→ 판단형

(2) 성격유형

① 흥미·관심의 방향(내향⇆외향) … 흥미·관심의 방향이 자신의 내면에 있는지, 주위환경 등 외면에 향하는 지를 가리키는 척도이다.

질문	선택
A : 내성적인 성격인 편이다. B : 개방적인 성격인 편이다.	
A : 항상 신중하게 생각을 하는 편이다. B : 바로 행동에 착수하는 편이다.	
A : 수수하고 조심스러운 편이다. B : 자기 표현력이 강한 편이다.	
A : 다른 사람과 함께 있으면 침착하지 않다. B : 혼자서 있으면 침착하지 않다.	

▶측정결과

㉠ 'A'가 많은 경우(내향) : 관심의 방향이 자기 내면에 있으며, 조용하고 낯을 가리는 유형이다. 행동력은 부족하나 집중력이 뛰어나고 신중하고 꼼꼼하다.

㉡ 'B'가 많은 경우(외향) : 관심의 방향이 외부환경에 있으며, 사교적이고 활동적인 유형이다. 꼼꼼함이 부족하여 대충하는 경향이 있으나 행동력이 있다.

② 일(사물)을 보는 방법(직감⇆감각) … 일(사물)을 보는 법이 직감적으로 형식에 얽매이는지, 감각적으로 상식적인지를 가리키는 척도이다.

질문	선택
A : 현실주의적인 편이다. B : 상상력이 풍부한 편이다.	
A : 정형적인 방법으로 일을 처리하는 것을 좋아한다. B : 만들어진 방법에 변화가 있는 것을 좋아한다.	
A : 경험에서 가장 적합한 방법으로 선택한다. B : 지금까지 없었던 새로운 방법을 개척하는 것을 좋아한다.	
A : 성실하다는 말을 듣는다. B : 호기심이 강하다는 말을 듣는다.	

▶측정결과

㉠ 'A'가 많은 경우(감각) : 현실적이고 경험주의적이며 보수적인 유형이다.

㉡ 'B'가 많은 경우(직관) : 새로운 주제를 좋아하며, 독자적인 시각을 가진 유형이다.

③ 판단하는 방법(감정⇆사고) … 일을 감정적으로 판단하는지, 논리적으로 판단하는지를 가리키는 척도이다.

질문	선택
A : 인간관계를 중시하는 편이다. B : 일의 내용을 중시하는 편이다.	
A : 결론을 자기의 신념과 감정에서 이끌어내는 편이다. B : 결론을 논리적 사고에 의거하여 내리는 편이다.	
A : 다른 사람보다 동정적이고 눈물이 많은 편이다. B : 다른 사람보다 이성적이고 냉정하게 대응하는 편이다.	
A : 남의 이야기를 듣고 감정몰입이 빠른 편이다. B : 고민 상담을 받으면 해결책을 제시해주는 편이다.	

▶측정결과

㉠ 'A'가 많은 경우(감정) : 일을 판단할 때 마음·감정을 중요하게 여기는 유형이다. 감정이 풍부하고 친절하나 엄격함이 부족하고 우유부단하며, 합리성이 부족하다.

㉡ 'B'가 많은 경우(사고) : 일을 판단할 때 논리성을 중요하게 여기는 유형이다. 이성적이고 합리적이나 타인에 대한 배려가 부족하다.

④ 환경에 대한 접근방법 ··· 주변상황에 어떻게 접근하는지, 그 판단기준을 어디에 두는지를 측정한다.

질문	선택
A : 사전에 계획을 세우지 않고 행동한다. B : 반드시 계획을 세우고 그것에 의거해서 행동한다.	
A : 자유롭게 행동하는 것을 좋아한다. B : 조직적으로 행동하는 것을 좋아한다.	
A : 조직성이나 관습에 속박당하지 않는다. B : 조직성이나 관습을 중요하게 여긴다.	
A : 계획 없이 낭비가 심한 편이다. B : 예산을 세워 물건을 구입하는 편이다.	

▶측정결과

㉠ 'A'가 많은 경우(지각) : 일의 변화에 융통성을 가지고 유연하게 대응하는 유형이다. 낙관적이며 질서보다는 자유를 좋아하나 임기응변식의 대응으로 무계획적인 인상을 줄 수 있다.

㉡ 'B'가 많은 경우(판단) : 일의 진행시 계획을 세워서 실행하는 유형이다. 순차적으로 진행하는 일을 좋아하고 끈기가 있으나 변화에 대해 적절하게 대응하지 못하는 경향이 있다.

4 인성검사의 대책

(1) 미리 알아두어야 할 점

① 출제 문항 수…인성검사의 출제 문항 수는 특별히 정해진 것이 아니며 각 기업체의 기준에 따라 달라질 수 있다. 보통 100문항 이상에서 600문항까지 출제된다고 예상하면 된다.

② 출제형식

　　㉠ 1Set로 묶인 세 개의 문항 중 자신에게 가장 가까운 것(Most)과 가장 먼 것(Least)을 하나씩 고르는 유형(72Set, 1Set당 3문항)

다음 문항을 읽고 자신에게 해당되는지 안 되는지를 판단하여 해당될 경우 '예'를, 해당되지 않을 경우 '아니오'를 고르시오.

질문	예	아니오
① 자신의 생각이나 의견은 좀처럼 변하지 않는다.	✔	
② 구입한 후 끝까지 읽지 않은 책이 많다.		✔
③ 여행가기 전에 계획을 세운다.		

　　㉡ '예' 아니면 '아니오'의 유형(178문항)

다음 문항을 읽고 자신에게 해당되는지 안 되는지를 판단하여 해당될 경우 '예'를, 해당되지 않을 경우 '아니오'를 고르시오.

질문	예	아니오
① 걱정거리가 있어서 잠을 못 잘 때가 있다.	✔	
② 시간에 쫓기는 것이 싫다.		✔

　　㉢ 그 외의 유형

다음 문항에 대해서 평소에 자신이 생각하고 있는 것이나 행동하고 있는 것에 체크하시오.

질문	전혀 그렇지 않다	그렇지 않다	그렇다	매우 그렇다
① 머리를 쓰는 것보다 땀을 흘리는 일이 좋다.			✔	
② 자신은 사교적이 아니라고 생각한다.	✔			

(2) 임하는 자세

① 솔직하게 있는 그대로 표현한다 ⋯ 인성검사는 평범한 일상생활 내용들을 다룬 짧은 문장과 어떤 대상이나 일에 대한 선로를 선택하는 문장으로 구성되었으므로 평소에 자신이 생각한 바를 너무 골똘히 생각하지 말고 문제를 보는 순간 떠오른 것을 표현한다.

② 모든 문제를 신속하게 대답한다 ⋯ 인성검사는 시간제한이 없는 것이 원칙이지만 기업들은 일정한 시간제한을 두고 있다. 인성검사는 개인의 성격과 자질을 알아보기 위한 검사이기 때문에 정답이 없다. 다만, 기업에서 바람직하게 생각하거나 기대되는 결과가 있을 뿐이다. 따라서 시간에 쫓겨서 대충 대답을 하는 것은 바람직하지 못하다.

③ 일관성 있게 대답한다 ⋯ 간혹 반복되는 문제들이 출제되기 때문에 일관성 있게 답하지 않으면 감점될 수 있으므로 유의한다. 실제로 공기업 인사부 직원의 인터뷰에 따르면 일관성이 없게 대답한 응시자들이 감점을 받아 탈락했다고 한다. 거짓된 응답을 하다보면 일관성 없는 결과가 나타날 수 있으므로, 위에서 언급한 대로 신속하고 솔직하게 답해 일관성 있는 응답을 하는 것이 중요하다.

④ 마지막까지 집중해서 검사에 임한다 ⋯ 장시간 진행되는 검사에 지치지 않고 마지막까지 집중해서 정확히 답할 수 있도록 해야 한다.

02 실전 인성검사

※ 인성검사는 응시자의 인성을 파악하기 위한 자료로서 별도의 답안을 제공하지 않습니다.

>> 유형 1

┃1~30┃ 다음 질문에 대해서 평소 자신이 생각하고 있는 것이나 행동하고 있는 것에 대해 주어진 응답요령에 따라 박스에 답하시오.

응답요령
• 응답 Ⅰ : 제시된 문항들을 읽은 다음 각각의 문항에 대해 자신이 동의하는 정도를 ①(전혀 그렇지 않다)~⑤(매우 그렇다)로 표시하면 된다.
• 응답 Ⅱ : 제시된 문항들을 비교하여 상대적으로 자신의 성격과 가장 가까운 문항 하나와 가장 거리가 먼 문항 하나를 선택하여야 한다(응답 Ⅱ의 응답은 가깝다 1개, 멀다 1개, 무응답 2개이어야 한다).

1

문항	응답 Ⅰ					응답 Ⅱ	
	①	②	③	④	⑤	멀다	가깝다
A. 몸을 움직이는 것을 좋아하지 않는다.							
B. 쉽게 질리는 편이다.							
C. 경솔한 편이라고 생각한다.							
D. 인생의 목표는 손이 닿을 정도면 된다.							

2

문항	응답 Ⅰ					응답 Ⅱ	
	①	②	③	④	⑤	멀다	가깝다
A. 무슨 일도 좀처럼 시작하지 못한다.							
B. 초면인 사람과도 바로 친해질 수 있다.							
C. 행동하고 나서 생각하는 편이다.							
D. 쉬는 날은 집에 있는 경우가 많다.							

3

문항	응답 I					응답 II	
	①	②	③	④	⑤	멀다	가깝다
A. 조금이라도 나쁜 소식은 절망의 시작이라고 생각해 버린다.							
B. 언제나 실패가 걱정이 되어 어쩔 줄 모른다.							
C. 다수결의 의견에 따르는 편이다.							
D. 혼자서 술집에 들어가는 것은 전혀 두려운 일이 아니다.							

4

문항	응답 I					응답 II	
	①	②	③	④	⑤	멀다	가깝다
A. 승부근성이 강하다.							
B. 자주 흥분해서 침착하지 못하다.							
C. 지금까지 살면서 타인에게 폐를 끼친 적이 없다.							
D. 소곤소곤 이야기하는 것을 보면 자기에 대해 험담하고 있는 것으로 생각된다.							

5

문항	응답 I					응답 II	
	①	②	③	④	⑤	멀다	가깝다
A. 무엇이든지 자기가 나쁘다고 생각하는 편이다.							
B. 자신을 변덕스러운 사람이라고 생각한다.							
C. 고독을 즐기는 편이다.							
D. 자존심이 강하다고 생각한다.							

6

문항	응답 I					응답 II	
	①	②	③	④	⑤	멀다	가깝다
A. 금방 흥분하는 성격이다.							
B. 거짓말을 한 적이 없다.							
C. 신경질적인 편이다.							
D. 끙끙대며 고민하는 타입이다.							

7

문항	응답 I					응답 II	
	①	②	③	④	⑤	멀다	가깝다
A. 감정적인 사람이라고 생각한다.							
B. 자신만의 신념을 가지고 있다.							
C. 다른 사람을 바보 같다고 생각한 적이 있다.							
D. 금방 말해버리는 편이다.							

8

문항	응답 I					응답 II	
	①	②	③	④	⑤	멀다	가깝다
A. 싫어하는 사람이 없다.							
B. 대재앙이 오지 않을까 항상 걱정을 한다.							
C. 쓸데없는 고생을 하는 일이 많다.							
D. 자주 생각이 바뀌는 편이다.							

9

문항	응답 I					응답 II	
	①	②	③	④	⑤	멀다	가깝다
A. 문제점을 해결하기 위해 여러 사람과 상의한다.							
B. 내 방식대로 일을 한다.							
C. 영화를 보고 운 적이 많다.							
D. 어떤 것에 대해서도 화낸 적이 없다.							

10

문항	응답 I					응답 II	
	①	②	③	④	⑤	멀다	가깝다
A. 사소한 충고에도 걱정을 한다.							
B. 자신은 도움이 안 되는 사람이라고 생각한다.							
C. 금방 싫증을 내는 편이다.							
D. 개성적인 사람이라고 생각한다.							

11

문항	응답 I					응답 II	
	①	②	③	④	⑤	멀다	가깝다
A. 자기주장이 강한 편이다.							
B. 뒤숭숭하다는 말을 들은 적이 있다.							
C. 학교를 쉬고 싶다고 생각한 적이 한 번도 없다.							
D. 사람들과 관계 맺는 것을 보면 잘하지 못한다.							

12

문항	응답 I					응답 II	
	①	②	③	④	⑤	멀다	가깝다
A. 사려 깊은 편이다.							
B. 몸을 움직이는 것을 좋아한다.							
C. 끈기가 있는 편이다.							
D. 신중한 편이라고 생각한다.							

13

문항	응답 I					응답 II	
	①	②	③	④	⑤	멀다	가깝다
A. 인생의 목표는 큰 것이 좋다.							
B. 어떤 일이라도 바로 시작하는 타입이다.							
C. 낯가림을 하는 편이다.							
D. 생각하고 나서 행동하는 편이다.							

14

문항	응답 I					응답 II	
	①	②	③	④	⑤	멀다	가깝다
A. 쉬는 날은 밖으로 나가는 경우가 많다.							
B. 시작한 일은 반드시 완성시킨다.							
C. 면밀한 계획을 세운 여행을 좋아한다.							
D. 야망이 있는 편이라고 생각한다.							

15

문항	응답 I					응답 II	
	①	②	③	④	⑤	멀다	가깝다
A. 활동력이 있는 편이다.							
B. 많은 사람들과 왁자지껄하게 식사하는 것을 좋아하지 않는다.							
C. 돈을 허비한 적이 없다.							
D. 운동회를 아주 좋아하고 기대했다.							

16

문항	응답 I					응답 II	
	①	②	③	④	⑤	멀다	가깝다
A. 하나의 취미에 열중하는 타입이다.							
B. 모임에서 회장에 어울린다고 생각한다.							
C. 입신출세의 성공이야기를 좋아한다.							
D. 어떠한 일도 의욕을 가지고 임하는 편이다.							

17

문항	응답 I					응답 II	
	①	②	③	④	⑤	멀다	가깝다
A. 학급에서는 존재가 희미했다.							
B. 항상 무언가를 생각하고 있다.							
C. 스포츠는 보는 것보다 하는 게 좋다.							
D. 잘한다라는 말을 자주 듣는다.							

18

문항	응답 I					응답 II	
	①	②	③	④	⑤	멀다	가깝다
A. 흐린 날은 반드시 우산을 가지고 간다.							
B. 주연상을 받을 수 있는 배우를 좋아한다.							
C. 공격하는 타입이라고 생각한다.							
D. 리드를 받는 편이다.							

19

문항	응답 I					응답 II	
	①	②	③	④	⑤	멀다	가깝다
A. 너무 신중해서 기회를 놓친 적이 있다.							
B. 시원시원하게 움직이는 타입이다.							
C. 야근을 해서라도 업무를 끝낸다.							
D. 누군가를 방문할 때는 반드시 사전에 확인한다.							

20

문항	응답 I					응답 II	
	①	②	③	④	⑤	멀다	가깝다
A. 노력해도 결과가 따르지 않으면 의미가 없다.							
B. 무조건 행동해야 한다.							
C. 유행에 둔감하다고 생각한다.							
D. 정해진 대로 움직이는 것은 시시하다.							

21

문항	응답 I					응답 II	
	①	②	③	④	⑤	멀다	가깝다
A. 꿈을 계속 가지고 있고 싶다.							
B. 질서보다 자유를 중요시하는 편이다.							
C. 혼자서 취미에 몰두하는 것을 좋아한다.							
D. 직관적으로 판단하는 편이다.							

22

문항	응답 I					응답 II	
	①	②	③	④	⑤	멀다	가깝다
A. 영화나 드라마를 보면 등장인물의 감정에 이입된다.							
B. 시대의 흐름에 역행해서라도 자신을 관철하고 싶다.							
C. 다른 사람의 소문에 관심이 없다.							
D. 창조적인 편이다.							

23

문항	응답 I					응답 II	
	①	②	③	④	⑤	멀다	가깝다
A. 비교적 눈물이 많은 편이다.							
B. 융통성이 있다고 생각한다.							
C. 친구의 휴대전화 번호를 잘 모른다.							
D. 스스로 고안하는 것을 좋아한다.							

24

문항	응답 I					응답 II	
	①	②	③	④	⑤	멀다	가깝다
A. 정이 두터운 사람으로 남고 싶다.							
B. 조직의 일원으로 별로 안 어울린다.							
C. 세상의 일에 별로 관심이 없다.							
D. 변화를 추구하는 편이다.							

25

문항	응답 I					응답 II	
	①	②	③	④	⑤	멀다	가깝다
A. 업무는 인간관계로 선택한다.							
B. 환경이 변하는 것에 구애되지 않는다.							
C. 불안감이 강한 편이다.							
D. 인생은 살 가치가 없다고 생각한다.							

26

문항	응답 I					응답 II	
	①	②	③	④	⑤	멀다	가깝다
A. 의지가 약한 편이다.							
B. 다른 사람이 하는 일에 별로 관심이 없다.							
C. 사람을 설득시키는 것은 어렵지 않다.							
D. 심심한 것을 못 참는다.							

27

문항	응답 I					응답 II	
	①	②	③	④	⑤	멀다	가깝다
A. 다른 사람을 욕한 적이 한 번도 없다.							
B. 다른 사람에게 어떻게 보일지 신경을 쓴다.							
C. 금방 낙심하는 편이다.							
D. 다른 사람에게 의존하는 경향이 있다.							

28

문항	응답 I					응답 II	
	①	②	③	④	⑤	멀다	가깝다
A. 그다지 융통성이 있는 편이 아니다.							
B. 다른 사람이 내 의견에 간섭하는 것이 싫다.							
C. 낙천적인 편이다.							
D. 숙제를 잊어버린 적이 한 번도 없다.							

29

문항	응답 I					응답 II	
	①	②	③	④	⑤	멀다	가깝다
A. 밤길에는 발소리가 들리기만 해도 불안하다.							
B. 상냥하다는 말을 들은 적이 있다.							
C. 자신은 유치한 사람이다.							
D. 잡담을 하는 것보다 책을 읽는게 낫다.							

30

문항	응답 I					응답 II	
	①	②	③	④	⑤	멀다	가깝다
A. 나는 영업에 적합한 타입이라고 생각한다.							
B. 술자리에서 술을 마시지 않아도 흥을 돋울 수 있다.							
C. 한 번도 병원에 간 적이 없다.							
D. 나쁜 일은 걱정이 되어서 어쩔 줄을 모른다.							

>> 유형 2

▮1~30▮ 다음 각 문제에서 제시된 4개의 질문 중 자신의 생각과 일치하거나 자신을 가장 잘 나타내는 질문과 가장 거리가 먼 질문을 각각 하나씩 고르시오.

	질문	가깝다	멀다
1	나는 계획적으로 일을 하는 것을 좋아한다.		
	나는 꼼꼼하게 일을 마무리 하는 편이다.		
	나는 새로운 방법으로 문제를 해결하는 것을 좋아한다.		
	나는 빠르고 신속하게 일을 처리해야 마음이 편하다.		
2	나는 문제를 해결하기 위해 여러 사람과 상의한다.		
	나는 어떠한 결정을 내릴 때 신중한 편이다.		
	나는 시작한 일은 반드시 완성시킨다.		
	나는 문제를 현실적이고 객관적으로 해결한다.		
3	나는 글보다 말로 표현하는 것이 편하다.		
	나는 논리적인 원칙에 따라 행동하는 것이 좋다.		
	나는 집중력이 강하고 매사에 철저하다.		
	나는 자기능력을 뽐내지 않고 겸손하다.		
4	나는 융통성 있게 업무를 처리한다.		
	나는 질문을 받으면 충분히 생각하고 나서 대답한다.		
	나는 긍정적이고 낙천적인 사고방식을 갖고 있다.		
	나는 매사에 적극적인 편이다.		
5	나는 기발한 아이디어를 많이 낸다.		
	나는 새로운 일을 하는 것이 좋다.		
	나는 타인의 견해를 잘 고려한다.		
	나는 사람들을 잘 설득시킨다.		
6	나는 종종 화가 날 때가 있다.		
	나는 화를 잘 참지 못한다.		
	나는 단호하고 통솔력이 있다.		
	나는 집단을 이끌어가는 능력이 있다.		
7	나는 조용하고 성실하다.		
	나는 책임감이 강하다.		
	나는 독창적이며 창의적이다.		
	나는 복잡한 문제도 간단하게 해결한다.		

질문	가깝다	멀다
8 나는 관심 있는 분야에 몰두하는 것이 즐겁다.		
나는 목표를 달성하는 것을 중요하게 생각한다.		
나는 상황에 따라 일정을 조율하는 융통성이 있다.		
나는 의사결정에 신속함이 있다.		
9 나는 정리 정돈과 계획에 능하다.		
나는 사람들의 관심을 받는 것이 기분 좋다.		
나는 때로는 고집스러울 때도 있다.		
나는 원리원칙을 중시하는 편이다.		
10 나는 맡은 일에 헌신적이다.		
나는 타인의 감정에 민감하다.		
나는 목적과 방향은 변화할 수 있다고 생각한다.		
나는 다른 사람과 의견의 충돌은 피하고 싶다.		
11 나는 구체적인 사실을 잘 기억하는 편이다.		
나는 새로운 일을 시도하는 것이 즐겁다.		
나는 겸손하다.		
나는 다른 사람과 별다른 마찰이 없다.		
12 나는 나이에 비해 성숙한 편이다.		
나는 유머감각이 있다.		
나는 다른 사람의 생각이나 의견을 중요시 생각한다.		
나는 솔직하고 단호한 편이다.		
13 나는 낙천적이고 긍정적이다.		
나는 집단을 이끌어가는 능력이 있다.		
나는 사람들에게 인기가 많다.		
나는 활동을 조직하고 주도해나가는데 능하다.		
14 나는 사람들에게 칭찬을 잘 한다.		
나는 사교성이 풍부한 편이다.		
나는 동정심이 많다.		
나는 정보에 밝고 지식에 대한 욕구가 높다.		
15 나는 호기심이 많다.		
나는 다수결의 의견에 쉽게 따른다.		
나는 승부근성이 강하다.		
나는 자존심이 강한 편이다.		
16 나는 한번 생각한 것은 자주 바꾸지 않는다.		
나는 개성 있다는 말을 자주 듣는다.		
나는 나만의 방식으로 업무를 풀어나가는데 능하다.		
나는 신중한 편이라고 생각한다.		

	질문	가깝다	멀다
17	나는 문제를 해결하기 위해 많은 사람의 의견을 참고한다.		
	나는 몸을 움직이는 것을 좋아한다.		
	나는 시작한 일은 반드시 완성시킨다.		
	나는 문제 상황을 객관적으로 대처하는데 자신이 있다.		
18	나는 목표를 향해 계속 도전하는 편이다.		
	나는 실패하는 것이 두렵지 않다.		
	나는 친구들이 많은 편이다.		
	나는 다른 사람의 시선을 고려하여 행동한다.		
19	나는 추상적인 이론을 잘 기억하는 편이다.		
	나는 적극적으로 행동하는 편이다.		
	나는 말하는 것을 좋아한다.		
	나는 꾸준히 노력하는 타입이다.		
20	나는 실행력이 있는 편이다.		
	나는 조직 내 분위기 메이커이다.		
	나는 세심하지 못한 편이다.		
	나는 모임에서 지원자 역할을 맡는 것이 좋다.		
21	나는 현실적이고 실용적인 것을 추구한다.		
	나는 계획을 세우고 실행하는 것이 재미있다.		
	나는 꾸준한 취미를 갖고 있다.		
	나는 성급하게 결정하지 않는다.		
22	나는 싫어하는 사람과도 아무렇지 않게 이야기 할 수 있다.		
	내 책상은 항상 깔끔히 정돈되어 있다.		
	나는 실패보다 성공을 먼저 생각한다.		
	나는 동료와의 경쟁도 즐긴다.		
23	나는 능력을 칭찬받는 경우가 많다.		
	나는 논리정연하게 말을 하는 편이다.		
	나는 사물의 근원과 배경에 대해 관심이 많다.		
	나는 문제에 부딪히면 스스로 해결하는 편이다.		
24	나는 부지런한 편이다.		
	나는 일을 하는 속도가 빠르다.		
	나는 독특하고 창의적인 생각을 잘한다.		
	나는 약속한 일은 어기지 않는다.		
25	나는 환경의 변화에도 쉽게 적응할 수 있다.		
	나는 망설이는 것보다 도전하는 편이다.		
	나는 완벽주의자이다.		
	나는 팀을 짜서 일을 하는 것이 재미있다.		

	질문	가깝다	멀다
26	나는 조직을 위해서 내 이익을 포기할 수 있다.		
	나는 상상력이 풍부하다.		
	나는 여러 가지 각도로 사물을 분석하는 것이 좋다.		
	나는 인간관계를 중시하는 편이다.		
27	나는 경험한 방법 중 가장 적합한 방법으로 일을 해결한다.		
	나는 독자적인 시각을 갖고 있다.		
	나는 시간이 걸려도 침착하게 생각하는 경우가 많다.		
	나는 높은 목표를 설정하고 이루기 위해 노력하는 편이다.		
28	나는 성격이 시원시원하다는 말을 자주 듣는다.		
	나는 자기 표현력이 강한 편이다.		
	나는 일의 내용을 중요시 여긴다.		
	나는 다른 사람보다 동정심이 많은 편이다.		
29	나는 하기 싫은 일을 맡아도 표시내지 않고 마무리 한다.		
	나는 누가 시키지 않아도 일을 계획적으로 진행한다.		
	나는 한 가지 일에 집중을 잘 하는 편이다.		
	나는 남을 설득하고 이해시키는데 자신이 있다.		
30	나는 비합리적이거나 불의를 보면 쉽게 지나치지 못한다.		
	나는 무엇이던 시작하면 이루어야 직성이 풀린다.		
	나는 사람을 가리지 않고 쉽게 사귄다.		
	나는 어렵고 힘든 일에 도전하는 것에 쾌감을 느낀다.		

〉〉 유형 3

┃1~200┃ 다음 (   ) 안에 당신에게 해당사항이 있으면 'YES', 그렇지 않다면 'NO'를 선택하시오.

YES　NO

1. 사람들이 붐비는 도시보다 한적한 시골이 좋다. ······················(　)(　)

2. 전자기기를 잘 다루지 못하는 편이다. ······························(　)(　)

3. 인생에 대해 깊이 생각해 본 적이 없다. ···························(　)(　)

4. 혼자서 식당에 들어가는 것은 전혀 두려운 일이 아니다. ············(　)(　)

5. 남녀 사이의 연애에서 중요한 것은 돈이다. ·······················(　)(　)

6. 걸음걸이가 빠른 편이다. ···(　)(　)

7. 육류보다 채소류를 더 좋아한다. ··································(　)(　)

8. 소곤소곤 이야기하는 것을 보면 자기에 대해 험담하고 있는 것으로 생각된다. ·········(　)(　)

9. 여럿이 어울리는 자리에서 이야기를 주도하는 편이다. ··············(　)(　)

10. 집에 머무는 시간보다 밖에서 활동하는 시간이 더 많은 편이다. ·······(　)(　)

11. 무엇인가 창조해내는 작업을 좋아한다. ··························(　)(　)

12. 자존심이 강하다고 생각한다. ····································(　)(　)

13. 금방 흥분하는 성격이다. ··(　)(　)

14. 거짓말을 한 적이 많다. ···(　)(　)

15. 신경질적인 편이다. ···(　)(　)

16. 끙끙대며 고민하는 타입이다. ····································(　)(　)

17. 자신이 맡은 일에 반드시 책임을 지는 편이다. ····················(　)(　)

18. 누군가와 마주하는 것보다 통화로 이야기하는 것이 더 편하다. ·······(　)(　)

19. 운동신경이 뛰어난 편이다. ······································(　)(　)

20. 생각나는 대로 말해버리는 편이다. ·······························(　)(　)

21. 싫어하는 사람이 없다. ··(　)(　)

22. 학창시절 국·영·수보다는 예체능 과목을 더 좋아했다. ·············(　)(　)

23. 쓸데없는 고생을 하는 일이 많다. ……………………………………………………………( )( )

24. 자주 생각이 바뀌는 편이다. ……………………………………………………………( )( )

25. 갈등은 대화로 해결한다. ……………………………………………………………( )( )

26. 내 방식대로 일을 한다. ……………………………………………………………( )( )

27. 영화를 보고 운 적이 많다. ……………………………………………………………( )( )

28. 어떤 것에 대해서도 화낸 적이 없다. ……………………………………………………………( )( )

29. 좀처럼 아픈 적이 없다. ……………………………………………………………( )( )

30. 자신은 도움이 안 되는 사람이라고 생각한다. ……………………………………………………………( )( )

31. 어떤 일이든 쉽게 싫증을 내는 편이다. ……………………………………………………………( )( )

32. 개성적인 사람이라고 생각한다. ……………………………………………………………( )( )

33. 자기주장이 강한 편이다. ……………………………………………………………( )( )

34. 뒤숭숭하다는 말을 들은 적이 있다. ……………………………………………………………( )( )

35. 인터넷 사용이 아주 능숙하다. ……………………………………………………………( )( )

36. 사람들과 관계 맺는 것을 보면 잘하지 못한다. ……………………………………………………………( )( )

37. 사고방식이 독특하다. ……………………………………………………………( )( )

38. 대중교통보다는 걷는 것을 더 선호한다. ……………………………………………………………( )( )

39. 끈기가 있는 편이다. ……………………………………………………………( )( )

40. 신중한 편이라고 생각한다. ……………………………………………………………( )( )

41. 인생의 목표는 큰 것이 좋다. ……………………………………………………………( )( )

42. 어떤 일이라도 바로 시작하는 타입이다. ……………………………………………………………( )( )

43. 낯가림을 하는 편이다. ……………………………………………………………( )( )

44. 생각하고 나서 행동하는 편이다. ……………………………………………………………( )( )

45. 쉬는 날은 밖으로 나가는 경우가 많다. ……………………………………………………………( )( )

46. 시작한 일은 반드시 완성시킨다. ……………………………………………………………( )( )

47. 면밀한 계획을 세운 여행을 좋아한다. ···( )( )

48. 야망이 있는 편이라고 생각한다. ···( )( )

49. 활동력이 있는 편이다. ··( )( )

50. 많은 사람들과 왁자지껄하게 식사하는 것을 좋아하지 않는다. ················( )( )

51. 장기적인 계획을 세우는 것을 꺼려한다. ··( )( )

52. 자기 일이 아닌 이상 무심한 편이다. ···( )( )

53. 하나의 취미에 열중하는 타입이다. ···( )( )

54. 스스로 모임에서 회장에 어울린다고 생각한다. ······································( )( )

55. 입신출세의 성공이야기를 좋아한다. ···( )( )

56. 어떠한 일도 의욕을 가지고 임하는 편이다. ··( )( )

57. 학급에서는 존재가 희미했다. ··( )( )

58. 항상 무언가를 생각하고 있다. ···( )( )

59. 스포츠는 보는 것보다 하는 게 좋다. ···( )( )

60. 문제 상황을 바르게 인식하고 현실적이고 객관적으로 대처한다. ············( )( )

61. 흐린 날은 반드시 우산을 가지고 간다. ··( )( )

62. 여러 명보다 1 : 1로 대화하는 것을 선호한다. ······································( )( )

63. 공격하는 타입이라고 생각한다. ··( )( )

64. 리드를 받는 편이다. ··( )( )

65. 너무 신중해서 기회를 놓친 적이 있다. ··( )( )

66. 시원시원하게 움직이는 타입이다. ···( )( )

67. 야근을 해서라도 업무를 끝낸다. ··( )( )

68. 누군가를 방문할 때는 반드시 사전에 확인한다. ···································( )( )

69. 아무리 노력해도 결과가 따르지 않는다면 의미가 없다. ························( )( )

70. 솔직하고 타인에 대해 개방적이다. ···( )( )

71. 유행에 둔감하다고 생각한다. ···( )( )

72. 정해진 대로 움직이는 것은 시시하다. ···( )( )

73. 꿈을 계속 가지고 있고 싶다. ···( )( )

74. 질서보다 자유를 중요시하는 편이다. ···( )( )

75. 혼자서 취미에 몰두하는 것을 좋아한다. ···( )( )

76. 직관적으로 판단하는 편이다. ···( )( )

77. 영화나 드라마를 보며 등장인물의 감정에 이입된다. ····························( )( )

78. 시대의 흐름에 역행해서라도 자신을 관철하고 싶다. ····························( )( )

79. 다른 사람의 소문에 관심이 없다. ···( )( )

80. 창조적인 편이다. ···( )( )

81. 비교적 눈물이 많은 편이다. ···( )( )

82. 융통성이 있다고 생각한다. ···( )( )

83. 친구의 휴대전화 번호를 잘 모른다. ···( )( )

84. 스스로 고안하는 것을 좋아한다. ···( )( )

85. 정이 두터운 사람으로 남고 싶다. ···( )( )

86. 새로 나온 전자제품의 사용방법을 익히는 데 오래 걸린다. ····················( )( )

87. 세상의 일에 별로 관심이 없다. ···( )( )

88. 변화를 추구하는 편이다. ···( )( )

89. 업무는 인간관계로 선택한다. ···( )( )

90. 환경이 변하는 것에 구애되지 않는다. ···( )( )

91. 다른 사람들에게 첫인상이 좋다는 이야기를 자주 듣는다. ····················( )( )

92. 인생은 살 가치가 없다고 생각한다. ···( )( )

93. 의지가 약한 편이다. ···( )( )

94. 다른 사람이 하는 일에 별로 관심이 없다. ···( )( )

YES   NO

95. 자주 넘어지거나 다치는 편이다. ·······································(   )(   )

96. 심심한 것을 못 참는다. ···(   )(   )

97. 다른 사람을 욕한 적이 한 번도 없다. ·····························(   )(   )

98. 몸이 아프더라도 병원에 잘 가지 않는 편이다. ···················(   )(   )

99. 금방 낙심하는 편이다. ···(   )(   )

100. 평소 말이 빠른 편이다. ··(   )(   )

101. 어려운 일은 되도록 피하는 게 좋다. ·····························(   )(   )

102. 다른 사람이 내 의견에 간섭하는 것이 싫다. ·····················(   )(   )

103. 낙천적인 편이다. ··(   )(   )

104. 남을 돕다가 오해를 산 적이 있다. ·······························(   )(   )

105. 모든 일에 준비성이 철저한 편이다. ·······························(   )(   )

106. 상냥하다는 말을 들은 적이 있다. ·······························(   )(   )

107. 맑은 날보다 흐린 날을 더 좋아한다. ·····························(   )(   )

108. 많은 친구들을 만나는 것보다 단 둘이 만나는 것이 더 좋다. ·····(   )(   )

109. 평소에 불평불만이 많은 편이다. ·································(   )(   )

110. 가끔 나도 모르게 엉뚱한 행동을 하는 때가 있다. ···············(   )(   )

111. 생리현상을 잘 참지 못하는 편이다. ·······························(   )(   )

112. 다른 사람을 기다리는 경우가 많다. ·······························(   )(   )

113. 술자리나 모임에 억지로 참여하는 경우가 많다. ·················(   )(   )

114. 결혼과 연애는 별개라고 생각한다. ·······························(   )(   )

115. 노후에 대해 걱정이 될 때가 많다. ·······························(   )(   )

116. 잃어버린 물건은 쉽게 찾는 편이다. ·······························(   )(   )

117. 비교적 쉽게 감격하는 편이다. ···································(   )(   )

118. 어떤 것에 대해서는 불만을 가진 적이 없다. ·····················(   )(   )

119. 걱정으로 밤에 못 잘 때가 많다. ·······································( )( )

120. 자주 후회하는 편이다. ···( )( )

121. 쉽게 학습하지만 쉽게 잊어버린다. ································( )( )

122. 낮보다 밤에 일하는 것이 좋다. ····································( )( )

123. 많은 사람 앞에서도 긴장하지 않는다. ························( )( )

124. 상대방에게 감정 표현을 하기가 어렵게 느껴진다. ······( )( )

125. 인생을 포기하는 마음을 가진 적이 한 번도 없다. ······( )( )

126. 규칙에 대해 드러나게 반발하기보다 속으로 반발한다. ······( )( )

127. 자신의 언행에 대해 자주 반성한다. ····························( )( )

128. 활동범위가 좁아 늘 가던 곳만 고집한다. ··················( )( )

129. 나는 끈기가 다소 부족하다. ··( )( )

130. 좋다고 생각하더라도 좀 더 검토하고 나서 실행한다. ······( )( )

131. 위대한 인물이 되고 싶다. ···( )( )

132. 한 번에 많은 일을 떠맡아도 힘들지 않다. ················( )( )

133. 사람과 약속은 부담스럽다. ···( )( )

134. 질문을 받으면 충분히 생각하고 나서 대답하는 편이다. ······( )( )

135. 머리를 쓰는 것보다 땀을 흘리는 일이 좋다. ·············( )( )

136. 결정한 것에는 철저히 구속받는다. ····························( )( )

137. 아무리 바쁘더라도 자기관리를 위한 운동을 꼭 한다. ······( )( )

138. 이왕 할 거라면 일등이 되고 싶다. ·····························( )( )

139. 과감하게 도전하는 타입이다. ······································( )( )

140. 자신은 사교적이 아니라고 생각한다. ·························( )( )

141. 무심코 도리에 대해서 말하고 싶어진다. ····················( )( )

142. 목소리가 큰 편이다. ··( )( )

143. 단념하기보다 실패하는 것이 낫다고 생각한다. ·····················( )( )

144. 예상하지 못한 일은 하고 싶지 않다. ·····················( )( )

145. 파란만장하더라도 성공하는 인생을 살고 싶다. ·····················( )( )

146. 활기찬 편이라고 생각한다. ·····················( )( )

147. 자신의 성격으로 고민한 적이 있다. ·····················( )( )

148. 무심코 사람들을 평가 한다. ·····················( )( )

149. 때때로 성급하다고 생각한다. ·····················( )( )

150. 자신은 꾸준히 노력하는 타입이라고 생각한다. ·····················( )( )

151. 터무니없는 생각이라도 메모한다. ·····················( )( )

152. 리더십이 있는 사람이 되고 싶다. ·····················( )( )

153. 열정적인 사람이라고 생각한다. ·····················( )( )

154. 다른 사람 앞에서 이야기를 하는 것이 조심스럽다. ·····················( )( )

155. 세심하기보다 통찰력이 있는 편이다. ·····················( )( )

156. 엉덩이가 가벼운 편이다. ·····················( )( )

157. 여러 가지로 구애받는 것을 견디지 못한다. ·····················( )( )

158. 돌다리도 두들겨 보고 건너는 쪽이 좋다. ·····················( )( )

159. 자신에게는 권력욕이 있다. ·····················( )( )

160. 자신의 능력보다 과중한 업무를 할당받으면 기쁘다. ·····················( )( )

161. 사색적인 사람이라고 생각한다. ·····················( )( )

162. 비교적 개혁적이다. ·····················( )( )

163. 좋고 싫음으로 정할 때가 많다. ·····················( )( )

164. 전통에 얽매인 습관은 버리는 것이 적절하다. ·····················( )( )

165. 교제 범위가 좁은 편이다. ·····················( )( )

166. 발상의 전환을 할 수 있는 타입이라고 생각한다. ·····················( )( )

167. 주관적인 판단으로 실수한 적이 있다. ……………………………………………( )( )

168. 현실적이고 실용적인 면을 추구한다. ……………………………………………( )( )

169. 타고난 능력에 의존하는 편이다. ………………………………………………( )( )

170. 다른 사람을 의식하여 외모에 신경을 쓴다. ……………………………………( )( )

171. 마음이 담겨 있으면 선물은 아무 것이니 좋다. …………………………………( )( )

172. 여행은 내 마음대로 하는 것이 좋다. ……………………………………………( )( )

173. 추상적인 일에 관심이 있는 편이다. ……………………………………………( )( )

174. 큰일을 먼저 결정하고 세세한 일을 나중에 결정하는 편이다. …………………( )( )

175. 괴로워하는 사람을 보면 답답하다. ……………………………………………( )( )

176. 자신의 가치기준을 알아주는 사람은 아무도 없다. ………………………………( )( )

177. 인간성이 없는 사람과는 함께 일할 수 없다. ……………………………………( )( )

178. 상상력이 풍부한 편이라고 생각한다. ……………………………………………( )( )

179. 의리, 인정이 두터운 상사를 만나고 싶다. ………………………………………( )( )

180. 인생은 앞날을 알 수 없어 재미있다. ……………………………………………( )( )

181. 조직에서 분위기 메이커다. ………………………………………………………( )( )

182. 반성하는 시간에 차라리 실수를 만회할 방법을 구상한다. ……………………( )( )

183. 늘 하던 방식대로 일을 처리해야 마음이 편하다. ………………………………( )( )

184. 쉽게 이룰 수 있는 일에는 흥미를 느끼지 못한다. ………………………………( )( )

185. 좋다고 생각하면 바로 행동한다. …………………………………………………( )( )

186. 후배들은 무섭게 가르쳐야 따라온다. ……………………………………………( )( )

187. 한 번에 많은 일을 떠맡는 것이 부담스럽다. ……………………………………( )( )

188. 능력 없는 상사라도 진급을 위해 아부할 수 있다. ………………………………( )( )

189. 질문을 받으면 그때의 느낌으로 대답하는 편이다. ………………………………( )( )

190. 땀을 흘리는 것보다 머리를 쓰는 일이 좋다. ……………………………………( )( )

191. 단체 규칙에 그다지 구속받지 않는다. ··································(   )(   )

192. 물건을 자주 잃어버리는 편이다. ··································(   )(   )

193. 불만이 생기면 즉시 말해야 한다. ··································(   )(   )

194. 안전한 방법을 고르는 타입이다. ··································(   )(   )

195. 사교성이 많은 사람을 보면 부럽다. ··································(   )(   )

196. 성격이 급한 편이다. ··································(   )(   )

197. 갑자기 중요한 프로젝트가 생기면 혼자서라도 야근할 수 있다. ··········(   )(   )

198. 내 인생에 절대로 포기하는 경우는 없다. ··································(   )(   )

199. 예상하지 못한 일도 해보고 싶다. ··································(   )(   )

200. 평범하고 평온하게 행복한 인생을 살고 싶다. ··································(   )(   )

2019년 하반기에 시행된 필기시험은 의사소통능력, 수리활용, 문제해결능력, 자원관리능력이 출제되었으며, 각 영역당 20분의 제한시간을 두고 15문항씩 해결해 나가는 방식으로 진행되었다. 다만, 20년 채용 계획에서는 19년 하반기와 달리 6개 영역에 대해 규정하고 있다.

PART

III

NCS 직업기초능력평가

01 의사소통능력

1 의사소통과 의사소통능력

(1) 의사소통

① 개념 … 사람들 간에 생각이나 감정, 정보, 의견 등을 교환하는 총체적인 행위로, 직장생활에서의 의사소통은 조직과 팀의 효율성과 효과성을 성취할 목적으로 이루어지는 구성원 간의 정보와 지식 전달 과정이라고 할 수 있다.

② 기능 … 공동의 목표를 추구해 나가는 집단 내의 기본적 존재 기반이며 성과를 결정하는 핵심 기능이다.

③ 의사소통의 종류
    ㉠ 언어적인 것 : 대화, 전화통화, 토론 등
    ㉡ 문서적인 것 : 메모, 편지, 기획안 등
    ㉢ 비언어적인 것 : 몸짓, 표정 등

④ 의사소통을 저해하는 요인 : 정보의 과다, 메시지의 복잡성 및 메시지 간의 경쟁, 상이한 직위와 과업지향형, 신뢰의 부족, 의사소통을 위한 구조상의 권한, 잘못된 매체의 선택, 폐쇄적인 의사소통 분위기 등

(2) 의사소통능력

① 개념 … 의사소통능력은 직장생활에서 문서나 상대방이 하는 말의 의미를 파악하는 능력, 자신의 의사를 정확하게 표현하는 능력, 간단한 외국어 자료를 읽거나 외국인의 의사표시를 이해하는 능력을 포함한다.

② 의사소통능력 개발을 위한 방법
    ㉠ 사후검토와 피드백을 활용한다.
    ㉡ 명확한 의미를 가진 이해하기 쉬운 단어를 선택하여 이해도를 높인다.
    ㉢ 적극적으로 경청한다.
    ㉣ 메시지를 감정적으로 곡해하지 않는다.

② 의사소통능력을 구성하는 하위능력

(1) 문서이해능력

① 문서와 문서이해능력
  ㉠ 문서 : 제안서, 보고서, 기획서, 이메일, 팩스 등 문자로 구성된 것으로 상대방에게 의사를 전달하여 설득하는 것을 목적으로 한다.
  ㉡ 문서이해능력 : 직업현장에서 자신의 업무와 관련된 문서를 읽고, 내용을 이해하고 요점을 파악할 수 있는 능력을 말한다.

예제 1

다음은 신용카드 약관의 주요내용이다. 규정 약관을 제대로 이해하지 못한 사람은?

> [부가서비스]
> 카드사는 법령에서 정한 경우를 제외하고 상품을 새로 출시한 후 1년 이내에 부가서비스를 줄이거나 없앨 수가 없다. 또한 부가서비스를 줄이거나 없앨 경우에는 그 세부내용을 변경일 6개월 이전에 회원에게 알려주어야 한다.
> [중도 해지 시 연회비 반환]
> 연회비 부과기간이 끝나기 이전에 카드를 중도해지하는 경우 남은 기간에 해당하는 연회비를 계산하여 10 영업일 이내에 돌려줘야 한다. 다만, 카드 발급 및 부가서비스 제공에 이미 지출된 비용은 제외된다.
> [카드 이용한도]
> 카드 이용한도는 카드 발급을 신청할 때에 회원이 신청한 금액과 카드사의 심사기준을 종합적으로 반영하여 회원이 신청한 금액 범위 이내에서 책정되며 회원의 신용도가 변동되었을 때에는 카드사는 회원의 이용한도를 조정할 수 있다.
> [부정사용 책임]
> 카드 위조 및 변조로 인하여 발생된 부정사용 금액에 대해서는 카드사가 책임을 진다. 다만, 회원이 비밀번호를 다른 사람에게 알려주거나 카드를 다른 사람에게 빌려주는 등의 중대한 과실로 인해 부정사용이 발생하는 경우에는 회원이 그 책임의 전부 또는 일부를 부담할 수 있다.

① 혜수 : 카드사는 법령에서 정한 경우를 제외하고는 1년 이내에 부가서비스를 줄일 수 없어.
② 진성 : 카드 위조 및 변조로 인하여 발생된 부정사용 금액은 일괄 카드사가 책임을 지게 돼.
③ 영훈 : 회원의 신용도가 변경되었을 때 카드사가 이용한도를 조정할 수 있어.
④ 영호 : 연회비 부과기간이 끝나기 이전에 카드를 중도 해지하는 경우에는 남은 기간에 해당하는 연회비를 카드사는 돌려줘야 해.

[출제의도]
주어진 약관의 내용을 읽고 그에 대한 상세 내용의 정보를 이해하는 능력을 측정하는 문항이다.
[해설]
② 부정사용에 대해 고객의 과실이 있으면 회원이 그 책임의 전부 또는 일부를 부담할 수 있다.

답 ②

② 문서의 종류

    ㉠ **공문서**: 정부기관에서 공무를 집행하기 위해 작성하는 문서로, 단체 또는 일반회사에서 정부기관을 상대로 사업을 진행할 때 작성하는 문서도 포함된다. 엄격한 규격과 양식이 특징이다.

    ㉡ **기획서**: 아이디어를 바탕으로 기획한 프로젝트에 대해 상대방에게 전달하여 시행하도록 설득하는 문서이다.

    ㉢ **기안서**: 업무에 대한 협조를 구하거나 의견을 전달할 때 작성하는 사내 공문서이다.

    ㉣ **보고서**: 특정한 업무에 관한 현황이나 진행 상황, 연구·검토 결과 등을 보고하고자 할 때 작성하는 문서이다.

    ㉤ **설명서**: 상품의 특성이나 작동 방법 등을 소비자에게 설명하기 위해 작성하는 문서이다.

    ㉥ **보도자료**: 정부기관이나 기업체 등이 언론을 상대로 자신들의 정보를 기사화 되도록 하기 위해 보내는 자료이다.

    ㉦ **자기소개서**: 개인이 자신의 성장과정이나, 입사 동기, 포부 등에 대해 구체적으로 기술하여 자신을 소개하는 문서이다.

    ㉧ **비즈니스 레터**(E-mail): 사업상의 이유로 고객에게 보내는 편지다.

    ㉨ **비즈니스 메모**: 업무상 확인해야 할 일을 메모형식으로 작성하여 전달하는 글이다.

③ **문서이해의 절차** … 문서의 목적 이해 → 문서 작성 배경·주제 파악 → 정보 확인 및 현안문제 파악 → 문서 작성자의 의도 파악 및 자신에게 요구되는 행동 분석 → 목적 달성을 위해 취해야 할 행동 고려 → 문서 작성자의 의도를 도표나 그림 등으로 요약·정리

(2) 문서작성능력

① 작성되는 문서에는 대상과 목적, 시기, 기대효과 등이 포함되어야 한다.

② **문서작성의 구성요소**

    ㉠ 짜임새 있는 골격, 이해하기 쉬운 구조

    ㉡ 객관적이고 논리적인 내용

    ㉢ 명료하고 설득력 있는 문장

    ㉣ 세련되고 인상적인 레이아웃

다음은 들은 내용을 구조적으로 정리하는 방법이다. 순서에 맞게 배열하면?

> ㉠ 관련 있는 내용끼리 묶는다.
> ㉡ 묶은 내용에 적절한 이름을 붙인다.
> ㉢ 전체 내용을 이해하기 쉽게 구조화한다.
> ㉣ 중복된 내용이나 덜 중요한 내용을 삭제한다.

① ㉠㉡㉢㉣   ② ㉠㉡㉣㉢

③ ㉡㉠㉢㉣   ④ ㉡㉠㉣㉢

[출제의도]
음성정보는 문자정보와는 달리 쉽게 잊혀 지기 때문에 음성정보를 구조화 시키는 방법을 묻는 문항이다.

[해설]
내용을 구조적으로 정리하는 방법은 '㉠ 관련 있는 내용끼리 묶는다. → ㉡ 묶은 내용에 적절한 이름을 붙인다. → ㉣ 중복된 내용이나 덜 중요한 내용을 삭제한다. → ㉢ 전체 내용을 이해하기 쉽게 구조화한다.'가 적절하다.

답 ②

③ 문서의 종류에 따른 작성방법

㉠ 공문서

- 육하원칙이 드러나도록 써야 한다.
- 날짜는 반드시 연도와 월, 일을 함께 언급하며, 날짜 다음에 괄호를 사용할 때는 마침표를 찍지 않는다.
- 대외문서이며, 장기간 보관되기 때문에 정확하게 기술해야 한다.
- 내용이 복잡할 경우 '-다음-', '-아래-'와 같은 항목을 만들어 구분한다.
- 한 장에 담아내는 것을 원칙으로 하며, 마지막엔 반드시 '끝'자로 마무리 한다.

㉡ 설명서

- 정확하고 간결하게 작성한다.
- 이해하기 어려운 전문용어의 사용은 삼가고, 복잡한 내용은 도표화 한다.
- 명령문보다는 평서문을 사용하고, 동어 반복보다는 다양한 표현을 구사하는 것이 바람직하다.

㉢ 기획서

- 상대를 설득하여 기획서가 채택되는 것이 목적이므로 상대가 요구하는 것이 무엇인지 고려하여 작성하며, 기획의 핵심을 잘 전달하였는지 확인한다.
- 분량이 많을 경우 전체 내용을 한눈에 파악할 수 있도록 목차구성을 신중히 한다.
- 효과적인 내용 전달을 위한 표나 그래프를 적절히 활용하고 산뜻한 느낌을 줄 수 있도록 한다.
- 인용한 자료의 출처 및 내용이 정확해야 하며 제출 전 충분히 검토한다.

ⓐ 보고서
- 도출하고자 한 핵심내용을 구체적이고 간결하게 작성한다.
- 내용이 복잡할 경우 도표나 그림을 활용하고, 참고자료는 정확하게 제시한다.
- 제출하기 전에 최종점검을 하며 질의를 받을 것에 대비한다.

예제 3

다음 중 공문서 작성에 대한 설명으로 가장 적절하지 못한 것은?

① 공문서나 유가증권 등에 금액을 표시할 때에는 한글로 기재하고 그 옆에 괄호를 넣어 숫자로 표기한다.
② 날짜는 숫자로 표기하되 년, 월, 일의 글자는 생략하고 그 자리에 온점(.)을 찍어 표시한다.
③ 첨부물이 있는 경우에는 붙임 표시문 끝에 1자 띄우고 "끝."이라고 표시한다.
④ 공문서의 본문이 끝났을 경우에는 1자를 띄우고 "끝."이라고 표시한다.

[출제의도]
업무를 할 때 필요한 공문서 작성법을 잘 알고 있는지를 측정하는 문항이다.
[해설]
공문서 금액 표시
아라비아 숫자로 쓰고, 숫자 다음에 괄호를 하여 한글로 기재한다.
예) 금 123,456원(금 일십이만삼천사백오십육원)

답 ①

---

④ 문서작성의 원칙
  ㉠ 문장은 짧고 간결하게 작성한다(간결체 사용).
  ㉡ 상대방이 이해하기 쉽게 쓴다.
  ㉢ 불필요한 한자의 사용을 자제한다.
  ㉣ 문장은 긍정문의 형식을 사용한다.
  ㉤ 간단한 표제를 붙인다.
  ㉥ 문서의 핵심내용을 먼저 쓰도록 한다(두괄식 구성).

⑤ 문서작성 시 주의사항
  ㉠ 육하원칙에 의해 작성한다.
  ㉡ 문서 작성시기가 중요하다.
  ㉢ 한 사안은 한 장의 용지에 작성한다.
  ㉣ 반드시 필요한 자료만 첨부한다.
  ㉤ 금액, 수량, 일자 등은 기재에 정확성을 기한다.
  ㉥ 경어나 단어사용 등 표현에 신경 쓴다.
  ㉦ 문서작성 후 반드시 최종적으로 검토한다.

⑥ 효과적인 문서작성 요령
- ㉠ **내용이해** : 전달하고자 하는 내용과 핵심을 정확하게 이해해야 한다.
- ㉡ **목표설정** : 전달하고자 하는 목표를 분명하게 설정한다.
- ㉢ **구성** : 내용 전달 및 설득에 효과적인 구성과 형식을 고려한다.
- ㉣ **자료수집** : 목표를 뒷받침할 자료를 수집한다.
- ㉤ **핵심전달** : 단락별 핵심을 하위목차로 요약한다.
- ㉥ **대상파악** : 대상에 대한 이해와 분석을 통해 철저히 파악한다.
- ㉦ **보충설명** : 예상되는 질문을 정리하여 구체적인 답변을 준비한다.
- ㉧ **문서표현의 시각화** : 그래프, 그림, 사진 등을 적절히 사용하여 이해를 돕는다.

(3) 경청능력

① **경청의 중요성** … 경청은 다른 사람의 말을 주의 깊게 들으며 공감하는 능력으로 경청을 통해 상대방을 한 개인으로 존중하고 성실한 마음으로 대하게 되며, 상대방의 입장에 공감하고 이해하게 된다.

② **경청을 방해하는 습관** … 짐작하기, 대답할 말 준비하기, 걸러내기, 판단하기, 다른 생각하기, 조언하기, 언쟁하기, 옳아야만 하기, 슬쩍 넘어가기, 비위 맞추기 등

③ 효과적인 경청방법
- ㉠ **준비하기** : 강연이나 프레젠테이션 이전에 나누어주는 자료를 읽어 미리 주제를 파악하고 등장하는 용어를 익혀둔다.
- ㉡ **주의 집중** : 말하는 사람의 모든 것에 집중해서 적극적으로 듣는다.
- ㉢ **예측하기** : 다음에 무엇을 말할 것인가를 추측하려고 노력한다.
- ㉣ **나와 관련짓기** : 상대방이 전달하고자 하는 메시지를 나의 경험과 관련지어 생각해 본다.
- ㉤ **질문하기** : 질문은 듣는 행위를 적극적으로 하게 만들고 집중력을 높인다.
- ㉥ **요약하기** : 주기적으로 상대방이 전달하려는 내용을 요약한다.
- ㉦ **반응하기** : 피드백을 통해 의사소통을 점검한다.

다음은 면접스터디 중 일어난 대화이다. 민아의 고민을 해소하기 위한 조언으로 가장 적절한 것은?

> 지섭 : 민아씨, 어디 아파요? 표정이 안 좋아 보여요.
>
> 민아 : 제가 원서 넣은 공단이 내일 면접이어서요. 그동안 스터디를 통해서 면접 연습을 많이 했는데도 벌써부터 긴장이 되네요.
>
> 지섭 : 민아씨는 자기 의견도 명확히 피력할 줄 알고 조리 있게 설명을 잘 하시니 걱정 안하셔도 될 것 같아요. 아, 손에 꽉 쥐고 계신 건 뭔가요?
>
> 민아 : 아, 제가 예상 답변을 정리해서 모아둔거예요. 내용은 거의 외웠는데 이렇게 쥐고 있지 않으면 불안해서
>
> 지섭 : 그 정도로 준비를 철저히 하셨으면 걱정할 이유 없을 것 같아요.
>
> 민아 : 그래도 압박면접이거나 예상치 못한 질문이 들어오면 어떻게 하죠?
>
> 지섭 : _____

① 시선을 적절히 처리하면서 부드러운 어투로 말하는 연습을 해보는 건 어때요?
② 공식적인 자리인 만큼 옷차림을 신경 쓰는 게 좋을 것 같아요.
③ 당황하지 말고 질문자의 의도를 잘 파악해서 침착하게 대답하면 되지 않을까요?
④ 예상 질문에 대한 답변을 좀 더 정확하게 외워보는 건 어떨까요?

[출제의도]
상대방이 하는 말을 듣고 질문 의도에 따라 올바르게 답하는 능력을 측정하는 문항이다.
[해설]
민아는 압박질문이나 예상치 못한 질문에 대해 걱정을 하고 있으므로 침착하게 대응하라고 조언을 해주는 것이 좋다.

답 ③

(4) 의사표현능력

① 의사표현의 개념과 종류

  ㉠ 개념 : 화자가 자신의 생각과 감정을 청자에게 음성언어나 신체언어로 표현하는 행위이다.

  ㉡ 종류

  • 공식적 말하기 : 사전에 준비된 내용을 대중을 대상으로 말하는 것으로 연설, 토의, 토론 등이 있다.

  • 의례적 말하기 : 사회·문화적 행사에서와 같이 절차에 따라 하는 말하기로 식사, 주례, 회의 등이 있다.

  • 친교적 말하기 : 친근한 사람들 사이에서 자연스럽게 주고받는 대화 등을 말한다.

② 의사표현의 방해요인

  ㉠ 연단공포증 : 연단에 섰을 때 가슴이 두근거리거나 땀이 나고 얼굴이 달아오르는 등의 현상으로 충분한 분석과 준비, 더 많은 말하기 기회 등을 통해 극복할 수 있다.

  ㉡ 말 : 말의 장단, 고저, 발음, 속도, 쉼 등을 포함한다.

  ㉢ 음성 : 목소리와 관련된 것으로 음색, 고저, 명료도, 완급 등을 의미한다.

ⓔ **몸짓** : 비언어적 요소로 화자의 외모, 표정, 동작 등이다.

ⓜ **유머** : 말하기 상황에 따른 적절한 유머를 구사할 수 있어야 한다.

③ **상황과 대상에 따른 의사표현법**

　　ⓐ **잘못을 지적할 때** : 모호한 표현을 삼가고 확실하게 지적하며, 당장 꾸짖고 있는 내용에만 한정한다.

　　ⓑ **칭찬할 때** : 자칫 아부로 여겨질 수 있으므로 센스 있는 칭찬이 필요하다.

　　ⓒ **부탁할 때** : 먼저 상대방의 사정을 듣고 응하기 쉽게 구체적으로 부탁하며 거절을 당해도 싫은 내색을 하지 않는다.

　　ⓓ **요구를 거절할 때** : 먼저 사과하고 응해줄 수 없는 이유를 설명한다.

　　ⓔ **명령할 때** : 강압적인 말투보다는 '○○을 이렇게 해주는 것이 어떻겠습니까?'와 같은 식으로 부드럽게 표현하는 것이 효과적이다.

　　ⓕ **설득할 때** : 일방적으로 강요하기보다는 먼저 양보해서 이익을 공유하겠다는 의지를 보여주는 것이 좋다.

　　ⓖ **충고할 때** : 충고는 가장 최후의 방법이다. 반드시 충고가 필요한 상황이라면 예화를 들어 비유적으로 깨우쳐주는 것이 바람직하다.

　　ⓗ **질책할 때** : 샌드위치 화법(칭찬의 말 + 질책의 말 + 격려의 말)을 사용하여 청자의 반발을 최소화 한다.

예제 5

당신은 팀장님께 업무 지시내용을 수행하고 결과물을 보고 드렸다. 하지만 팀장님께서는 "최대리 업무를 이렇게 처리하면 어떡하나? 누락된 부분이 있지 않은가."라고 말하였다. 이에 대해 당신이 행할 수 있는 가장 부적절한 대처 자세는?

① "죄송합니다. 제가 잘 모르는 부분이라 이수혁 과장님께 부탁을 했는데 과장님께서 실수를 하신 것 같습니다."

② "주의를 기울이지 못해 죄송합니다. 어느 부분을 수정보완하면 될까요?"

③ "지시하신 내용을 제가 충분히 이해하지 못하였습니다. 내용을 다시 한 번 여쭤보아도 되겠습니까?"

④ "부족한 내용을 보완하는 자료를 취합하기 위해서 하루정도가 더 소요될 것 같습니다. 언제까지 재작성하여 드리면 될까요?"

[출제의도]
상사가 잘못을 지적하는 상황에서 어떻게 대처해야 하는지를 묻는 문항이다.
[해설]
상사가 부탁한 지시사항을 다른 사람에게 부탁하는 것은 옳지 못하며 설사 그렇다고 해도 그 일의 과오에 대해 책임을 전가하는 것은 지양해야 할 자세이다.

답 ①

④ 원활한 의사표현을 위한 지침

  ⊙ 올바른 화법을 위해 독서를 하라.

  ⓒ 좋은 청중이 되라.

  ⓒ 칭찬을 아끼지 마라.

  ⓔ 공감하고, 긍정적으로 보이게 하라.

  ⓜ 겸손은 최고의 미덕임을 잊지 마라.

  ⓗ 과감하게 공개하라.

  ⓢ 뒷말을 숨기지 마라.

  ⓞ 첫마디 말을 준비하라.

  ⓩ 이성과 감성의 조화를 꾀하라.

  ⓩ 대화의 룰을 지켜라.

  ⓚ 문장을 완전하게 말하라.

⑤ 설득력 있는 의사표현을 위한 지침

  ⊙ 'Yes'를 유도하여 미리 설득 분위기를 조성하라.

  ⓒ 대비 효과로 분발심을 불러 일으켜라.

  ⓒ 침묵을 지키는 사람의 참여도를 높여라.

  ⓔ 여운을 남기는 말로 상대방의 감정을 누그러뜨려라.

  ⓜ 하던 말을 갑자기 멈춤으로써 상대방의 주의를 끌어라.

  ⓗ 호칭을 바꿔서 심리적 간격을 좁혀라.

  ⓢ 끄집어 말하여 자존심을 건드려라.

  ⓞ 정보전달 공식을 이용하여 설득하라.

  ⓩ 상대방의 불평이 가져올 결과를 강조하라.

  ⓩ 권위 있는 사람의 말이나 작품을 인용하라.

  ⓚ 약점을 보여 주어 심리적 거리를 좁혀라.

  ⓣ 이상과 현실의 구체적 차이를 확인시켜라.

  ⓟ 자신의 잘못도 솔직하게 인정하라.

  ⓗ 집단의 요구를 거절하려면 개개인의 의견을 물어라.

  ⓐ 동조 심리를 이용하여 설득하라.

  ⓑ 지금까지의 노고를 치하한 뒤 새로운 요구를 하라.

  ⓒ 담당자가 대변자 역할을 하도록 하여 윗사람을 설득하게 하라.

  ⓓ 겉치레 양보로 기선을 제압하라.

  ⓔ 변명의 여지를 만들어 주고 설득하라.

  ⓕ 혼자 말하는 척하면서 상대의 잘못을 지적하라.

(5) 기초외국어능력

① 기초외국어능력의 개념과 필요성
　　㉠ **개념** : 기초외국어능력은 외국어로 된 간단한 자료를 이해하거나, 외국인과의 전화응대와 간단한
　　　　대화 등 외국인의 의사표현을 이해하고, 자신의 의사를 기초외국어로 표현할 수 있는 능력이다.
　　㉡ **필요성** : 국제화·세계화 시대에 다른 나라와의 무역을 위해 우리의 언어가 아닌 국제적인 통용어를
　　　　사용하거나 그들의 언어로 의사소통을 해야 하는 경우가 생길 수 있다.

② 외국인과의 의사소통에서 피해야 할 행동
　　㉠ 상대를 볼 때 흘겨보거나, 노려보거나, 아예 보지 않는 행동
　　㉡ 팔이나 다리를 꼬는 행동
　　㉢ 표정이 없는 것
　　㉣ 다리를 흔들거나 펜을 돌리는 행동
　　㉤ 맞장구를 치지 않거나 고개를 끄덕이지 않는 행동
　　㉥ 생각 없이 메모하는 행동
　　㉦ 자료만 들여다보는 행동
　　㉧ 바르지 못한 자세로 앉는 행동
　　㉨ 한숨, 하품, 신음소리를 내는 행동
　　㉩ 다른 일을 하며 듣는 행동
　　㉪ 상대방에게 이름이나 호칭을 어떻게 부를지 묻지 않고 마음대로 부르는 행동

③ 기초외국어능력 향상을 위한 공부법
　　㉠ 외국어공부의 목적부터 정하라.
　　㉡ 매일 30분씩 눈과 손과 입에 밸 정도로 반복하라.
　　㉢ 실수를 두려워하지 말고 기회가 있을 때마다 외국어로 말하라.
　　㉣ 외국어 잡지나 원서와 친해져라.
　　㉤ 소홀해지지 않도록 라이벌을 정하고 공부하라.
　　㉥ 업무와 관련된 주요 용어의 외국어는 꼭 알아두자.
　　㉦ 출퇴근 시간에 외국어 방송을 보거나, 듣는 것만으로도 귀가 트인다.
　　㉧ 어린이가 단어를 배우듯 외국어 단어를 암기할 때 그림카드를 사용해 보라.
　　㉨ 가능하면 외국인 친구를 사귀고 대화를 자주 나눠 보라.

01 출제예상문제

1 다음의 밑줄 친 단어의 의미와 동일하게 쓰인 것은?

> 기획재정부는 26일 OO센터에서 '2017년 지방재정협의회'를 열고 내년도 예산안 편성 방향과 지역 현안 사업을 논의했다. 이 자리에는 17개 광역자치단체 부단체장과 기재부 예산실장 등 500여 명이 참석해 2018년 예산안 편성 방향과 약 530건의 지역 현안 사업에 대한 협의를 진행했다.
>
> 기재부 예산실장은 "내년에 정부는 일자리 창출, 4차 산업 혁명 대응, 저출산 극복, 양극화 완화 등 4대 핵심 분야에 예산을 집중적으로 투자할 계획이라며 이를 위해 신규 사업 관리 강화 등 10대 재정 운용 전략을 활용, 재정 투자의 효율성을 높여갈 것"이라고 밝혔다. 이어 각 지방자치단체에서도 정부의 예산 편성 방향에 부합하도록 사업을 신청해 달라고 요청했다.
>
> 기재부는 이날 논의한 지역 현안 사업이 각 부처의 검토를 <u>거쳐</u> 다음달 26일까지 기재부에 신청되면, 관계 기관의 협의를 거쳐 내년도 예산안에 반영한다.

① 학생들은 초등학교부터 중학교, 고등학교를 <u>거쳐</u> 대학에 입학하게 된다.

② 가장 어려운 문제를 해결했으니 이제 특별히 <u>거칠</u> 문제는 없다.

③ 이번 출장 때는 독일 베를린을 <u>거쳐</u> 오스트리아 빈을 다녀올 예정이다.

④ 오랜만에 뒷산에 올라 보니, 무성하게 자란 칡덩굴이 발에 <u>거친다</u>.

⑤ 기숙사 학생들의 편지는 사감 선생님의 손을 <u>거쳐야</u> 했다.

TIP 》 제시된 지문은 공문서의 한 종류인 보도자료에 해당한다. 마지막 문단에 밑줄 친 '거쳐'의 앞뒤 문맥을 파악해 보면, 지방재정협의회에서 논의한 지역 현안 사업은 각 부처의 검토 단계를 밟은 뒤 기재부에 신청되고, 이후 관계 기관의 협의를 거쳐 내년도 예산안에 반영함을 알 수 있다. 즉, 밑줄 친 '거쳐'는 '어떤 과정이나 단계를 겪거나 밟다.'의 의미로 사용되었다. 보기 중 이와 동일한 의미로 쓰인 것은 ① 이다.

② 마음에 거리끼거나 꺼리다.

③ 오가는 도중에 어디를 지나거나 들르다.

④ 무엇에 걸리거나 막히다.

⑤ ('손을'과 함께 쓰여) 검사하거나 살펴보다.

2 다음 글의 주제로 가장 적절한 것을 고른 것은?

> 유럽의 도시들을 여행하다 보면 여기저기서 벼룩시장이 열리는 것을 볼 수 있다. 벼룩시장에서 사람들은 낡고 오래된 물건들을 보면서 추억을 되살린다. 유럽 도시들의 독특한 분위기는 오래된 것을 쉽게 버리지 않는 이런 정신이 반영된 것이다.
>
> 영국의 옥스팜(Oxfam)이라는 시민단체는 헌옷을 수선해 파는 전문 상점을 운영해, 그 수익금으로 제3세계를 지원하고 있다. 파리 시민들에게는 유행이 따로 없다. 서로 다른 시절의 옷들을 예술적으로 배합해 자기만의 개성을 연출한다.
>
> 땀과 기억이 배어 있는 오래된 물건은 실용적 가치만으로 따질 수 없는 보편적 가치를 지닌다. 선물로 받아서 10년 이상 써 온 손때 묻은 만년필을 잃어버렸을 때 느끼는 상실감은 새 만년필을 산다고 해서 사라지지 않는다. 그것은 그 만년필이 개인의 오랜 추억을 담고 있는 증거물이자 애착의 대상이 되었기 때문이다. 그러기에 실용성과 상관없이 오래된 것은 그 자체로 아름답다.

① 서양인들의 개성은 시대를 넘나드는 예술적 가치관으로부터 표현된다.

② 실용적 가치보다 보편적인 가치를 중요시해야 한다.

③ 만년필은 선물해준 사람과의 아름다운 기억과 오랜 추억이 담긴 물건이다.

④ 오래된 물건은 실용적인 가치보다 더 중요한 가치를 지니고 있다.

⑤ 오래된 물건은 실용적 가치만으로 따질 수 없는 개인의 추억과 같은 보편적 가치를 지니기에 그 자체로 아름답다.

> **TIP 》** 작자는 오래된 물건의 가치를 단순히 기능적 편리함 등의 실용적인 면에 두지 않고 그것을 사용해온 시간, 그 동안의 추억 등에 두고 있으며 그렇기 때문에 오래된 물건이 아름답다고 하였다.

ANSWER 〉 1.① 2.⑤

3 다음 글을 읽고 알 수 있는 매체와 매체 언어의 특성으로 가장 적절한 것은?

> 텔레비전 드라마는 텔레비전과 드라마에 대한 각각의 이해를 전제로 하고 보아야 한다. 즉 텔레비전이라는 매체에 대한 이해와 드라마라는 장르적 이해가 필요하다.
>
> 텔레비전은 다양한 장르, 양식 등이 교차하고 공존한다. 텔레비전에는 다루고 있는 내용이 매우 무거운 시사토론 프로그램부터 매우 가벼운 오락 프로그램까지 섞여서 나열되어 있다. 또한 시청률에 대한 생산자들의 강박관념까지 텔레비전 프로그램 안에 들어있다. 텔레비전 드라마의 경우도 마찬가지로 이러한 강박이 존재한다. 드라마는 광고와 여러 문화 산업에 부가가치를 창출하며 드라마의 장소는 관광지가 되어서 지방의 부가가치를 만들어 내기도 한다. 이 때문에 시청률을 걱정해야 하는 불안정한 텔레비전 드라마 시장의 구조 속에서 상업적 성공을 거두기 위해 텔레비전 드라마는 이미 높은 시청률을 기록한 드라마를 복제하게 되는 것이다. 이것은 드라마 제작자의 수익성과 시장의 불확실성을 통제하기 위한 것으로 구체적으로는 속편이나 아류작의 제작이나 유사한 장르 복제 등으로 나타난다. 이러한 복제는 텔레비전 내부에서만 일어나는 것이 아니라 문화 자본과 관련되는 모든 매체, 즉 인터넷, 영화, 인쇄 매체에서 동시적으로 나타나는 현상이기도 하다.
>
> 이들은 서로 역동적으로 자리바꿈을 하면서 환유적 관계를 형성한다. 이 환유에는 수용자들, 즉 시청자나 매체 소비자들의 욕망이 투사되어 있다. 수용자의 욕망이 매체나 텍스트의 환유적 고리와 만나게 되면 각각의 텍스트는 다른 텍스트나 매체와의 관련 속에서 의미화 작용을 거치게 된다.
>
> 이렇듯 텔레비전 드라마는 시청자의 욕망과 텔레비전 안팎의 다른 프로그램이나 텍스트와 교차하는 지점에서 생산된다. 상업성이 검증된 것의 반복적 생산으로 말미암아 텔레비전 드라마는 거의 모든 내용이 비슷해지는 동일화의 길을 걷게 된다고 볼 수 있다.

① 텔레비전과 같은 매체는 문자 언어를 읽고 쓰는 능력을 반드시 필요로 한다.
② 디지털 매체 시대에 독자는 정보의 수용자이면서 동시에 생산자가 되기도 한다.
③ 텔레비전 드라마 시청자들의 욕구는 매체의 특성을 변화시키는 경우가 많다.
④ 영상 매체에 있는 자료들이 인터넷, 영화 등과 결합하는 것은 사실상 불가능하다.
⑤ 텔레비전 드라마는 독자들의 니즈를 충족시키기 위해 내용의 차별성에 역점을 두고 있다.

> **TIP 》** 인간은 매체를 사용하여 타인과 소통하는데 그 매체는 음성 언어에서 문자로 발전했으며 책이나 신문, 라디오나 텔레비전, 영화, 인터넷 등으로 발전해 왔다. 매체의 변화는 사람들 간의 소통양식은 물론 문화 양식에까지 영향을 미친다. 현대에는 음성, 문자, 이미지, 영상, 음악 등이 결합된 매체 환경이 생기고 있다. 이 글에서는 텔레비전 드라마가 인터넷, 영화, 인쇄매체 등과 연결되어 복제되는 형상을 낳기도 하고 수용자의 욕망이 매체에 드러난다고 언급한다. 즉 디지털 매체 시대의 독자는 정보를 수용하기도 하지만 생산자가 될 수도 있음을 언급하고 있다고 볼 수 있다.

4 다음 글의 빈칸에 들어갈 내용으로 가장 적절한 것은?

> 자본주의 경제체제는 이익을 추구하는 인간의 욕구를 최대한 보장해 주고 있다. 기업 또한 이익 추구라는 목적에서 탄생하여, 생산의 주체로서 자본주의 체제의 핵심적 역할을 수행하고 있다. 곧, 이익은 기업가로 하여금 사업을 시작하게 된 동기가 된다. 이익에는 단기적으로 실현되는 이익과 장기간에 걸쳐 지속적으로 실현되는 이익이 있다. 기업이 장기적으로 존속, 성장하기 위해서는 _____ 실제로 기업은 단기 이익의 극대화가 장기 이익의 극대화와 상충될 때에는 단기 이익을 과감하게 포기하기도 한다.

① 두 마리의 토끼를 다 잡으려는 생각으로 운영해야 한다.
② 당장의 이익보다 기업의 이미지를 생각해야 한다.
③ 단기 이익보다 장기 이익을 추구하는 것이 더 중요하다.
④ 장기 이익보다 단기 이익을 추구하는 것이 더 중요하다.
⑤ 아무도 개척하지 않은 길을 개척할 수 있는 도전정신이 필요하다.

>   **TIP** 》 빈칸 이후의 문장에서 단기 이익의 극대화가 장기 이익의 극대화와 상충될 때에는 단기 이익을 과감하게 포기하기도 한다고 제시되어 있으므로 ③이 가장 적절하다.

■5~6 ▌ 다음은 정부의 세금 부과와 관련된 설명이다. 물음에 답하시오.

정부가 어떤 재화에 세금을 부과하면 그 부담을 누가 지는가? 그 재화를 구입하는 구입자인가, 그 재화를 판매하는 공급자인가? 구입자와 공급자가 세금을 나누어 부담한다면 각각의 몫은 어떻게 결정될까? 이러한 질문들을 경제학자들은 조세의 귀착이라 한다. 앞으로 살펴보겠지만 ㉠단순한 수요 공급 모형을 이용하여 조세의 귀착에 관한 놀라운 결론을 도출할 수 있다.

개당 3달러 하는 아이스크림에 정부가 0.5달러의 세금을 공급자에게 부과하는 경우를 보자. 세금이 구입자에게는 부과되지 않으므로 주어진 가격에서 아이스크림에 대한 수요량은 변화가 없다. 반면 공급자는 세금을 제외하고 실제로 받는 가격은 0.5달러만큼 준 2.5달러로 하락한다. 이에 따라 공급자는 시장가격이 이 금액만큼 하락한 것으로 보고 공급량을 결정할 것이다. 즉, 공급자들이 세금 부과 이전과 동일한 수량의 아이스크림을 공급하도록 하려면 세금 부담을 상쇄할 수 있도록 개당 0.5달러만큼 가격이 높아져야 한다. 따라서 [그림1]에 표시된 것처럼 공급자에게 세금이 부과되면 공급 곡선이 S1에서 S2로 이동한다. 공급 곡선의 이동 결과 새로운 균형이 형성되면서 아이스크림의 균형 가격은 개당 3달러에서 3.3달러로 상승하고, 균형거래량은 100에서 90으로 감소한다. 따라서 구입자가 내는 가격은 3.3달러로 상승하지만 공급자는 세금을 제외하고 실질적으로 받는 가격은 2.8달러가 된다. 세금이 공급자에게 부과되지만 실질적으로 구입자와 공급자가 공동으로 세금을 부담하게 된다.

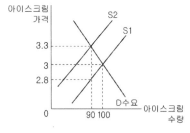
그림1 〈공급자에 대한 과세〉

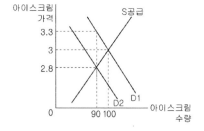
그림2 〈구입자에 대한 과세〉

이번에는 구입자에게 세금이 부과되는 경우를 보자. 구입자에게 세금이 부과되면 아이스크림의 공급 곡선은 이동하지 않는다. 반면에 구입자들은 이제 세금도 납부해야 하므로 각 가격 수준에서 구입자들의 희망 구입량은 줄어들어 수요곡선은 [그림2]처럼 D1에서 D2로 이동한다. 이에 따라 균형거래량은 100에서 90으로 감소한다. 따라서 아이스크림 공급자들이 받는 가격은 개당 3달러에서 2.8달러로 하락하고, 구입자들이 내는 가격은 세금을 포함하여 3.3달러로 상승한다. 형식적으로는 세금이 구입자에게 부과되지만 이 경우에도 구입자와 공급자가 공동으로 세금을 부담하는 것이다.

어떤 재화에 세금이 부과되면 그 재화의 구입자와 공급자들이 세금을 나누어 부담한다고 했는데, 이때 세금 부담의 몫은 어떻게 결정될까? 그것은 수요와 공급 탄력성의 상대적 크기에 달려 있다. 공급이 매우 탄력적이고 수요는 상대적으로 비탄력적인 시장에 세금이 부과되면 공급자가 받는 가격은 큰 폭으로 하락하지 않으므로 공급자의 세금 부담은 작다. 반면에 구입자들이 내는 가격은 큰 폭으로 상승하기 때문에 구입자가 세금을 대부분 부담한다. 거꾸로 공급이 상대적으로 비탄력적이고 수요는 매우 탄력적인 시장인 경우에는 구입자가 내는 가격은 큰 폭으로 상승하지 않지만, 공급자가 받는 가격은 큰 폭으로 하락한다. 따라서 공급자가 세금을 대부분 부담한다. 본질적으로 탄력성이 작다는 것은 구입자가 세금이 부과된 재화를 대체할 다른 재화를 찾기 어렵다는 뜻이고 공급의 탄력성이 작다는 것은 공급자가 세금이 부과된 재화를 대체할 재화를 생산하기 어렵다는 의미다. 재화에 세금이 부과될 때, 대체재를 찾기 어려운 쪽일수록 그 재화의 소비를 포기하기 어려우므로 더 큰 몫의 세금을 부담할 수밖에 없는 것이다.

5 위 내용을 바탕으로 다음에 대해 분석할 때 적절하지 않은 결론을 도출한 사람은?

> △△국가는 요트와 같은 사치품은 부자들만 살 수 있으므로 이들 품목에 사치세를 부과할 정책을 계획 중이다. 그런데 요트에 대한 수요는 매우 탄력적이다. 부자들은 요트를 사는 대신에 자가용 비행기나 크루즈 여행 등에 그 돈을 쓸 수 있기 때문이다. 반면에 요트 생산자는 다른 재화의 생산 공장으로 쉽게 전환할 수 없기 때문에 요트의 공급은 비탄력적이다.

① A : 금이 부과되면 부자들의 요트 구입량은 감소하겠군.
② B : 수요와 공급 중 보다 탄력적인 쪽이 세금을 더 많이 부담하겠군.
③ C : 사치세를 부과하면 요트 공급자가 세금을 더 부담하게 되겠군.
④ D : 사치세를 통해 부자에게 세금을 부과하려는 정책은 실패할 가능성이 있겠군.
⑤ E : 요트 생산자보다 부자들은 요트를 대신할 대체재를 상대적으로 찾기 쉽겠군.

TIP 》 ② 수요와 공급 중 보다 탄력적인 쪽이 세금을 더 적게 부담한다.

ANSWER 〉 5.②

6 밑줄 친 ㈀을 통해 알 수 있는 내용으로 적절하지 않은 것은?

① 세금이 부과되면 균형 거래량은 줄어든다.
② 구입자와 공급자가 세금을 나누어 부담한다.
③ 세금으로 인해 재화 거래의 시장 규모가 줄어든다.
④ 세금을 구입자에게 부과하면 공급 곡선이 이동한다.
⑤ 세금이 부과되면 시장에서 재화의 가격이 상승한다.

>   **TIP 》** ④ 세 번째 문단에서 알 수 있듯이 세금을 구입자에게 부과할 경우 공급 곡선은 이동하지 않는다.

┃7~8┃ 다음은 보험 제도와 관련된 설명이다. 물음에 답하시오.

보험은 같은 위험을 보유한 다수인이 위험 공동체를 형성하여 보험료를 납부하고 보험 사고가 발생하면 보험금을 지급받는 제도이다. 보험 상품을 구입한 사람은 장래의 우연한 사고로 인한 경제적 손실에 대비할 수 있다. 보험금 지급은 사고 발생이라는 우연적 조건에 따라 결정되는데, 이처럼 보험은 조건의 실현 여부에 따라 받을 수 있는 재화나 서비스가 달라지는 조건부 상품이다.

[A] 위험 공동체의 구성원이 납부하는 보험료와 지급받는 보험금은 그 위험 공동체의 사고 발생 확률을 근거로 산정된다. 특정 사고가 발생할 확률은 정확히 알 수 없지만 그동안 발생된 사고를 바탕으로 그 확률을 예측한다면 관찰 대상이 많아짐에 따라 실제 사고 발생 확률에 근접하게 된다. 본래 보험 가입의 목적은 금전적 이득을 취하는 데 있는 것이 아니라 장래의 경제적 손실을 보상받는 데 있으므로 위험 공동체의 구성원은 자신이 속한 위험 공동체의 위험에 상응하는 보험료를 납부하는 것이 공정할 것이다. 따라서 공정한 보험에서는 구성원 각자가 납부하는 보험료와 그가 지급받을 보험금에 대한 기댓값이 일치해야 하며 구성원 전체의 보험료 총액과 보험금 총액이 일치해야 한다. 이때 보험금에 대한 기댓값은 사고가 발생할 확률에 사고 발생 시 수령할 보험금을 곱한 값이다. 보험금에 대한 보험료의 비율(보험료 / 보험금)을 보험료율이라 하는데, 보험료율이 사고 발생 확률보다 높으면 구성원 전체의 보험료 총액이 보험금 총액보다 더 많고, 그 반대의 경우에는 구성원 전체의 보험료 총액이 보험금 총액보다 더 적게 된다. 따라서 공정한 보험에서는 보험료율과 사고 발생 확률이 같아야 한다.

물론 현실에서 보험사는 영업 활동에 소요되는 비용 등을 보험료에 반영하기 때문에 공정한 보험이 적용되기 어렵지만 기본적으로 위와 같은 원리를 바탕으로 보험료와 보험금을 산정한다. 그런데 보험 가입자들이 자신이 가진 위험의 정도에 대해 진실한 정보를 알려 주지 않는 한, 보험사는 보험 가입자 개개인이 가진 위험의 정도를 정확히 파악하여 거기에 상응하는 보험료를 책정하기 어렵다. 이러한 이유로 사고 발생 확률이 비슷하다고 예상되는 사람들로 구성된 어떤 위험 공동체에 사고 발생 확률이 더 높은 사람들이 동일한 보험료를 납부하고 진입하게 되면, 그 위험 공동체의 사고 발생 빈도가 높아져 보험사가 지급하는 보험금의 총액이 증가한다. 보험사는 이를 보전하기 위해 구성원이 납부해야 할 보험료를 인상할 수밖에 없다. 결국 자신의 위험 정도에 상응하는 보험료보다 더 높은 보험료를 납부하는 사람이 생기게 되는 것이다. 이러한 문제는 정보의 비대칭성에서 비롯되는데 보험 가입자의 위험 정도에 대한 정보는 보험 가입자가 보험사보다 더 많이 갖고 있기 때문이다. 이를 해결하기 위해 보험사는 보험 가입자의 감춰진 특성을 파악할 수 있는 수단이 필요하다.

우리 상법에 규정되어 있는 고지 의무는 이러한 수단이 법적으로 구현된 제도이다. 보험 계약은 보험 가입자의 청약과 보험사의 승낙으로 성립된다. 보험 가입자는 반드시 계약을 체결하기 전에 '중요한 사항'을 알려야 하고, 이를 사실과 다르게 진술해서는 안 된다. 여기서 '중요한 사항'은 보험사가 보험 가입자의 청약에 대한 승낙을 결정하거나 차등적인 보험료를 책정하는 근거가 된다. 따라서 고지 의무는 결과적으로 다수의 사람들이 자신의 위험 정도에 상응하는 보험료보다 더 높은 보험료를 납부해야 하거나, 이를 이유로 아예 보험에 가입할 동기를 상실하게 되는 것을 방지한다.

보험 계약 체결 전 보험 가입자가 고의나 중대한 과실로 '중요한 사항'을 보험사에 알리지 않거나 사실과 다르게 알리면 고지 의무를 위반하게 된다. 이러한 경우에 우리 상법은 보험사에 계약 해지권을 부여한다. 보험사는 보험 사고가 발생하기 이전이나 이후에 상관없이 고지 의무 위반을 이유로 계약을 해지할 수 있고, 해지권 행사는 보험사의 일방적인 의사 표시로 가능하다. 해지를 하면 보험사는 보험금을 지급할 책임이 없게 되며, 이미 보험금을 지급했다면 그에 대한 반환을 청구할 수 있다. 일반적으로 법에서 의무를 위반하게 되면 위반한 자에게 그 의무를 이행하도록 강제하거나 손해 배상을 청구할 수 있는 것과 달리, 보험 가입자가 고지 의무를 위반했을 때에는 보험사가 해지권만 행사할 수 있다. 그런데 보험사의 계약 해지권이 제한되는 경우도 있다. 계약 당시에 보험사가 고지 의무 위반에 대한 사실을 알았거나 중대한 과실로 인해 알지 못한 경우에는 보험 가입자가 고지 의무를 위반했어도 보험사의 해지권은 배제된다. 이는 보험 가입자의 잘못보다 보험사의 잘못에 더 책임을 둔 것이라 할 수 있다. 또 보험사가 해지권을 행사할 수 있는 기간에도 일정한 제한을 두고 있는데, 이는 양자의 법률관계를 신속히 확정함으로써 보험 가입자가 불안정한 법적 상태에 장기간 놓여 있는 것을 방지하려는 것이다. 그러나 고지해야 할 '중요한 사항' 중 고지 의무 위반에 해당되는 사항이 보험 사고와 인과 관계가 없을 때에는 보험사는 보험금을 지급할 책임이 있다. 그렇지만 이 때에도 해지권은 행사할 수 있다.

보험에서 고지 의무는 보험에 가입하려는 사람의 특성을 검증함으로써 다른 가입자에게 보험료가 부당하게 전가되는 것을 막는 기능을 한다. 이로써 사고의 위험에 따른 경제적 손실에 대비하고자 하는 보험 본연의 목적이 달성될 수 있다.

ANSWER 〉 6.④

7 [A]를 바탕으로 다음의 상황을 이해한 내용으로 적절한 것은?

> 사고 발생 확률이 각각 0.1과 0.2로 고정되어 있는 위험 공동체 A와 B가 있다고 가정한다. A와 B에 모두 공정한 보험이 항상 적용된다고 할 때, 각 구성원이 납부할 보험료와 사고 발생 시 지급받을 보험금을 산정하려고 한다.
>
> 단, 동일한 위험 공동체의 구성원끼리는 납부하는 보험료가 같고, 지급받는 보험금이 같다. 보험료는 한꺼번에 모두 납부한다.

① A에서 보험료를 두 배로 높이면 보험금은 두 배가 되지만 보험금에 대한 기댓값은 변하지 않는다.

② B에서 보험금을 두 배로 높이면 보험료는 변하지 않지만 보험금에 대한 기댓값은 두 배가 된다.

③ A에 적용되는 보험료율과 B에 적용되는 보험료율은 서로 같다.

④ A와 B에서의 보험금이 서로 같다면 A에서의 보험료는 B에서의 보험료의 두 배이다.

⑤ A와 B에서의 보험료가 서로 같다면 A와 B에서의 보험금에 대한 기댓값은 서로 같다.

TIP 》 ⑤ 공정한 보험에서는 보험료율과 사고 발생 확률이 같아야 하므로 A와 B에서의 보험료가 서로 같다면 A의 보험금이 2배이다. 따라서 A와 B에서의 보험금에 대한 기댓값은 서로 같다.

① A에서 보험료를 두 배로 높이면 보험금과 보험금에 대한 기댓값이 모두 두 배가 된다.

② B에서 보험금을 두 배로 높이면 보험료와 보험금에 대한 기댓값이 모두 두 배가 된다.

③ 공정한 보험에서는 보험료율과 사고 발생 확률이 같아야 하므로 A에 적용되는 보험료율과 B에 적용되는 보험료율은 서로 다르다.

④ A와 B에서의 보험금이 서로 같다면 사고 발행 확률이 2배인 B에서의 보험료가 A에서의 보험료의 두 배이다.

8 위 설명을 바탕으로 다음의 사례를 검토한 내용으로 가장 적절한 것은?

> 보험사 A는 보험 가입자 B에게 보험 사고로 인한 보험금을 지급한 후, B가 중요한 사항을 고지하지 않았다는 사실을 뒤늦게 알고 해지권을 행사할 수 있는 기간 내에 보험금 반환을 청구했다.

① 계약 체결 당시 A에게 중대한 과실이 있었다면 A는 계약을 해지할 수 없으나 보험금은 돌려받을 수 있다.

② 계약 체결 당시 A에게 중대한 과실이 없다 하더라도 A는 보험금을 이미 지급했으므로 계약을 해지할 수 없다.

③ 계약 체결 당시 A에게 중대한 과실이 있고 B 또한 중대한 과실로 고지 의무를 위반했다면 A는 보험금을 돌려받을 수 있다.

④ B가 고지하지 않은 중요한 사항이 보험 사고와 인과 관계가 없다면 A는 보험금을 돌려받을 수 없다.

⑤ B가 자신의 고지 의무 위반 사실을 보험 사고가 발생한 후 A에게 즉시 알렸다면 고지 의무를 위반한 것이 아니다.

> **TIP 》** ① 중대한 과실로 인해 알지 못한 경우에는 보험 가입자가 고지 의무를 위반했어도 보험사의 해지권은 배제되며 보험금은 돌려받을 수 없다.
> ② 이미 보험금을 지급했더라도 계약을 해지할 수 있고 보험금에 대한 반환을 청구할 수 있다.
> ③ 보험 가입자의 잘못보다 보험사의 잘못에 더 책임을 둔다.
> ⑤ 고지 의무는 보험 계약 체결 전을 기준으로 한다. 따라서 보험 계약 체결 뒤 보험 사고가 발생한 후에 알렸더라고 고지 의무를 위반한 것이다.

ANSWER 〉 7.⑤ 8.④

9 다음에 제시된 문장 ㈎~㈐의 빈칸 어디에도 사용될 수 없는 단어는 어느 것인가?

㈎ 우리나라의 사회보장 체계는 사회적 위험을 보험의 방식으로 (   )함으로써 국민의 건강과 소득을 보장하는 사회보험이다.

㈏ 노인장기요양보험은 고령이나 노인성질병 등으로 인하여 6개월 이상 동안 혼자서 일상생활을 (   )하기 어려운 노인 등에게 신체활동 또는 가사지원 등의 장기요양급여를 사회적 연대원리에 의해 제공하는 사회보험 제도이다.

㈐ 사회보험 통합징수란 2011년 1월부터 국민건강보험공단, 국민연금공단, 근로복지공단에서 각각 (   )하였던 건강보험, 국민연금, 고용보험, 산재보험의 업무 중 유사·중복성이 높은 보험료 징수업무(고지, 수납, 체납)를 국민건강보험공단이 통합하여 운영하는 제도이다.

㈑ 보장구 제조·판매업자가 장애인으로부터 서류일체를 위임받아 청구를 (   )하였을 경우 지급이 가능한가요?

㈒ 우리나라 장기요양제도의 발전방안을 모색하고 급속한 고령화에 능동적으로 (   )할 수 있는 능력을 배양하며, 장기요양분야 전문가들로 구성된 인적네트워크 형성 지원을 목적으로 한 사례발표와 토론형식의 참여형 역량강화 프로그램이다.

㈓ 고령 사회에 (   )해 제도가 맞닥뜨린 문제점을 정확히 인식하고 개선방안을 모색하는 것이 고령사회 심화 속 제도의 지속가능성을 위해 필요하다는 점이 반영된 것으로 보인다.

① 완수
② 대비
③ 대행
④ 수행
⑤ 대처

TIP 》 '완수'가 들어가서 의미를 해치지 않는 문장은 없다. 빈칸을 완성하는 가장 적절한 단어들은 다음과 같다.
㈎, ㈒ 대처
㈏, ㈐ 수행
㈑ 대행
㈓ 대비

10 중의적 표현에 대한 다음 설명을 참고할 때, 구조적 중의성의 사례가 아닌 것은?

> 중의적 표현(중의성)이란 하나의 표현이 두 가지 이상의 의미로 해석되는 표현을 일컫는다. 그 특징은 해학이나 풍자 등에 활용되며, 의미의 다양성으로 문학 작품의 예술성을 높이는 데 기여한다. 하지만 의미 해석의 혼동으로 인해 원활한 의사소통에 방해를 줄 수도 있다.
>
> 이러한 중의성은 어휘적 중의성과 구조적 중의성으로 크게 구분할 수 있다. 어휘적 중의성은 다시 세 가지 부류로 나누는데 첫째, 다의어에 의한 중의성이다. 다의어는 의미를 복합적으로 가지고 있는데, 기본 의미를 가지고 있는 동시에 파생적 의미도 가지고 있어서 그 어휘의 기본적 의미가 내포되어 있는 상태에서 다른 의미로도 쓸 수 있다. 둘째, 어휘적 중의성으로 동음어에 의한 중의적 표현이 있다. 동음어에 의한 중의적 표현은 순수한 동음어에 의한 중의적 표현과 연음으로 인한 동음이의어 현상이 있다. 셋째, 동사의 상적 속성에 의한 중의성이 있다.
>
> 구조적 중의성은 문장의 구조 특성으로 인해 중의성이 일어나는 것을 말하는데, 이러한 중의성은 수식 관계, 주어의 범위, 서술어와 호응하는 논항의 범위, 수량사의 지배범위, 부정문의 지배범주 등에 의해 일어난다.

① 나이 많은 길동이와 을순이가 결혼을 한다.
② 그 녀석은 나와 아버지를 만났다.
③ 영희는 친구들을 기다리며 장갑을 끼고 있었다.
④ 그녀가 보고 싶은 친구들이 참 많다.
⑤ 그건 오래 전부터 아끼던 그녀의 선물이다.

TIP 》 ③ 영희가 장갑을 이미 낀 상태인지, 장갑을 끼는 동작을 진행 중인지 의미가 확실치 않은 동사의 상적 속성에 의한 중의성의 사례가 된다.
　① 수식어에 의한 중의성의 사례로, 길동이가 나이가 많은 것인지, 길동이와 을순이 모두가 나이가 많은 것인지가 확실치 않은 중의성을 포함하고 있다.
　② 접속어에 의한 중의성의 사례로, '그 녀석'이 나와 함께 가서 아버지를 만난건지, 나와 아버지를 각각 만난건지, 나와 아버지 둘을 같이 만난건지가 확실치 않은 중의성을 포함하고 있다.
　④ 명사구 사이 동사에 의한 중의성의 사례로, 그녀가 친구들을 보고 싶어 하는 것인지 친구들이 그녀를 보고 싶어 하는 것인지가 확실치 않은 중의성을 포함하고 있다.
　⑤ 수식어에 의한 중의성의 사례로, '아끼던'의 수식을 받는 말이 그녀인지 선물인지가 확실치 않은 중의성을 포함하고 있다.

11 다음 밑줄 친 부분과 가장 가까운 의미로 쓰인 것은?

> 저 멀리 연기를 뿜으며 앞서가는 기차의 머리가 보였다.

① 그는 우리 모임의 머리 노릇을 하고 있다.
② 머리도 끝도 없이 일이 뒤죽박죽이 되었다.
③ 그는 테이블 머리에 놓인 책 한 권을 집어 들었다.
④ 주머니에 비죽이 술병이 머리를 내밀고 있었다.
⑤ 그녀는 머리를 숙여 공손하게 선생님께 인사를 했다.

    TIP 》 제시된 문장에서 '머리'는 사물의 앞이나 위를 비유적으로 이르는 말로 쓰였다.
        ① 단체의 우두머리
        ② 일의 시작이나 처음을 비유적으로 이르는 말
        ③ 한쪽 옆이나 가장자리
        ⑤ 사람이나 동물의 목 위의 부분

12 다음 내용에서 주장하고 있는 것은?

> 기본적으로 한국 사회는 본격적인 자본주의 시대로 접어들었고 그것은 소비사회, 그리고 사회 구성원들의 자기표현이 거대한 복제기술에 의존하는 대중문화 시대를 열었다. 현대인의 삶에서 대중매체의 중요성은 더욱 더 높아지고 있으며 따라서 이제 더 이상 대중문화를 무시하고 엘리트 문화지향성을 가진 교육을 하기는 힘든 시기에 접어들었다. 세계적인 음악가로 추대받고 있는 비틀즈도 영국 고등학교가 길러낸 음악가이다.

① 대중문화에 대한 검열이 필요하다.
② 한국에서 세계적인 음악가의 탄생을 위해 고등학교에서 음악 수업의 강화가 필요하다.
③ 한국 사회에서 대중문화를 인정하는 것은 중요하다.
④ 교양 있는 현대인의 배출을 위해 고전음악에 대한 교육이 필요하다.
⑤ 대중문화를 이끌어 갈 젊은 세대 육성에 힘을 쏟아야 한다.

    TIP 》 '이제 더 이상 대중문화를 무시하고 엘리트 문화지향성을 가진 교육을 하기는 힘든 시기에 접어들었다.'
        가 이 글의 핵심문장이라고 볼 수 있다. 따라서 대중문화의 중요성에 대해 말하고 있는 ③이 정답이다.

13 다음 단락을 논리적 흐름에 맞게 바르게 배열한 것은?

> ㈎ 자본주의 사회에서 상대적으로 부유한 집단, 지역, 국가는 환경적 피해를 약자에게 전가하거나 기술적으로 회피할 수 있는 가능성을 가진다.
>
> ㈏ 오늘날 환경문제는 특정한 개별 지역이나 국가의 문제에서 나아가 전 지구적 문제로 확대되었지만, 이로 인한 피해는 사회·공간적으로 취약한 특정 계층이나 지역에 집중적으로 나타나는 환경적 불평등을 야기하고 있다.
>
> ㈐ 인간사회와 자연환경 간의 긴장관계 속에서 발생하고 있는 오늘날 환경위기의 해결 가능성은 논리적으로 뿐만 아니라 역사적으로 과학기술과 생산조직의 발전을 규정하는 사회적 생산관계의 전환을 통해서만 실현될 수 있다.
>
> ㈑ 부유한 국가나 지역은 마치 환경문제를 스스로 해결한 것처럼 보이기도 하며, 나아가 자본주의 경제체제 자체가 환경문제를 해결(또는 최소한 지연)할 수 있는 능력을 갖춘 것처럼 홍보되기도 한다.

① ㈎ – ㈏ – ㈐ – ㈑
② ㈎ – ㈏ – ㈑ – ㈐
③ ㈏ – ㈎ – ㈑ – ㈐
④ ㈏ – ㈑ – ㈎ – ㈐
⑤ ㈏ – ㈎ – ㈐ – ㈑

> **TIP 》** 네 개의 문장에서 공통적으로 언급하고 있는 것은 환경문제임을 알 수 있다. 따라서 ㈏ 문장이 '문제 제기'를 한 것으로 볼 수 있다. ㈎는 ㈏에서 언급한 바를 더욱 발전시키며 논점을 전개해 나가고 있으며, ㈑에서는 논점을 '잘못된 환경문제의 해결 주체'라는 쪽으로 전환하여 결론을 위한 토대를 구성하며, ㈐에서 필자의 주장을 간결하게 매듭짓고 있다.

ANSWER 〉 11.④ 12.③ 13.③

14 다음 두 글에서 공통적으로 말하고자 하는 것은 무엇인가?

> (가) 많은 사람들이 기대했던 우주왕복선 챌린저는 발사 후 1분 13초만에 폭발하고 말았다. 사건 조사단에 의하면, 사고원인은 챌린저 주엔진에 있던 O – 링에 있었다. O – 링은 디오콜사가 NASA로부터 계약을 따내기 위해 저렴한 가격으로 생산될 수 있도록 설계되었다. 하지만 첫 번째 시험에 들어가면서부터 설계상의 문제가 드러나기 시작하였다. NASA의 엔지니어들은 그 문제점들을 꾸준히 제기했으나, 비행시험에 실패할 정도의 고장이 아니라는 것이 니오콜사의 입상이었다. 하지만 O – 링을 설계했던 과학자도 문제점을 인식하고 문제가 해결될 때까지 챌린저 발사를 연기하도록 회사 매니저들에게 주지시키려 했지만 거부되었다. 한 마디로 그들의 노력이 미흡했기 때문이다.
>
> (나) 과학의 연구 결과는 사회에서 여러 가지로 활용될 수 있지만, 그 과정에서 과학자의 의견이 반영되는 일은 드물다. 과학자들은 자신이 책임질 수 없는 결과를 이 세상에 내놓는 것과 같다. 과학자는 자신이 개발한 물질을 활용하는 과정에서 나타날 수 있는 위험성을 충분히 알리고 그런 물질의 사용에 대해 사회적 합의를 도출하는 데 적극 협조해야 한다.

① 과학적 결과의 장단점
② 과학자와 기업의 관계
③ 과학자의 윤리적 책무
④ 과학자의 학문적 한계
⑤ 과학자의 사회적 영향

> **TIP** 》 (가)에서 과학자가 설계의 문제점을 인식하고도 노력하지 않았기 때문에 결국 우주왕복선이 폭발하고 마는 결과를 가져왔다고 말하고 있다. (나)에서는 자신이 개발한 물질의 위험성을 알리고 사회적 합의를 도출하는 데 협조해야 한다고 말하고 있다. 두 글을 종합해 보았을 때 공통적으로 말하고자 하는 바는 '과학자로서의 윤리적 책무를 다해야 한다'라는 것을 알 수 있다.

15 다음 글을 참고할 때, '깨진 유리창의 법칙'이 시사하는 바로 가장 적절한 설명은 무엇인가?

> 1969년 미국 스탠포드 대학의 심리학자인 필립 짐바르도 교수는 아주 흥미로운 심리실험을 진행했다. 범죄가 자주 발생하는 골목을 골라 새 승용차 한 대를 보닛을 열어놓은 상태로 방치시켰다. 일주일이 지난 뒤 확인해보니 그 차는 아무런 이상이 없었다. 원상태대로 보존된 것이다. 이번에는 똑같은 새 승용차를 보닛을 열어놓고, 한쪽 유리창을 깬 상태로 방치시켜 두었다. 놀라운 일이 벌어졌다. 불과 10분이 지나자 배터리가 없어지고 차 안에 쓰레기가 버려져 있었다. 시간이 지나면서 낙서, 도난, 파괴가 연이어 일어났다. 1주일이 지나자 그 차는 거의 고철상태가 되어 폐차장으로 실려 갈 정도가 되었던 것이다. 훗날 이 실험결과는 '깨진 유리창의 법칙'이라는 이름으로 불리게 된다.
>
> 1980년대의 뉴욕 시는 연간 60만 건 이상의 중범죄가 발생하는 범죄도시로 악명이 높았다. 당시 여행객들 사이에서 '뉴욕의 지하철은 절대 타지 마라'는 소문이 돌 정도였다. 미국 라토가스 대학의 젤링 교수는 '깨진 유리창의 법칙'에 근거하여, 뉴욕 시의 지하철 흉악 범죄를 줄이기 위한 대책으로 낙서를 철저하게 지울 것을 제안했다. 낙서가 방치되어 있는 상태는 창문이 깨져있는 자동차와 같은 상태라고 생각했기 때문이다.

① 범죄는 대중교통 이용 공간에서 발생확률이 가장 높다.
② 문제는 확인되기 전에 사전 단속이 중요하다.
③ 작은 일을 철저히 관리하면 큰 사고를 막을 수 있다.
④ 낙서는 가장 핵심적인 범죄의 원인이 된다.
⑤ 사소한 원인으로 발생한 큰 문제는 수습이 매우 어렵다.

> **TIP 》** '깨진 유리창의 법칙'은 깨진 유리창처럼 사소한 것들을 수리하지 않고 방치해두면, 나중에는 큰 범죄로 이어진다는 범죄 심리학 이론으로, 작은 일을 소홀히 관리하면 나중에는 큰일로 이어질 수 있음을 의미한다.

16 다음 글의 문맥상 빈칸에 들어갈 말로 가장 적절한 것은?

> 기본적으로 전기차의 충전수요는 주택용 및 직장용 충전방식을 통해 상당부분 충족될 수 있다. 집과 직장은 우리가 하루 중 대부분의 시간을 보내는 장소이며, 그만큼 우리의 자동차가 가장 많은 시간을 보내는 장소이다. 그러나 서울 및 대도시를 포함하여, 전국적으로 주로 아파트 등 공동주택에 거주하는 가구비중이 높은 국내 현실을 감안한다면, 주택용 충전방식의 제약은 단기적으로 해결하기는 어려운 것 또한 현실이다. 더욱이 우리가 자동차를 소유하고 활용할 때 직장으로의 통근용으로만 사용하지는 않는다. 때론 교외로 때론 지방으로 이동할 때 자유롭게 활용 가능해야 하며, 이때 (   ), 전기차의 시장침투는 그만큼 제약될 수밖에 없다. 직접 충전을 하지 않더라도 적어도 언제 어디서나 충전이 가능하다는 인식이 자동차 운전자들에게 보편화되지 않는다면, 배터리에 충전된 전력이 다 소진되어, 도로 한가운데서 꼼짝달싹할 수 없게 될 수도 있다는 두려움, 즉 주행가능거리에 대한 우려로 인해 기존 내연기관차에서 전기차로의 전환은 기피대상이 될 수밖에 없다.
>
> 결국 누구나 언제 어디서나 접근이 가능한 공공형 충전소가 도처에 설치되어야 하며, 이를 체계적으로 운영 관리하여 전기차 이용자들이 편하게 사용할 수 있는 분위기 마련이 시급하다. 이를 위해서는 무엇보다 전기차 충전서비스 시장이 두터워지고, 잘 작동해야 한다.

① 이동하고자 하는 거리가 너무 멀다면

② 충전 요금이 과도하게 책정된다면

③ 전기차 보급이 활성화되어 있지 않다면

④ 남아 있는 배터리 잔량을 확인할 수 없다면

⑤ 기존 내연기관차보다 불편함이 있다면

> **TIP** 》 전기차의 시장침투가 제약을 받게 되는 원인이 빈칸에 들어갈 가장 적절한 말이 될 것이며, 이것은 전후의 맥락으로 보아 기존의 내연기관차와의 비교를 통하여 파악되어야 할 것이다. 따라서 '단순히 전기차가 주관적으로 불편하다는 이유가 아닌 기존 내연기관차에 비해 더 불편한 점이 있을 경우'에 해당하는 말이 위치해야 한다.

사람들은 은퇴 이후 소득이 급격하게 줄어드는 위험에 처할 수 있다. 이러한 위험이 발생할 경우 일정 수준의 생활(소득)을 보장해 주기 위한 제도가 공적연금제도이다. 우리나라의 공적연금제도에는 대표적으로 국민의 노후 생계를 보장해 주는 국민연금이 있다. 공적연금제도는 강제가입을 원칙으로 한다. 연금은 가입자가 비용은 현재 지불하지만 그 편익은 나중에 얻게 된다. 그러나 사람들은 현재의 욕구를 더 긴박하고 절실하게 느끼기 때문에 불확실한 미래의 편익을 위해서 당장은 비용을 지불하지 않으려는 경향이 있다. 또한 국가는 사회보장제도를 통하여 젊은 시절에 노후를 대비하지 않은 사람들에게도 최저생계를 보장해준다. 이 경우 젊었을 때 연금에 가입하여 성실하게 납부한 사람들이 방만하게 생활한 사람들의 노후생계를 위해 세금을 추가로 부담해야 하는 문제가 생긴다. 그러므로 국가가 나서서 강제로 연금에 가입하도록 하는 것이다.

공적연금제도의 재원을 충당하는 방식은 연금 관리자의 입장과 연금 가입자의 입장에서 각기 다르게 나누어 볼 수 있다. 연금 관리자의 입장에서는 '적립방식'과 '부과방식'의 두 가지가 있다. '적립방식'은 가입자가 낸 보험료를 적립해 기금을 만들고 이 기금에서 나오는 수익으로 가입자가 납부한 금액에 비례하여 연금을 지급하지만, 연금액은 확정되지 않는다. '적립방식'은 인구 구조가 변하더라도 국가는 재정을 투입할 필요가 없고, 받을 연금과 내는 보험료의 비율이 누구나 일정하므로 보험료 부담이 공평하다. 하지만 일정한 기금이 형성되기 전까지는 연금을 지급할 재원이 부족하므로, 제도 도입 초기에는 연금 지급이 어렵다. '부과방식'은 현재 일하고 있는 사람들에게서 거둔 보험료로 은퇴자에게 사전에 정해진 금액만큼 연금을 지급하는 것이다. 이는 '적립방식'과 달리 세대 간 소득재분배 효과가 있으며, 제도 도입과 동시에 연금 지급을 개시할 수 있다는 장점이 있다. 다만 인구 변동에 따른 불확실성이 있다. 노인 인구가 늘어나 역삼각형의 인구구조가 만들어질 때는 젊은 세대의 부담이 증가되어 연금 제도를 유지하기가 어려워질 수 있다.

연금 가입자의 입장에서는 납부하는 금액과 지급 받을 연금액의 관계에 따라 확정기여방식과 확정급여방식으로 나눌 수 있다. 확정기여방식은 가입자가 일정 액수나 비율로 보험료를 낼 것만 정하고 나중에 받을 연금의 액수는 정하지 않는 방식이다. 이는 연금 관리자의 입장에서 보면 '적립방식'으로 연금 재정을 운용하는 것이다. 그래서 이 방식은 이자율이 낮아지거나 연금 관리자가 효율적으로 기금을 관리하지 못하는 경우에 개인이 손실 위험을 떠안게 된다. 또한 물가가 인상되는 경우 확정기여에 따른 적립금의 화폐가치가 감소되는 위험도 가입자가 감수해야 한다. 확정급여방식은 가입자가 얼마의 연금을 받을 지를 미리 정해 놓고, 그에 따라 개인이 납부할 보험료를 정하는 방식이다. 이는 연금 관리자의 입장에서는 '부과방식'으로 연금 재정을 운용하는 것이다. 나중에 받을 연금을 미리정하면 기금 운용 과정에서 발생하는 투자의 실패는 연금 관리자가 부담하게 된다. 그러나 이 경우에도 물가상승에 따른 손해는 가입자가 부담해야 하는 단점이 있다.

17 공적연금의 재원 충당 방식 중 '적립방식'과 '부과방식'을 비교한 내용으로 적절하지 않은 것은?

	항목	적립방식	부과방식
①	연금 지급 재원	가입자가 적립한 기금	현재 일하는 세대의 보험료
②	연금 지급 가능 시기	일정한 기금이 형성된 이후	제도 시작 즉시
③	세대 간 부담의 공평성	세대 간 공평성 미흡	세대 간 공평성 확보
④	소득 재분배 효과	소득 재분배 어려움	소득 재분배 가능
⑤	인구 변동 영향	받지 않음	받음

> **TIP** 》 ③ 받을 연금과 내는 보험료의 비율이 누구나 일정하여 보험료 부담이 공평한 것은 적립방식이다. 부과방식은 현재 일하고 있는 사람들에게서 거둔 보험료를 은퇴자에게 사전에 정해진 금액만큼 연금을 지급하는 것으로, 노인 인구가 늘어날 경우 젊은 세대의 부담이 증가할 수 있다고 언급하고 있다.

18 위 내용을 바탕으로 다음 상황에 대해 분석할 때 적절하지 않은 결론을 도출한 사람은?

> ○○회사는 이번에 공적연금 방식을 준용하여 퇴직연금 제도를 새로 도입하기로 하였다. 이에 회사는 직원들이 퇴직연금 방식을 확정기여방식과 확정급여방식 중에서 선택할 수 있도록 하였다.

① 확정기여방식은 부담금이 공평하게 나눠지는 측면에서 장점이 있어.
② 확정기여방식은 기금을 운용할 회사의 능력에 따라 나중에 받을 연금액이 달라질 수 있어.
③ 확정기여방식은 기금의 이자 수익률이 물가상승률보다 높으면 연금액의 실질적 가치가 상승할 수 있어.
④ 확정급여방식은 물가가 많이 상승하면 연금액의 실질적 가치가 하락할 수 있어.
⑤ 확정급여방식은 투자 수익이 부실할 경우 가입자가 보험료를 추가로 납부해야 하는 문제가 있어.

> **TIP** 》 ⑤ 확정급여방식의 경우 나중에 얼마의 연금을 받을 지 미리 정해놓고 보험료를 납부하는 것으로 기금 운용 과정에서 발생하는 투자의 실패를 연금 관리자가 부담하게 된다. 따라서 투자 수익이 부실한 경우에도 가입자가 보험료를 추가로 납부해야 하는 문제는 발생하지 않는다.

　　선물 거래는 경기 상황의 변화에 의해 자산의 가격이 변동하는 데서 올 수 있는 경제적 손실을 피하려는 사람과 그 위험을 대신 떠맡으면서 그것이 기회가 될 수 있는 상황을 기대하며 경제적 이득을 얻으려는 사람 사이에서 이루어지는 것이다.

[A]
　　배추를 경작하는 농민이 주변 여건에 따라 가격이 크게 변동하는 데서 오는 위험에 대비해 3개월 후 수확하는 배추를 채소 중개상에게 1포기당 8백 원에 팔기로 미리 계약을 맺었다고 할 때, 이와 같은 계약을 선물 계약, 8백 원을 선물 가격이라고 한다. 배추를 경작하는 농민은 선물 계약을 맺음으로써 3개월 후의 배추 가격이 선물 가격 이하로 떨어지더라도 안정된 소득을 확보할 수 있게 된다. 그렇다면 채소 중개상은 왜 이와 같은 계약을 한 것일까? 만약 배추 가격이 선물 가격 이상으로 크게 뛰어오르면 그는 이 계약을 통해 많은 이익을 챙길 수 있기 때문이다. 즉 배추를 경작한 농민과는 달리 3개월 후의 배추 가격이 뛰어오를지도 모른다는 기대에서 농민이 우려하는 위험을 대신 떠맡는 데 동의한 것이다.

　　선물 거래의 대상에는 농산물이나 광물 외에 주식, 채권, 금리, 외환 등도 있다. 이 중 거래 규모가 비교적 크고 그 방식이 좀 더 복잡한 외환 즉, 통화 선물 거래의 경우를 살펴보자. 세계 기축 통화인 미국 달러의 가격, 즉 달러 환율은 매일 변동하기 때문에 달러로 거래 대금을 주고받는 수출입 기업의 경우 뜻하지 않은 손실의 위험이 있다. 따라서 달러 선물 시장에서 약정된 가격에 달러를 사거나 팔기로 계약해 환율 변동에 의한 위험에 대비하는 방법을 활용한다.

　　미국에서 밀가루를 수입해 식품을 만드는 A 사는 7월 25일에 20만 달러의 수입 계약을 체결하고 2개월 후인 9월 25일에 대금을 지급하기로 하였다. 7월 25일 현재 원/달러 환율은 1,300원/US$이고 9월에 거래되는 9월물 달러 선물의 가격은 1,305원/US$이다. A 사는 2개월 후에 달러 환율이 올라 손실을 볼 경우를 대비해 선물 거래소에서 9월물 선물 20만 달러어치를 사기로 계약하였다. 그리고 9월 25일이 되자 A 사가 우려한 대로 원/달러 환율은 1,350원/US$, 9월물 달러 선물의 가격은 1,355원/US$으로 올랐다. A 사는 아래의 〈표〉와 같이 당장 미국의 밀가루 제조 회사에 지급해야 할 20만 달러를 준비하는 데 2개월 전에 비해 1천만 원이 더 들어가는 손실을 보았다. 하지만 선물 시장에서 달러당 1,305원에 사서 1,355원에 팔 수 있으므로 선물 거래를 통해 1천만 원의 이익을 얻어 현물 거래에서의 손실을 보전할 수 있게 된다.

외환 거래	환율 변동에 의한 손익 산출	손익
현물	−50원(1,300원−1,350원) × 20만 달러	−1,000만 원
선물	50원(1,355원−1,305원) × 20만 달러	1,000만 원

〈표〉 A 사의 외환 거래로 인한 손익

ANSWER 〉 17.③　18.⑤

반대로 미국에 상품을 수출하고 그 대금을 달러로 받는 기업의 경우 받은 달러의 가격이 떨어지면 손해이므로, 특정한 시점에 달러 선물을 팔기로 계약하여 선물의 가격 변동을 이용함으로써 손실에 대비하게 된다.

　　㉠선물이 자산 가격의 변동으로 인한 손실에 대비하기 위해 약정한 시점에 약정한 가격으로 사거나 팔기로 한 것이라면, 그 약정한 시점에 사거나 파는 것을 선택할 수 있는 권리를 부여하는 계약이 있는데 이를 ㉡옵션(option)이라고 한다. 계약을 통해 옵션을 산 사람은 약정한 시점, 즉 만기일에 상품을 사거나 파는 것이 유리하면 그 권리를 행사하고, 그렇지 않으면 그 권리를 포기할 수 있다. 그런데 포기하면 옵션 계약을 할 때 지불했던 옵션 프리미엄이라는 일종의 계약금도 포기해야 하므로 그 금액만큼의 손실은 발생한다. 만기일에 약정한 가격으로 상품을 살 수 있는 권리를 콜옵션, 상품을 팔 수 있는 권리를 풋옵션이라고 한다. 콜옵션을 산 사람은 상품의 가격이 애초에 옵션에서 약정한 것보다 상승하게 되면, 그 권리 행사를 통해 가격 변동 폭만큼 이익을 보게 되고 이 콜옵션을 판 사람은 그만큼의 손실을 보게 된다. 마찬가지로 풋옵션을 산 사람은 상품의 가격이 애초에 옵션에서 약정한 것보다 하락하게 되면, 그 권리 행사를 통해 가격 변동 폭만큼 이익을 보게 되고 이 풋옵션을 판 사람은 그만큼의 손실을 보게 된다.

　　선물이나 옵션은 상품의 가격 변동에서 오는 손실을 줄여 시장의 안정성을 높이고자 하는 취지에서 만들어진 것이다. 하지만 이것이 시장 내에서 손실 그 자체를 줄이는 것은 아니고 새로운 부가가치를 창출하는 것도 아니다. 또한 위험을 무릅쓰고 높은 수익을 노리고자 하는 투기를 조장한다는 점에서 오히려 시장의 안정성을 저해한다는 비판도 제기되고 있다.

19 [A]의 거래 방식을 바르게 평가한 사람은?

① 甲 : 안정된 소득을 거래 당사자 모두에게 보장해 주기 위한 것이군.

② 乙 : 상품의 수요와 공급이 불균형한 상태를 극복하기 위한 경제 활동인 것이군.

③ 丙 : 가격 변동에 따른 위험 부담을 거래 당사자의 어느 한쪽에 전가하는 것이군.

④ 丁 : 서로의 이익을 극대화하기 위해 거래 당사자 간에 손실을 나누어 가지는 것이군.

⑤ 戊 : 소득이 균형 있게 분배되도록 거래 당사자의 소득에 따라 가격을 달리하는 것이군.

> **TIP 》** [A]에서 채소 중개상은 배추 가격이 선물 가격 이상으로 크게 뛰어오르면 많은 이익을 챙길 수 있다는 기대에서 농민이 우려하는 가격 변동에 따른 위험 부담을 대신 떠맡는 데 동의한 것이다. 즉, 선물 거래 당사자인 채소 중개상에게 가격 변동에 따른 위험 부담이 전가된 것이라고 할 수 있다.

20 ㉠, ㉡에 대한 설명으로 적절하지 않은 것은?

① ㉠은 ㉡과 달리 가격 변동의 폭에 따라 손익의 규모가 달라진다.

② ㉡은 ㉠과 달리 약정한 상품에 대한 매매의 실행 여부를 선택할 수 있다.

③ ㉡은 ㉠의 거래로 인해 발생하는 손실에 대비하기 위해 활용될 수 있다.

④ ㉠, ㉡은 모두 계약 시점과 약정한 상품을 매매할 수 있는 시점이 서로 다르다.

⑤ ㉠, ㉡은 모두 위험 요소로 인한 시장 내의 경제적 손실 자체를 제거하지는 못한다.

> **TIP 》** ① ㉠과 ㉡ 모두 가격 변동의 폭에 따라 손익의 규모가 달라진다.

ANSWER 〉 19.③ 20.①

21 다음 중 밑줄 친 부분의 한자어 표기로 옳지 않은 것은?

> 1. 상품특징
>   신용카드 매출대금 ㉠<u>입금계좌</u>를 당행으로 지정(변경)한 개인사업자에 대해 한도와 금리를 우대하고 일일상환이 가능한 개인사업자 전용 대출 상품
> 2. 대출대상
>   소호 CSS 심사대상 개인사업자로서 다음 조건을 모두 만족하는 자
>   • 사입기간 1년 이상 경과
>   • 3개사 이상(NH채움카드는 필수)의 신용카드 ㉡<u>매출대금</u> 입금계좌를 당행으로 지정(변경)
>   • 대출신청일 현재 최근 1년간 신용카드 매출금액이 12백만원 이상
>   • 소호 CSS 심사 AS 7등급 이상
> 3. 대출기간
>   • 일일상환 : 1년 이내
>   • 할부상환 : 3년 이내
> 4. 대출한도
>   총 소요자금한도 범위 내에서 차주 ㉢<u>신용등급</u>, 업종, 상환능력, ㉣<u>자금용도</u> 및 규모 등을 감안하여 동일인당 최대 150백만 원 이내
> 5. 대출금리
>   대출금리는 신용등급 및 ㉤<u>거래실적</u> 등에 따라 차등 적용됨

① ㉠ – 入金計座
② ㉡ – 賣出代金
③ ㉢ – 信用等級
④ ㉣ – 資金用度
⑤ ㉤ – 去來實績

　　TIP 》 ④ ㉣ – 資金用途
　　　　• **用途** … 쓰이는 길. 또는 쓰이는 곳
　　　　• **用度** … 씀씀이(돈이나 물건 혹은 마음 따위를 쓰는 형편)

22 다음 빈칸에 들어가기 가장 적절한 문장은?

> 호랑이는 우리 민족의 건국 신화인 단군 신화에서부터 등장한다. 호랑이는 고려 시대의 기록이나 최근에 조사된 민속자료에서는 산신(山神)으로 나타나는데, '산손님', '산신령', '산군(山君)', '산돌이', '산 지킴이' 등으로 불리기도 하였다. 이처럼 신성시된 호랑이가 우리의 설화 속에서는 여러 가지 모습으로 나타난다. 호랑이는 가축을 해치고 사람을 다치게 하는 일이 많았던 모양이다. 그래서 설화 중에는 _____. 사냥을 하던 아버지가 호랑이에게 해를 당하자 아들이 원수를 갚기 위해 그 호랑이와 싸워 이겼다는 통쾌한 이야기가 있는가 하면, 밤중에 변소에 갔던 신랑이 호랑이한테 물려 가는 것을 본 신부가 있는 힘을 다하여 호랑이의 꼬리를 붙잡고 매달려 신랑을 구했다는 흐뭇한 이야기도 있다. 이러한 이야기들은 호랑이의 사납고 무서운 성질을 바탕으로 하여 꾸며진 것이다.

① 호랑이가 사람과 마찬가지로 따뜻한 정과 의리를 지니고 있는 것으로 나타나기도 한다.
② 호랑이가 산신 또는 산신의 사자로 나타나는 이야기가 종종 있다.
③ 사람이나 가축이 호랑이한테 해를 당하는 이야기가 많이 있다.
④ 호랑이를 구체적인 설명 없이 신이한 존재로 그리기도 한다.
⑤ 사람이 호랑이 손에 길러지는 장면이 등장하기도 한다.

> **TIP 》** 빈칸 앞의 문장과 '그래서'로 연결되고 있으며, 뒤로 이어지는 내용으로 볼 때, ③이 들어가는 것이 적절하다.

23 다음은 해외이주자의 외화송금에 대한 설명이다. 옳지 않은 것은?

> 1. 필요서류
>   - 여권 또는 여권 사본
>   - 비자 사본 또는 영주권 사본
>   - 해외이주신고확인서(환전용) – 국내로부터 이주하는 경우
>   - 현지이주확인서(이주비환전용) – 현지이주의 경우
>   - 세무서장이 발급한 자금출처 확인서 – 해외이주비 총액이 10만불 초과 시
> 2. 송금한도 등
>   한도 제한 없음
> 3. 송금방법
>   농협은행 영업점을 거래외국환은행으로 지정한 후 송금 가능
> 4. 알아야 할 사항
>   - 관련법규에 의해 해외이주자로 인정받은 날로부터 3년 이내에 지정거래외국환은행을 통해 해외이주비를 지급받아야 함
>   - 해외이주자에게는 해외여행경비를 지급할 수 없음

① 송금 한도에는 제한이 없다.
② 국내로부터 이주하는 경우 해외이주신고확인서(환전용)가 필요하다.
③ 관련법규에 의해 해외이주자로 인정받은 날로부터 3년 이내에 지정거래외국환은행을 통해 해외이주비를 지급받아야 한다.
④ 농협은행 영업점을 거래외국환은행으로 지정한 후 송금이 가능하다.
⑤ 해외이주자의 외화송금에서 반드시 필요한 서류 중 하나는 세무서장이 발급한 자금출처 확인서다.

    TIP 》 ⑤ 세무서장이 발급한 자금출처 확인서는 해외이주비 총액이 10만불을 초과할 때 필요한 서류다.

24 다음 글을 바탕으로 하여 빈칸을 쓰되 예시를 사용하여 구체적으로 진술하고자 할 때, 가장 적절한 것은?

> 사람들은 경쟁을 통해서 서로의 기술이나 재능을 최대한 발휘할 수 있는 기회를 갖게 된다. 즉, 개인이나 집단이 남보다 먼저 목표를 성취하려면 가장 효과적으로 목표에 접근하여야 하며 그러한 경로를 통해 경제적으로나 시간적으로 가장 효율적으로 목표를 성취한다면 사회 전체로 볼 때 이익이 된다. 그러나 이러한 경쟁에 전제되어야 할 것은 많은 사람들의 합의로 정해진 경쟁의 규칙을 반드시 지켜야 한다는 것이다. 즉, _____

① 농구나 축구, 마라톤과 같은 운동 경기에서 규칙과 스포츠맨십이 지켜져야 하는 것처럼 경쟁도 합법적이고 도덕적인 방법으로 이루어져야 하는 것이다.

② 21세기의 무한 경쟁 시대에 우리가 살아남기 위해서는 기초 과학 분야에 대한 육성 노력이 더욱 필요한 것이다.

③ 지구, 금성, 목성 등의 행성들이 태양을 중심으로 공전하는 것처럼 경쟁도 하나의 목표를 향하여 질서 있는 정진(精進)이 필요한 것이다.

④ 가수는 가창력이 있어야 하고, 배우는 연기에 대한 재능이 있어야 하듯이 경쟁은 자신의 적성과 소질을 항상 염두에 두고 이루어져야 한다.

⑤ 모로 가도 서울만 가면 된다고 어떤 수단과 방법을 쓰든 경쟁에서 이기기만 하면 되는 것이다.

> **TIP** 》 경쟁은 둘 이상의 사람이 하나의 목표를 향해서 다른 사람보다 노력하는 것이며, 이 때 경쟁의 전제가 되는 것은 합의에 의한 경쟁 규칙을 반드시 지켜야 한다는 점이므로 빈칸에는 '경쟁은 정해진 규칙을 꼭 지키는 가운데서 이루어져야 한다'는 내용이 올 수 있을 것이다. 농구나 축구, 그리고 마라톤 등의 운동 경기는 자신의 소속 팀을 위해서 또는 자기 자신을 위해서 다른 팀이나 타인과 경쟁하는 것이며, 스포츠맨십은 규칙의 준수와 관련이 있으므로 글에서 말하는 경쟁의 한 예로 적합하다.

ANSWER 〉 23.⑤ 24.①

25 다음은 S공사의 기간제 근로자 채용 공고문이다. 이에 대한 설명으로 바르지 않은 것은?

> □ 접수기간 : 20xx. 2. 17.(금) ~ 20xx. 2. 21.(화) (09:00~18:00)
> □ 접수방법 : 이메일(abcde@fg.or.kr)
> □ 제출서류
> ─ 이력서 및 자기소개서 1부(반드시 첨부 양식에 맞춰 작성요망)
> ─ 자격증 사본 1부(해당자에 한함)
> □ 서류전형발표 : 20xx. 2. 22.(수) 2시 이후(합격자에게만 개별 유선통보)
> □ 면접전형 : 20xx. 2. 23.(목) 오후
> ─ 면접장소 : 경기도 성남시 분당구 성남대로 54번길 3 경기지역본부 2층
> □ 최종합격자 발표 : 20xx. 2. 24.(금) 오전(합격자에게만 개별 유선통보)
> ※ 위 채용일정은 채용사정에 따라 변동 가능
> □ 근로조건
> ─ 구분 : 주거복지 보조
> ─ 근무지 : S공사 경기지역본부
> ─ 근무조건 : 1일 8시간(09~18시) 주 5일 근무
> ─ 임금 : 월 170만 원 수준(수당 포함)
> ─ 계약기간 : 6개월(최대 2년 미만)
> ─ 4대 보험 가입
> ※ 최초 6개월 이후 근무성적평정 결과에 따라 추가 계약 가능
> ※ 예산 또는 업무량 감소로 인원 감축이 필요하거나 해당 업무가 종료되었을 경우에는 그 시기까지를 계약기간으로 함(최소 계약기간은 보장함).

① 접수 기간 내 접수가 가능한 시간은 근로자의 근무시간대와 동일하다.

② 제출서류는 양식에 맞춰 이메일로만 제출 가능하며, 모든 지원자가 관련 자격증을 제출해야 하는 것은 아니다.

③ 서류전형 발표일 오후 늦게까지 아무런 연락이 없을 경우, S공사 홈페이지에서 확인을 해야 한다.

④ 최종합격자의 공식 근무지는 경기도 성남시 분당구에 위치하게 된다.

⑤ 모든 최종합격자는 최소 6개월 이상 근무하게 되며, 2년 이상 근무할 수도 있다.

> **TIP »** ③ 서류전형과 최종합격자 발표는 합격자에게만 개별 유선통보가 되는 것이므로 연락이 없을 경우 합격하지 못한 것으로 판단할 수 있다. 일반적으로 채용 공고문에서는 합격자 발표 방법으로 개별 통보 또는 홈페이지에서 확인 등을 제시하고 있으므로 반드시 이를 숙지할 필요가 있다.
> ① 접수 가능 시간과 근로자 근무시간대는 동일하게 09:00~18:00이다.
> ② 접수방법은 이메일이라고 언급하고 있으며, 자격증은 해당자만 제출하면 된다.

④ 근무지는 S공사 경기지역본부이므로 공식 근무지 위치는 경기지역본부 소재지인 경기도 성남시 분당구가 된다.

⑤ 계약기간은 6개월이며 '최소 계약기간은 보장함'이라고 언급되어 있으므로 모든 최종합격자는 최소 6개월 이상 근무하게 된다. 또한, 최초 6개월 이후 근무성적평정 결과에 따라 연장 가능하다는 언급에 따라 2년 이상 근무도 가능하다. '최대 2년 미만'이라는 것은 1회 계약 시 설정할 수 있는 계약기간을 의미하므로 연장될 경우 근무 기간은 2년을 넘을 수 있게 된다.

26 다음 글의 밑줄 친 ㉠~㉤의 한자 표기에 대한 설명으로 옳은 것은?

> 서울시는 신종 코로나바이러스 감염증 확산 방지를 위해 ㉠'다중이용시설 동선 추적 조사반'을 구성한다고 밝혔다. 의사 출신인 박○○ 서울시 보건의료정책과장은 이날 오후 서울시 유튜브 라이브 방송에 ㉡출연, 코로나바이러스 감염증 관련 대시민 브리핑을 갖고 "시는 2차, 3차 감염발생에 따라 ㉢역학조사를 강화해 조기에 발견하고 관련 정보를 빠르게 제공하려고 한다."라며 이같이 밝혔다. 박 과장은 "확진환자 이동경로 공개 ㉣지연에 따라 시민 불안감이 조성된다는 말이 많다."며 "더욱이 다중이용시설의 경우 확인이 어려운 ㉤접촉자가 존재할 가능성도 있다."라고 지적했다

① ㉠ '다중'의 '중'은 '삼중구조'의 '중'과 같은 한자를 쓴다.
② ㉡ '출연'의 '연'은 '연극'의 '연'과 다른 한자를 쓴다.
③ ㉢ '역학'의 '역'에 해당하는 한자는 '歷'과 '易' 모두 아니다.
④ ㉣ '지연'은 '止延'으로 쓴다.
⑤ ㉤ '접촉'의 '촉'은 '재촉'의 '촉'과 같은 한자를 쓴다.

TIP 》 ③ '역학조사'는 '감염병 등의 질병이 발생했을 때, 통계적 검정을 통해 질병의 발생 원인과 특성 등을 찾아내는 것'을 일컫는 말로, 한자로는 '疫學調査'로 쓴다.
① '다중'은 '多衆'으로 쓰며, '삼중 구조'의 '중'은 '重'으로 쓴다.
② '출연'과 '연극'의 '연'은 모두 '演'으로 쓴다.
④ '일 따위가 더디게 진행되거나 늦어짐'의 뜻을 가진 '지연'은 '遲延'으로 쓴다.
⑤ '접촉'은 '接觸'으로 쓰며, '재촉'의 어원은 '최촉(催促)'으로 서로 다른 한자를 쓴다.

27 다음의 내용을 논리적 흐름이 자연스럽도록 순서대로 배열한 것은?

> ㉠ 사물은 저것 아닌 것이 없고, 또 이것 아닌 것이 없다. 이쪽에서 보면 모두가 저것, 저쪽에서 보면 모두가 이것이다.
>
> ㉡ 그러므로 저것은 이것에서 생겨나고, 이것 또한 저것에서 비롯된다고 한다. 이것과 저것은 저 혜시(惠施)가 말하는 방생(方生)의 설이다.
>
> ㉢ 그래서 성인(聖人)은 이런 상대적인 방법에 의하지 않고, 그것을 절대적인 자연의 조명(照明)에 비추어 본다. 그리고 커다란 긍정에 의존한다. 거기서는 이것이 저것이고 저것 또한 이것이다. 또 저것도 하나의 시비(是非)이고 이것도 하나의 시비이다. 과연 저것과 이것이 있다는 말인가. 과연 저것과 이것이 없다는 말인가.
>
> ㉣ 그러나 그, 즉 혜시(惠施)도 말하듯이 삶이 있으면 반드시 죽음이 있고, 죽음이 있으면 반드시 삶이 있다. 역시 된다가 있으면 안 된다가 있고, 안 된다가 있으면 된다가 있다. 옳다에 의거하면 옳지 않다에 기대는 셈이 되고, 옳지 않다에 의거하면 옳다에 의지하는 셈이 된다.

① ㉠ – ㉡ – ㉢ – ㉣
② ㉠ – ㉡ – ㉣ – ㉢
③ ㉠ – ㉢ – ㉡ – ㉣
④ ㉠ – ㉣ – ㉡ – ㉢
⑤ ㉠ – ㉣ – ㉢ – ㉡

　TIP 》 ㉠ 사물은 이쪽에서 보면 모두가 저것, 저쪽에서 보면 모두가 이것이다→㉡ 그러므로 저것은 이것에서 생겨나고, 이것 또한 저것에서 비롯되는데 이것과 저것은 혜시가 말하는 방생의 설이다→㉣ 그러나 혜시도 말하듯이 '삶과 죽음', '된다와 안 된다', '옳다와 옳지 않다'처럼 상대적이다→㉢ 그래서 성인은 상대적인 방법이 아닌 절대적인 자연의 조명에 비추어 커다란 긍정에 의존한다.

'GDP(국내총생산)'는 국민경제 전체의 생산 수준을 파악할 수 있는 지표인데, 한 나라 안에서 일정 기간 동안 새로 생산된 최종 생산물의 가치를 모두 합산한 것이다. GDP를 계산할 때는 총 생산물의 가치에서 중간생산물의 가치를 빼는데, 그 결과는 최종 생산물의 가치의 총합과 동일하다. 다만 GDP를 산출할 때는 그해에 새로 생산된 재화와 서비스 중 화폐로 매매된 것만 계산에 포함하고, 화폐로 매매되지 않은 것은 포함하지 않는다.

그런데 상품 판매 가격은 물가 변동에 따라 오르내리기 때문에 GDP를 집계 당시의 상품 판매 가격으로 산출하면 그 결과는 물가 변동의 영향을 그대로 받는다. 올해에 작년과 똑같은 수준으로 재화를 생산하고 판매했더라도 올해 물가 변동에 따라 상품 판매 가격이 크게 올랐다면 올해 GDP는 가격 상승분만큼 부풀려져 작년 GDP보다 커진다.

이런 까닭으로 올해 GDP가 작년 GDP보다 커졌다 하더라도 생산 수준이 작년보다 실질적으로 올랐다고 볼 수는 없다. 심지어 GDP가 작년보다 커졌더라도 실질적으로 생산 수준이 떨어졌을 수도 있는 것이다.

그래서 실질적인 생산 수준을 판단할 수 있는 GDP를 산출할 필요가 있다. 그러자면 먼저 어느 해를 기준 시점으로 정해 놓고, 산출하고자 하는 해의 가격을 기준 시점의 물가 수준으로 환산해 GDP를 산출하면 된다. 기준 시점의 물가 수준으로 환산해 산출한 GDP를 '실질 GDP'라고 하고, 기준 시점의 물가 수준으로 환산하지 않은 GDP를 실질 GDP와 구분하기 위해 '명목 GDP'라고 부르기도 한다. 예를 들어 기준 시점을 1995년으로 하여 2000년의 실질 GDP를 생각해 보자. 1995년에는 물가 수준이 100이었고 명목 GDP는 3천 원이며, 2000년에는 물가 수준은 200이고 명목 GDP는 6천 원이라고 가정하자. 이 경우 명목 GDP는 3천 원에서 6천 원으로 늘었지만, 물가 수준 역시 두 배로 올랐으므로 결국 실질 GDP는 동일하다.

경제가 실질적으로 얼마나 성장했는지 알려면 실질 GDP의 추이를 보는 것이 효과적이므로 실질 GDP는 경제성장률을 나타내는 공식 경제지표로 활용되고 있다. 금년도의 경제성장률은 아래와 같은 식으로 산출할 수 있다.

$$경제성장률 = \frac{금년도\ 실질GDP - 전년도\ 실질GDP}{전년도\ 실질GDP} \times 100(\%)$$

경제지표 중 GDP만큼 중요한 'GNI(국민총소득)'라는 것도 있다. GNI는 GDP에 외국과 거래하는 교역 조건의 변화로 생기는 실질적 무역 손익을 합산해 집계한다. 그렇다면 ㉠GDP가 있는데도 GNI를 따로 만들어 쓰는 이유는 무엇일까? 만약 수입 상품 단가가 수출 상품 단가보다 올라 대외 교역 조건이 나빠지면 전보다 많은 재화를 생산·수출하고도 제품·부품 수입 비용이 증가하여 무역 손실이 발생할 수도 있다. 이때 GDP는 무역 손실에 따른 실질 소득의 감소를 제대로 반영하지 못하기 때문에 GNI가 필요한 것이다. 결국 GDP가 국민경제의 크기와 생산 능력을 나타내는 데 중점을 두는 지표라면 GNI는 국민경제의 소득 수준과 소비 능력을 나타내는 데 중점을 두는 지표라고 할 수 있다.

ANSWER 〉 27.②

28 위의 설명과 일치하지 않는 것은?

① 상품 판매 가격은 물가 변동의 영향을 받는다.
② GDP는 최종 생산물의 가치의 총합으로 계산할 수 있다.
③ 화폐로 매매되지 않은 것은 GDP 계산에 넣지 않는다.
④ 새로 생산된 재화와 서비스만이 GDP 계산의 대상이 된다.
⑤ GDP는 총 생산물 가치에 중간생산물 가치를 포함하여 산출한다.

TIP 》 ⑤ 첫 문단에서 GDP를 계산할 때는 총 생산물의 가치에서 중간생산물을 가치를 뺀다고 언급하고 있다.

29 위의 설명을 참고하여 다음 상황을 분석한 것으로 적절하지 않은 것은?

아래의 표는 최종 생산물인 X재와 Y재 두 재화만을 생산하는 A국의 연도별 생산액과 물가 수준이다.

	2010년	2011년	2012년
X재의 생산액	2,000원	3,000원	4,000원
Y재의 생산액	5,000원	11,000원	17,000원
물가 수준	100	200	300

※ 기준 연도는 2010년으로 한다.
※ 기준 연도의 실질 GDP는 명목 GDP와 동일한 것으로 간주한다.

① 2012년도의 '명목 GDP'를 산출하면 21,000원이군.
② 2012년도의 '명목 GDP'는 2010년도 대비 3배 늘었군.
③ 2011년도의 '실질 GDP'를 산출하면 7,000원이군.
④ 2012년도는 2010년도보다 실질적으로 생산 수준이 올랐군.
⑤ 2011년도의 경제성장률은 0%이군.

TIP 》 ④ 2012년도와 2010년도의 실질 GDP는 7,000원으로 동일하기 때문에 생산 수준이 올랐다고 판단할 수 없다.

30 ㉠에 대해 문의를 받았을 때, 답변으로 가장 적절한 것은?

① 국가의 총생산 능력을 정확히 재기 위해

② 생산한 재화의 총량을 정확히 재기 위해

③ 생산한 재화의 수출량을 정확히 재기 위해

④ 국가 간의 물가 수준의 차이를 정확히 재기 위해

⑤ 무역 손익에 따른 실질 소득의 증감을 정확히 재기 위해

> **TIP** 》 ⑤ ㉠ 뒤로 언급되는 '이때 GDP는 무역 손실에 따른 실질 소득의 감소를 제대로 반영하지 못하기 때문에 GNI가 필요한 것이다'라는 문장을 통해 알 수 있다.

02 수리활용

1 직장생활과 수리능력

(1) 기초직업능력으로서의 수리능력

① 개념 … 직장생활에서 요구되는 사칙연산과 기초적인 통계를 이해하고 도표의 의미를 파악하거나 도표를 이용해서 결과를 효과적으로 제시하는 능력을 말한다.

② 수리능력은 크게 기초연산능력, 기초통계능력, 도표분석능력, 도표작성능력으로 구성된다.
   ㉠ **기초연산능력** : 직장생활에서 필요한 기초적인 사칙연산과 계산방법을 이해하고 활용할 수 있는 능력
   ㉡ **기초통계능력** : 평균, 합계, 빈도 등 직장생활에서 자주 사용되는 기초적인 통계기법을 활용하여 자료의 특성과 경향성을 파악하는 능력
   ㉢ **도표분석능력** : 그래프, 그림 등 도표의 의미를 파악하고 필요한 정보를 해석하는 능력
   ㉣ **도표작성능력** : 도표를 이용하여 결과를 효과적으로 제시하는 능력

(2) 업무수행에서 수리능력이 활용되는 경우

① 업무상 계산을 수행하고 결과를 정리하는 경우

② 업무비용을 측정하는 경우

③ 고객과 소비자의 정보를 조사하고 결과를 종합하는 경우

④ 조직의 예산안을 작성하는 경우

⑤ 업무수행 경비를 제시해야 하는 경우

⑥ 다른 상품과 가격비교를 하는 경우

⑦ 연간 상품 판매실적을 제시하는 경우

⑧ 업무비용을 다른 조직과 비교해야 하는 경우

⑨ 상품판매를 위한 지역조사를 실시해야 하는 경우

⑩ 업무수행과정에서 도표로 주어진 자료를 해석하는 경우

⑪ 도표로 제시된 업무비용을 측정하는 경우

예제 1

다음 자료를 보고 주어진 상황에 대한 물음에 답하시오.

〈근로소득에 대한 간이 세액표〉

월 급여액(천 원) [비과세 및 학자금 제외]		공제대상 가족 수				
이상	미만	1	2	3	4	5
2,500	2,520	38,960	29,280	16,940	13,570	10,190
2,520	2,540	40,670	29,960	17,360	13,990	10,610
2,540	2,560	42,380	30,640	17,790	14,410	11,040
2,560	2,580	44,090	31,330	18,210	14,840	11,460
2,580	2,600	45,800	32,680	18,640	15,260	11,890
2,600	2,620	47,520	34,390	19,240	15,680	12,310
2,620	2,640	49,230	36,100	19,900	16,110	12,730
2,640	2,660	50,940	37,810	20,560	16,530	13,160
2,660	2,680	52,650	39,530	21,220	16,960	13,580
2,680	2,700	54,360	41,240	21,880	17,380	14,010
2,700	2,720	56,070	42,950	22,540	17,800	14,430
2,720	2,740	57,780	44,660	23,200	18,230	14,850
2,740	2,760	59,500	46,370	23,860	18,650	15,280

※ 갑근세는 제시되어 있는 간이 세액표에 따름
※ 주민세＝갑근세의 10%
※ 국민연금＝급여액의 4.50%
※ 고용보험＝국민연금의 10%
※ 건강보험＝급여액의 2.90%
※ 교육지원금＝분기별 100,000원(매 분기별 첫 달에 지급)

박○○ 사원의 5월 급여내역이 다음과 같고 전월과 동일하게 근무하였으나 특별수당은 없고 차량지원금으로 100,000원을 받게 된다면, 6월에 받게 되는 급여는 얼마인가? (단, 원 단위 절삭)

(주) 서원플랜테크 5월 급여내역			
성명	박○○	지급일	5월 12일
기본급여	2,240,000	갑근세	39,530
직무수당	400,000	주민세	3,950
명절 상여금		고용보험	11,970
특별수당	20,000	국민연금	119,700
차량지원금		건강보험	77,140
교육지원		기타	
급여계	2,660,000	공제합계	252,290
		지급총액	2,407,710

① 2,443,910
② 2,453,910
③ 2,463,910
④ 2,473,910

[출제의도]
업무상 계산을 수행하거나 결과를 정리하고 업무비용을 측정하는 능력을 평가하기 위한 문제로서, 주어진 자료에서 문제를 해결하는 데에 필요한 부분을 빠르고 정확하게 찾아내는 것이 중요하다.
[해설]

기본급여	2,240,000	갑근세	46,370
직무수당	400,000	주민세	4,630
명절 상여금		고용보험	12,330
특별수당		국민연금	123,300
차량지원금	100,000	건강보험	79,460
교육지원		기타	
급여계	2,740,000	공제합계	266,090
		지급총액	2,473,910

답 ④

(3) 수리능력의 중요성

① 수학적 사고를 통한 문제해결

② 직업세계의 변화에의 적응

③ 실용적 가치의 구현

(4) 단위환산표

구분	단위환산
길이	$1cm = 10mm$, $1m = 100cm$, $1km = 1,000m$
넓이	$1cm^2 = 100mm^2$, $1m^2 = 10,000cm^2$, $1km^2 = 1,000,000m^2$
부피	$1cm^3 = 1,000mm^3$, $1m^3 = 1,000,000cm^3$, $1km^3 = 1,000,000,000m^3$
들이	$1m\ell = 1cm^3$, $1d\ell = 100cm^3$, $1L = 1,000cm^3 = 10d\ell$
무게	$1kg = 1,000g$, $1t = 1,000kg = 1,000,000g$
시간	$1분 = 60초$, $1시간 = 60분 = 3,600초$
할푼리	$1푼 = 0.1할$, $1리 = 0.01할$, $1모 = 0.001할$

예제 2

둘레의 길이가 4.4km인 정사각형 모양의 공원이 있다. 이 공원의 넓이는 몇 a인가?

① 12,100a

② 1,210a

③ 121a

④ 12.1a

[출제의도]

길이, 넓이, 부피, 들이, 무게, 시간, 속도 등 단위에 대한 기본적인 환산 능력을 평가하는 문제로서, 소수점 계산이 필요하며, 자릿수를 읽고 구분할 줄 알아야 한다.

[해설]

공원의 한 변의 길이는

$4.4 \div 4 = 1.1(km)$이고

$1km^2 = 10,000a$이므로

공원의 넓이는

$1.1km \times 1.1km = 1.21km^2$

$= 12,100a$

답 ①

2 수리능력을 구성하는 하위능력

(1) 기초연산능력

① 사칙연산 … 수에 관한 덧셈, 뺄셈, 곱셈, 나눗셈의 네 종류의 계산법으로 업무를 원활하게 수행하기 위해서는 기본적인 사칙연산뿐만 아니라 다단계의 복잡한 사칙연산까지도 수행할 수 있어야 한다.

② 검산 … 연산의 결과를 확인하는 과정으로 대표적인 검산방법으로 역연산과 구거법이 있다.
   ㉠ 역연산 : 덧셈은 뺄셈으로, 뺄셈은 덧셈으로, 곱셈은 나눗셈으로, 나눗셈은 곱셈으로 확인하는 방법이다.
   ㉡ 구거법 : 원래의 수와 각 자리 수의 합이 9로 나눈 나머지가 같다는 원리를 이용한 것으로 9를 버리고 남은 수로 계산하는 것이다.

예제 3

다음 식을 바르게 계산한 것은?

$$1 + \frac{2}{3} + \frac{1}{2} - \frac{3}{4}$$

① $\frac{13}{12}$ ② $\frac{15}{12}$

③ $\frac{17}{12}$ ④ $\frac{19}{12}$

[출제의도]
직장생활에서 필요한 기초적인 사칙연산과 계산방법을 이해하고 활용할 수 있는 능력을 평가하는 문제로서, 분수의 계산과 통분에 대한 기본적인 이해가 필요하다.
[해설]
$$\frac{12}{12} + \frac{8}{12} + \frac{6}{12} - \frac{9}{12} = \frac{17}{12}$$

답 ③

---

(2) 기초통계능력

① 업무수행과 통계
   ㉠ 통계의 의미 : 통계란 집단현상에 대한 구체적인 양적 기술을 반영하는 숫자이다.
   ㉡ 업무수행에 통계를 활용함으로써 얻을 수 있는 이점
   • 많은 수량적 자료를 처리가능하고 쉽게 이해할 수 있는 형태로 축소
   • 표본을 통해 연구대상 집단의 특성을 유추
   • 의사결정의 보조수단
   • 관찰 가능한 자료를 통해 논리적으로 결론을 추출 · 검증

ⓒ 기본적인 통계치
- 빈도와 빈도분포 : 빈도란 어떤 사건이 일어나거나 증상이 나타나는 정도를 의미하며, 빈도분포란 빈도를 표나 그래프로 종합적으로 표시하는 것이다.
- 평균 : 모든 사례의 수치를 합한 후 총 사례 수로 나눈 값이다.
- 백분율 : 전체의 수량을 100으로 하여 생각하는 수량이 그중 몇이 되는가를 퍼센트로 나타낸 것이다.

② 통계기법
ⓐ 범위와 평균
- 범위 : 분포의 흩어진 정도를 가장 간단히 알아보는 방법으로 최곳값에서 최젓값을 뺀 값을 의미한다.
- 평균 : 집단의 특성을 요약하기 위해 가장 자주 활용하는 값으로 모든 사례의 수치를 합한 후 총 사례 수로 나눈 값이다.
- 관찰값이 1, 3, 5, 7, 9일 경우 범위는 $9 - 1 = 8$이 되고, 평균은 $\dfrac{1+3+5+7+9}{5} = 5$가 된다.

ⓑ 분산과 표준편차
- 분산 : 관찰값의 흩어진 정도로, 각 관찰값과 평균값의 차의 제곱의 평균이다.
- 표준편차 : 평균으로부터 얼마나 떨어져 있는가를 나타내는 개념으로 분산값의 제곱근 값이다.
- 관찰값이 1, 2, 3이고 평균이 2인 집단의 분산은 $\dfrac{(1-2)^2 + (2-2)^2 + (3-2)^2}{3} = \dfrac{2}{3}$이고 표준편차는 분산값의 제곱근 값인 $\sqrt{\dfrac{2}{3}}$이다.

③ 통계자료의 해석
ⓐ 다섯숫자요약
- 최솟값 : 원자료 중 값의 크기가 가장 작은 값
- 최댓값 : 원자료 중 값의 크기가 가장 큰 값
- 중앙값 : 최솟값부터 최댓값까지 크기에 의하여 배열했을 때 중앙에 위치하는 사례의 값
- 하위 25%값 · 상위 25%값 : 원자료를 크기 순으로 배열하여 4등분한 값
ⓑ 평균값과 중앙값 : 평균값과 중앙값은 그 개념이 다르기 때문에 명확하게 제시해야 한다.

예제 4

인터넷 쇼핑몰에서 회원가입을 하고 디지털캠코더를 구매하려고 한다. 다음은 구입하고자 하는 모델에 대하여 인터넷 쇼핑몰 세 곳의 가격과 조건을 제시한 표이다. 표에 있는 모든 혜택을 적용하였을 때 디지털캠코더의 배송비를 포함한 실제 구매가격을 바르게 비교한 것은?

구분	A 쇼핑몰	B 쇼핑몰	C 쇼핑몰
정상가격	129,000원	131,000원	130,000원
회원혜택	7,000원 할인	3,500원 할인	7% 할인
할인쿠폰	5% 쿠폰	3% 쿠폰	5,000원
중복할인여부	불가	가능	불가
배송비	2,000원	무료	2,500원

① A<B<C   ② B<C<A
③ C<A<B   ④ C<B<A

[출제의도]
직장생활에서 자주 사용되는 기초적인 통계기법을 활용하여 자료의 특성과 경향성을 파악하는 능력이 요구되는 문제이다.

[해설]
㉠ A 쇼핑몰
• 회원혜택을 선택한 경우 : 129,000−7,000+2,000=124,000(원)
• 5% 할인쿠폰을 선택한 경우 : 129,000×0.95+2,000=124,550
㉡ B 쇼핑몰 : 131,000×0.97−3,500=123,570
㉢ C 쇼핑몰
• 회원혜택을 선택한 경우 : 130,000×0.93+2,500=123,400
• 5,000원 할인쿠폰을 선택한 경우 : 130,000−5,000+2,500=127,500
∴ C<B<A

답 ④

(3) 도표분석능력

① 도표의 종류

  ㉠ 목적별 : 관리(계획 및 통제), 해설(분석), 보고

  ㉡ 용도별 : 경과 그래프, 내역 그래프, 비교 그래프, 분포 그래프, 상관 그래프, 계산 그래프

  ㉢ 형상별 : 선 그래프, 막대 그래프, 원 그래프, 점 그래프, 층별 그래프, 레이더 차트

② 도표의 활용

　㉠ 선 그래프

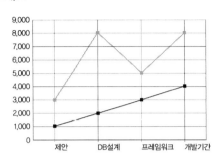

　• 주로 시간의 경과에 따라 수량에 의한 변화
　　상황(시계열 변화)을 절선의 기울기로 나타내
　　는 그래프이다.
　• 경과, 비교, 분포를 비롯하여 상관관계 등을
　　나타낼 때 쓰인다.

　㉡ 막대 그래프

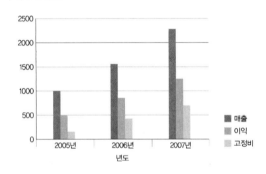

　• 비교하고자 하는 수량을 막대 길이로 표시하
　　고 그 길이를 통해 수량 간의 대소관계를 나
　　타내는 그래프이다.
　• 내역, 비교, 경과, 도수 등을 표시하는 용도
　　로 쓰인다.

　㉢ 원 그래프

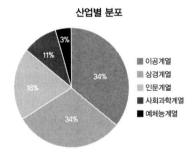

　• 내역이나 내용의 구성비를 원을 분할하여 나
　　타낸 그래프이다.
　• 전체에 대해 부분이 차지하는 비율을 표시하
　　는 용도로 쓰인다.

ⓒ 점 그래프

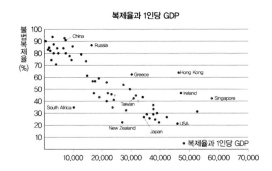

- 종축과 횡축에 2요소를 두고 보고자 하는 것이 어떤 위치에 있는가를 나타내는 그래프이다.
- 지역분포를 비롯하여 도시, 기방, 기업, 상품 등의 평가나 위치·성격을 표시하는데 쓰인다.

ⓜ 층별 그래프

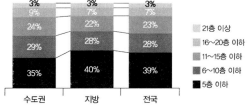

- 선 그래프의 변형으로 연속내역 봉 그래프라고 할 수 있다. 선과 선 사이의 크기로 데이터 변화를 나타낸다.
- 합계와 부분의 크기를 백분율로 나타내고 시간적 변화를 보고자 할 때나 합계와 각 부분의 크기를 실수로 나타내고 시간적 변화를 보고자 할 때 쓰인다.

ⓑ 레이더 차트(거미줄 그래프)

- 원 그래프의 일종으로 비교하는 수량을 직경, 또는 반경으로 나누어 원의 중심에서의 거리에 따라 각 수량의 관계를 나타내는 그래프이다.
- 비교하거나 경과를 나타내는 용도로 쓰인다.

③ 도표 해석상의 유의사항
  ㉠ 요구되는 지식의 수준을 넓힌다.
  ㉡ 도표에 제시된 자료의 의미를 정확히 숙지한다.
  ㉢ 도표로부터 알 수 있는 것과 없는 것을 구별한다.
  ㉣ 총량의 증가와 비율의 증가를 구분한다.
  ㉤ 백분위수와 사분위수를 정확히 이해하고 있어야 한다.

예제 5

다음 표는 2009 ~ 2010년 지역별 직장인들의 자기개발에 관해 조사한 내용을 정리한 것이다. 이에 대한 분석으로 옳은 것은?

(단위 : %)

연도 \ 구분 \ 지역	2009				2010			
	자기 개발 하고 있음	자기개발 비용 부담 주체			자기 개발 하고 있음	자기개발 비용 부담 주체		
		직장 100%	본인 100%	직장50%+ 본인50%		직장 100%	본인 100%	직장50%+ 본인50%
충청도	36.8	8.5	88.5	3.1	45.9	9.0	65.5	24.5
제주도	57.4	8.3	89.1	2.9	68.5	7.9	68.3	23.8
경기도	58.2	12	86.3	2.6	71.0	7.5	74.0	18.5
서울시	60.6	13.4	84.2	2.4	72.7	11.0	73.7	15.3
경상도	40.5	10.7	86.1	3.2	51.0	13.6	74.9	11.6

① 2009년과 2010년 모두 자기개발 비용을 본인이 100% 부담하는 사람의 수는 응답자의 절반 이상이다.
② 자기개발을 하고 있다고 응답한 사람의 수는 2009년과 2010년 모두 서울시가 가장 많다.
③ 자기개발 비용을 직장과 본인이 각각 절반씩 부담하는 사람의 비율은 2009년과 2010년 모두 서울시가 가장 높다.
④ 2009년과 2010년 모두 자기개발을 하고 있다고 응답한 비율이 가장 높은 지역에서 자기개발비용을 직장이 100% 부담한다고 응답한 사람의 비율이 가장 높다.

[출제의도]
그래프, 그림, 도표 등 주어진 자료를 이해하고 의미를 파악하여 필요한 정보를 해석하는 능력을 평가하는 문제이다.
[해설]
② 지역별 인원수가 제시되어 있지 않으므로, 각 지역별 응답자 수는 알 수 없다.
③ 2009년에는 경상도에서, 2010년에는 충청도에서 가장 높은 비율을 보인다.
④ 2009년과 2010년 모두 '자기 개발을 하고 있다'고 응답한 비율이 가장 높은 지역은 서울시이며, 2010년의 경우 자기개발 비용을 직장이 100% 부담한다고 응답한 사람의 비율이 가장 높은 지역은 경상도이다.

답 ①

(4) 도표작성능력

① 도표작성 절차
  ㉠ 어떠한 도표로 작성할 것인지를 결정
  ㉡ 가로축과 세로축에 나타낼 것을 결정
  ㉢ 한 눈금의 크기를 결정
  ㉣ 자료의 내용을 가로축과 세로축이 만나는 곳에 표현
  ㉤ 표현한 점들을 선분으로 연결
  ㉥ 도표의 제목을 표기

② 도표작성 시 유의사항
  ㉠ 선 그래프 작성 시 유의점
  • 세로축에 수량, 가로축에 명칭구분을 제시한다.
  • 선의 높이에 따라 수치를 파악하는 경우가 많으므로 세로축의 눈금을 가로축보다 크게 하는 것이 효과적이다.
  • 선이 두 종류 이상일 경우 반드시 그 명칭을 기입한다.
  ㉡ 막대 그래프 작성 시 유의점
  • 막대 수가 많을 경우에는 눈금선을 기입하는 것이 알아보기 쉽다.
  • 막대의 폭은 모두 같게 하여야 한다.
  ㉢ 원 그래프 작성 시 유의점
  • 정각 12시의 선을 기점으로 오른쪽으로 그리는 것이 보통이다.
  • 분할선은 구성비율이 큰 순서로 그린다.
  ㉣ 층별 그래프 작성 시 유의점
  • 눈금은 선 그래프나 막대 그래프보다 적게 하고 눈금선은 넣지 않는다.
  • 층별로 색이나 모양이 완전히 다른 것이어야 한다.
  • 같은 항목은 옆에 있는 층과 선으로 연결하여 보기 쉽도록 한다.

02 출제예상문제

1 어떤 제품을 만들어서 하나를 팔면 이익이 5,000원 남고, 불량품을 만들게 되면 10,000원 손실을 입게 된다. 이 제품의 기댓값이 3,500원이라면 이 제품을 만드는 공장의 불량률은 몇 %인가?

① 4% ② 6%

③ 8% ④ 10%

⑤ 12%

> **TIP 》** 불량률을 x라고 하면, 정상품이 생산되는 비율은
> $100-x$
> $$5,000 \times \frac{100-x}{100} - 10,000 \times \frac{x}{100} = 3,500$$
> $$50(100-x) - 100x = 3,500$$
> $$5,000 - 50x - 100x = 3,500$$
> $$150x = 1,500$$
> $$x = 10$$

2 다음 일차방정식 $3x - 5 = 2x - 3$의 해는?

① 2 ② 4

③ 6 ④ 8

⑤ 9

> **TIP 》** 미지항은 좌변으로 상수항은 우변으로 이동시켜 정리하면 $3x - 2x = -3 + 5$이므로(∵이동 시 부호가 반대) $x = 2$이다.

3 다음은 해외 주요 금융지표를 나타낸 표이다. 표에 대한 설명으로 옳지 않은 것은?

(단위 : %, %p)

| 구분 | '12년 말 | '13년 말 | '14년 | | | '15년 |
			2분기	3분기	12.30	1.7
다우지수	13,104	16,577	16,818	17,056	18,038	17,372
나스닥지수	3,020	4,177	4,350	4,509	4,807	4,593
일본(Nikkei)	10,395	16,291	15,267	16,167	17,451	16,885
중국(상하이종합)	2,269	2,116	2,026	2,344	3,166	3,374

① 2015년 1월 7일 다우지수는 전주 대비 약 3.69% 하락하였다.

② 2014년 3분기 중국 상하이종합 지수는 전분기 대비 약 14.70% 상승하였다.

③ 2014년 12월 30일 일본 니케이 지수는 전년 말 대비 약 7.12% 상승하였다.

④ 2014년 3분기 나스닥 지수는 2012년 말 대비 1,489p 상승하였다.

⑤ 2015년 1월 7일 나스닥 지수는 전주 대비 약 4.45% 하락하였고 이는 같은 기간 일본 니케이 지수보다 하락폭이 약 1.21%p 더 크다.

　　TIP 》 ② 2014년 3분기 중국 상하이종합 지수는 전분기 대비 약 15.70% 상승하였다.

ANSWER 〉 1.④　2.①　3.②

4 다음은 기업유형별 직업교육 인원에 대한 지원비용 기준이다. 대규모기업 집단에 속하는 A사의 양성훈련 필요 예산이 총 1억 3,000만 원일 경우, 지원받을 수 있는 비용은 얼마인가?

기업구분	훈련구분	지원비율
우선지원대상기업	향상, 양성훈련 등	100%
대규모기업	향상, 양성훈련	60%
	비정규직대상훈련/전직훈련	70%
상시근로자 1,000인 이상 대규모 기업	향상, 양성훈련	50%
	비정규직대상훈련/전직훈련	70%

① 5,600만 원
② 6,200만 원
③ 7,800만 원
④ 8,200만 원
⑤ 8,400만 원

> **TIP 》** A사는 대규모기업에 속하므로 양성훈련의 경우 총 필요 예산인 1억 3,000만 원의 60%를 지원받을 수 있다. 따라서 1억 3,000만 원 × 0.6 = 7,800만 원이 된다.

5 다음은 2015년 1월 7일 지수를 기준으로 작성한 국내 금융 지표를 나타낸 표이다. A에 들어갈 수로 가장 알맞은 것은?

(단위 : %, %p)

구분	'13년 말	'14년			'15년	전주 대비
		2분기	3분기	12.30	1.7	
코스피지수	2,011.34	1,981.77	2,035.64	1,915.59	1,883.83	−1.66
코스닥지수	499.99	527.26	580.42	542.97	561.32	(A)
국고채(3년)	2.86	2.69	2.34	2.10	2.08	−0.95
회사채(3년)	3.29	3.12	2.72	2.43	2.41	−0.82
국고채(10년)	3.58	3.22	2.97	2.60	2.56	−1.54

① 3.18
② 3.28
③ 3.38
④ 3.48
⑤ 3.58

> **TIP 》** 2015년 1월 7일 코스닥 지수 : 561.32
> 2014년 12월 30일 코스닥 지수 : 542.97
> 2014년 12월 30일 코스닥 지수를 100%로 봤을 때 2015년 1월 7일 코스닥 지수는 103.37956 … %이므로 약 3.38% 상승했음을 알 수 있다.

6 다음은 최근 3년간 우리나라 귀농·귀촌 동향을 나타낸 표이다. 표에 대한 설명으로 옳지 않은 것은?

〈표 1〉 연도별 귀농·귀촌 가구 수

구분		가구 수(호)	비중(%)
2012년	귀촌	15,788	58.5
	귀농	11,220	41.5
	계	27,008	100.0
2013년	귀촌	21,501	66.3
	귀농	10,923	33.7
	계	32,424	100.0
2014년	귀촌	33,442	75.0
	귀농	11,144	25.0
	계	44,586	100.0

〈표 2〉 가구주 연령대별 귀농·귀촌 추이

구분		귀촌			귀농		
		'12년	'13년	'14년	'12년	'13년	'14년
합계		15,788	21,501	33,442	11,220	10,923	11,144
가구주 연령	30대 이하	3,369	3,807	6,546	1,292	1,253	1,197
	40대	3,302	4,748	7,367	2,766	2,510	2,501
	50대	4,001	6,131	9,910	4,298	4,289	4,409
	60대	3,007	4,447	6,378	2,195	2,288	2,383
	70대 이상	2,109	2,368	3,241	669	583	654

① 귀농·귀촌 가구는 2012년 27,008가구에서 2014년 44,586가구로 최근 2년 동안 약 65.1% 증가하였다.

② 귀농 가구 수는 2012년 11,220호에서 2014년 11,144호로 약 0.6% 감소하였다.

③ 귀촌 가구의 경우 가구주의 전 연령대에서 증가하였는데 특히 가구주 연령이 50대인 가구가 가장 많이 늘었다.

④ 가구주 연령이 40대인 귀촌 가구는 2012~2014년 기간 동안 약 147.7% 증가하였다.

⑤ 2012~2014년 기간 동안 가구주 연령이 70대 이상인 귀촌 가구는 약 1.53배 증가하였다.

TIP 》 ④ 가구주 연령이 40대인 귀촌 가구는 2012~2014년 기간 동안 약 123.1% 증가하였다.

7 다음은 2010년 기초노령연금 수급 현황에 관한 조사결과 보고서이다. 보고서의 내용과 부합하지 않는 자료는?

> 보건복지부의 자료에 의하면 2010년 12월 말 현재 65세 이상 노인 중 약 373만 명에게 기초노령연금이 지급된 것으로 나타났다.
>
> 시도별 기초노령연금 수급률은 전남이 85.5%로 가장 높았고 그 다음이 경북(80.4%), 전북(79.3%), 경남(77.8%) 순이며, 서울(51.3%)이 가장 낮았다. 시군구별 기초노령연금 수급률은 전남 완도군이 94.1%로 가장 높았고 서울 서초구는 26.5%로 가장 낮았다. 특히 농어촌의 57개 지역과 대도시의 14개 지역은 기초노령연금 수급률이 80%를 넘었다.
>
> 여성(65.1%)이 남성(34.9%)보다 기초노령연금 혜택을 더 많이 받는 것으로 나타났는데, 이는 여성의 평균수명이 남성보다 더 길기 때문인 것으로 보인다. 기초노령연금을 받는 노인 중 70대가 수급자의 49.7%를 차지해 가장 비중이 높았다. 연령대별 수급자 비율을 큰 것부터 나열하면 80대, 90대, 70대 순이고, 80대의 경우 82.3%가 기초노령연금을 수령하였다.

① 2010년 시도별 기초노령연금 수급률

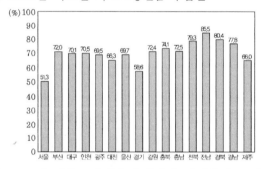

② 2010년 기초노령연금 수급자의 연령대별 구성비율

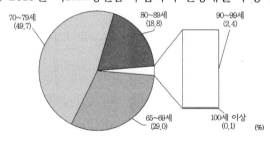

③ 2010년 시군구별 기초노령연금 수급률(상위 5개 및 하위 5개)

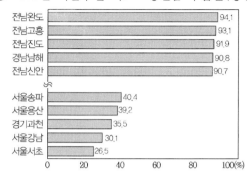

④ 2010년 연령대별 기초노령연금 수급자 비율

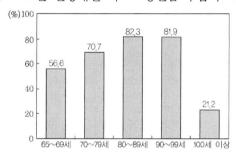

⑤ 2010년 기초노령연금 수급률별·도시규모별 지역 수

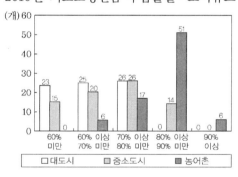

TIP 》 ⑤ 보고서에 따르면 농어촌의 57개 지역과 대도시의 14개 지역은 기초노령연금 수급률이 80%를 넘었다고 하였다. 그러나 그래프 상에서 기초노령연금 수급률이 80%를 넘는 대도시는 없는 것으로 나타났다.

ANSWER 〉 7.⑤

8 다음 자료에 대한 설명으로 올바른 것은?

〈한우 연도별 등급 비율〉

(단위 : %, 두)

연도	육질 등급					합계	한우등급 판정두수
	1++	1+	1	2	3		
2008	7.5	19.5	27.0	25.2	19.9	99.1	588,003
2009	8.6	20.5	27.6	24.7	17.9	99.3	643,930
2010	9.7	22.7	30.7	25.2	11.0	99.3	602,016
2011	9.2	22.6	30.6	25.5	11.6	99.5	718,256
2012	9.3	20.2	28.6	27.3	14.1	99.5	842,771
2013	9.2	21.0	31.0	27.1	11.2	99.5	959,751
2014	9.3	22.6	32.8	25.4	8.8	98.9	839,161

① 1++ 등급으로 판정된 한우의 두수는 2010년이 2011년보다 더 많다.
② 1등급 이상이 60%를 넘은 해는 모두 3개년이다.
③ 3등급 판정을 받은 한우의 두수는 2010년이 가장 적다.
④ 전년보다 1++ 등급의 비율이 더 많아진 해에는 3등급의 비율이 매번 더 적어졌다.
⑤ 1++ 등급의 비율이 가장 낮은 해는 3등급의 비율이 가장 높은 해이며, 반대로 1++ 등급의 비율이 가장 높은 해는 3등급의 비율이 가장 낮다.

　TIP 》 ③ 3등급 판정을 받은 한우의 비율은 2014년이 가장 낮지만, 비율을 통해 한우등급 판정두수를 계산해 보면 2010년의 두수가 602,016×0.11=약 66,222두로, 2014년의 839,161× 0.088=약 73,846두보다 더 적음을 알 수 있다.
　　 ① 1++ 등급으로 판정된 한우의 수는 2010년이 602,016×0.097=약 58,396두이며, 2011년이 718,256 ×0.092=약 66,080두이다.
　　 ② 1등급 이상이 60%를 넘은 해는 2010, 2011, 2013, 2014년으로 4개년이다.
　　 ④ 2011년에서 2012년으로 넘어가면서 1++등급은 0.1%p 비율이 더 많아졌으며, 3등급의 비율도 2.5%p 더 많아졌다.
　　 ⑤ 1++ 등급의 비율이 가장 낮은 2008년에는 3등급의 비율이 가장 높았지만, 반대로 1++ 등급의 비율이 가장 높은 2010년에는 3등급의 비율도 11%로 2014년보다 더 높아 가장 낮지 않았다.

〈연도별 대기오염물질 배출량 현황〉

(단위 : 톤)

구분	황산화물	일산화탄소	질소산화물	미세먼지	유기 화합물질
2010	401,741	766,269	1,061,210	116,808	866,358
2011	433,959	718,345	1,040,214	131,176	873,108
2012	417,645	703,586	1,075,207	119,980	911,322
2013	404,660	696,682	1,090,614	111,563	913,573
2014	343,161	594,454	1,135,743	97,918	905,803

9 다음 중 각 대기오염물질의 연도별 증감 추이가 같은 것끼리 짝지어진 것은?

① 일산화탄소, 유기화합물질

② 황산화물, 질소산화물

③ 미세먼지, 유기화합물질

④ 황산화물, 미세먼지

⑤ 일산화탄소, 질소산화물

TIP 》 각 대기오염물질의 연도별 증감 추이는 다음과 같다.
- 황산화물 : 증가 → 감소 → 감소 → 감소
- 일산화탄소 : 감소 → 감소 → 감소 → 감소
- 질소산화물 : 감소 → 증가 → 증가 → 증가
- 미세먼지 : 증가 → 감소 → 감소 → 감소
- 유기화합물질 : 증가 → 증가 → 증가 → 감소

따라서 연도별 증감 추이가 같은 대기오염물질은 황산화물과 미세먼지이다.

10 다음 중 2010년 대비 2014년의 총 대기오염물질 배출량의 증감률로 올바른 것은?

① 약 4.2%

② 약 3.9%

③ 약 2.8%

④ 약 -3.9%

⑤ 약 -4.2%

> **TIP »** A에서 B로 변동된 수치의 증감률은 (B−A) ÷ A × 100의 산식에 의해 구할 수 있다. 따라서 2010년과 2014년의 총 대기오염물질 배출량을 계산해 보면 2010년이 3,212,386톤, 2014년이 3,077,079톤이므로 계산식에 의해 (3,077,079−3,212,386) ÷ 3,212,386 × 100 = 약 -4.2%가 됨을 알 수 있다.

11 다음에 나열된 숫자의 규칙을 찾아 빈칸에 들어가기 적절한 숫자를 고르면?

93 96 102 104 108 ( )

① 114

② 116

③ 118

④ 120

⑤ 122

> **TIP »** 전항의 일의 자리 숫자를 전항에 더한 결과 값이 후항의 수가 되는 규칙이다.
> 93 + 3 = 96, 96 + 6 = 102, 102 + 2 = 104,
> 104 + 4 = 108, 108 + 8 = 116

12 다음은 도표의 작성절차에 대한 설명이다. 밑줄 친 ㉠~㉤ 중 올바르지 않은 설명을 모두 고른 것은?

---

1) **어떠한 도표로 작성할 것인지를 결정**

   업무수행 과정에서 도표를 작성할 때에는 우선 주어진 자료를 면밀히 검토하여 어떠한 도표를 활용하여 작성할 것인지를 결정한다. 도표는 목적이나 상황에 따라 올바르게 활용할 때 실효를 거둘 수 있으므로 우선적으로 어떠한 도표를 활용할 것인지를 결정하는 일이 선행되어야 한다.

2) **가로축과 세로축에 나타낼 것을 결정**

   주어진 자료를 활용하여 가로축과 세로축에 무엇을 나타낼 것인지를 결정하여야 한다. 일반적으로 ㉠가로축에는 수량(금액, 매출액 등), 세로축에는 명칭구분(연, 월, 장소 등)을 나타내며 ㉡축의 모양은 T 자형이 일반적이다.

3) **가로축과 세로축의 눈금의 크기를 결정**

   주어진 자료를 가장 잘 표현할 수 있도록 가로축과 세로축의 눈금의 크기를 결정하여야 한다. 한 눈금의 크기가 너무 크거나 작으면 자료의 변화를 잘 표현할 수 없으므로 자료를 가장 잘 표현할 수 있도록 한 눈금의 크기를 정하는 것이 바람직하다.

4) **자료를 가로축과 세로축이 만나는 곳에 표시**

   자료 각각을 결정된 축에 표시한다. 이때 ㉢가로축과 세로축이 교차하는 곳에 정확히 표시하여야 정확한 그래프를 작성할 수 있으므로 주의하여야 한다.

5) **표시된 점에 따라 도표 작성**

   표시된 점들을 활용하여 실제로 도표를 작성한다. ㉣선 그래프라면 표시된 점들을 선분으로 이어 도표를 작성하며, ㉤막대그래프라면 표시된 점들을 활용하여 막대를 그려 도표를 작성하게 된다.

6) **도표의 제목 및 단위 표시**

   도표를 작성한 후에는 도표의 상단 혹은 하단에 제목과 함께 단위를 표기한다.

---

① ㉠, ㉡
② ㉠, ㉢
③ ㉠, ㉡, ㉢
④ ㉠, ㉢, ㉣
⑤ ㉢, ㉣, ㉤

TIP 》 ㉠ 가로축에는 명칭구분(연, 월, 장소 등), 세로축에는 수량(금액, 매출액 등)을 나타낸다.
㉡ 축의 모양은 L자형이 일반적이다.

ANSWER 〉 10.④ 11.② 12.①

13 갑, 을, 병, 정, 무, 기 6명의 채용 시험 결과를 참고로 평균 점수를 구하여 편차를 계산하였더니 결과가 다음과 같다. 이에 대한 분산과 표준편차를 합한 값은 얼마인가?

직원	갑	을	병	정	무	기
편차	3	−1	( )	2	0	−3

① 2   ② 3

③ 4   ④ 5

⑤ 6

> **TIP** 》 편차는 변량에서 평균을 뺀 값이므로 편차의 총합은 항상 0이 된다는 사실을 이용하여 계산할 수 있다. 따라서 편차를 모두 더하면 3−1+( )+2+0−3=0이 되므로 '병'의 편차는 −1임을 알 수 있다. 분산은 편차를 제곱한 값들의 합을 변량의 개수로 나눈 값이므로 (9+1+1+4+0+9)÷6=4가 되어 분산은 4이다. 분산의 양의 제곱근이 표준편차가 되므로 표준편차는 2가 되는 것을 알 수 있다. 따라서 분산과 표준편차를 합한 값은 6이 된다.

14 대학생 1,500명을 대상으로 한 취업 희망기업 설문조사 결과가 다음과 같았다. 남성과 여성이 가장 큰 차이를 보이는 취업 형태는 어느 것인가?

(단위 : %)

구분		대기업	공공기관	외국계기업	일반중소기업	전문중소기업	창업
		35.8	40.9	6.5	8.0	4.9	3.9
	남성	37.3	40.0	4.1	10.0	5.1	3.5
	여성	32.6	43.0	11.8	3.4	4.5	4.8

① 대기업

② 전문중소기업

③ 일반중소기업

④ 외국계기업

⑤ 창업

> **TIP** 》 외국계기업은 11.8%와 4.1%를 보이고 있어 7.7%p의 가장 큰 차이를 나타내고 있음을 알 수 있다.

15 다음은 수입체리를 구매한 어느 지역의 272명을 대상으로 설문조사 결과를 나타낸 표이다. 표에 대한 설명으로 옳지 않은 것은?

〈표 1〉 월 평균 소득과 향후 구매 계획

(단위 : 명, %)

향후 구매 계획	월 평균 소득			합계
	200만 원 미만	200만 원~500만 원	500만 원 이상	
줄이겠다.	9(37.5)	51(36.2)	20(18.7)	80(29.4)
유지하겠다.	6(25.0)	41(29.1)	33(30.8)	80(29.4)
늘리겠다.	9(37.5)	49(34.8)	54(50.5)	112(41.2)
합계	24(100.0)	141(100.0)	107(100.0)	272(100.0)

〈표 2〉 수입 체리 구매이유와 향후 구매 계획

(단위 : 명, %)

향후 구매 계획	수입 체리 구매이유			합계
	다른 과일보다 맛이 좋을 것 같아서	건강이나 다이어트에 좋을 것 같아서	기타	
줄이겠다.	12(14.0)	20(30.8)	48(39.7)	80(29.4)
유지하겠다.	18(20.9)	19(29.2)	43(35.5)	80(29.4)
늘리겠다.	56(65.1)	26(40.0)	30(24.8)	112(41.2)
합계	86(100.0)	65(100.0)	121(100.0)	272(100.0)

① 월 평균 소득이 고소득층(500만 원 이상)일수록 향후 수입 체리의 구매를 '늘리겠다.'는 응답이 많은 것으로 나타났다.
② 월 평균 소득이 500만 원 미만인 응답자들의 경우 향후 구매를 '줄이겠다.'는 응답과 '늘리겠다.'는 응답의 비율이 비슷한 것으로 나타났다.
③ 수입 체리 구매이유로 '맛이 좋아서'를 선택한 응답자들의 경우 다른 이유를 선택한 응답자들보다 향후 구매를 '늘리겠다.'는 비율이 더 높은 것으로 나타났다.
④ 수입 체리 구매이유로 '기타'를 선택한 응답자들은 향후 구매 계획에 대해 '줄이겠다.'라고 응답한 비율이 '유지하겠다.'와 '늘리겠다.'는 비율보다 높은 것으로 나타났다.
⑤ 전체적으로 두 표 모두 향후 수입 체리의 구매를 '늘리겠다'고 응답한 비율이 '줄이겠다.', '유지하겠다.'라고 응답한 비율보다 낮은 것으로 나타났다.

TIP 》 ⑤ 두 표 모두 향후 구매를 '늘리겠다.'고 응답한 비율은 41.2%로 '줄이겠다.'라고 응답한 비율(29.4%)과 '유지하겠다.'라고 응답한 비율(29.4%)보다 높은 것으로 나타났다.

ANSWER 〉 13.⑤ 14.④ 15.⑤

16 다음은 교육복지지원 정책사업 내 단위사업 세출 결산 현황을 나타낸 표이다. 2012년 대비 2013년의 급식비 지원 증감률로 옳은 것은? (단, 소수 둘째자리에서 반올림한다)

(단위 : 백만 원)

단위사업명	2013	2012	2011
	결산액	결산액	결산액
총계	5,016,557	3,228,077	2,321,263
학비 지원	455,516	877,020	1,070,530
방과후교육 지원	636,291	—	—
급식비 지원	647,314	665,984	592,300
정보화 지원	61,814	64,504	62,318
농어촌학교 교육여건 개선	110,753	71,211	77,334
교육복지우선 지원	157,598	188,214	199,019
누리과정 지원	2,639,752	989,116	—
교과서 지원	307,519	288,405	260,218
학력격차해소	—	83,622	59,544

① −2.9%

② −1.4%

③ 2.9%

④ 10.5%

⑤ 1.4%

TIP 》 $\dfrac{647,314 - 665,984}{665,984} \times 100 = -2.88 \fallingdotseq -2.9$

17 다음은 글로벌 금융위기 중 세계 주요국의 실물경제 현황을 나타낸 표이다. 표에 대한 설명으로 옳지 않은 것은?

(단위 : %)

국가	구분	2008년			2009년				
		연간	3/4	4/4	연간	1/4	2/4	3/4	4/4
미국	GDP	0.4	-2.7	-5.4	-2.4	-6.4	-0.7	2.2	5.9
	산업 생산	-2.2	-9.0	-13.0	-9.7	-19.0	-10.3	5.6	7.0
	소매 판매	-0.7	-1.5	-6.6	-6.0	-1.4	-0.3	1.6	1.9
유로 지역	GDP	0.7	-1.4	-7.0	-4.1	-9.4	-0.6	1.5	0.5
	산업 생산	-0.8	-0.6	-0.8	-14.9	-0.9	-0.4	-0.5	0.2
	수출	3.7	0.2	-8.3	-18.2	-15.0	-0.4	3.2	5.3
일본	GDP	-0.7	-3.9	-13.9	-5.0	-11.9	2.7	1.3	4.6
	광공업생산	-3.4	-3.2	-11.3	-22.4	-22.1	8.3	7.4	4.6
	수출	-3.5	-3.9	-20.0	-33.1	-24.4	6.8	3.2	13.2
중국	GDP	9.0	9.0	6.8	8.7	6.1	7.9	8.9	10.7
	산업 생산	12.9	13.0	6.4	11.0	5.1	9.0	12.3	17.9
	수출	17.2	23.0	4.3	-15.9	-19.7	-23.5	-20.3	0.1

① 중국은 다른 나라와는 달리 2008년 3분기부터 2009년 4분기까지 GDP 성장률이 꾸준히 상승하였다.
② 미국의 GDP 성장률은 2008년 3분기부터 2009년 1분기까지 3분기 연속 하락하였다.
③ 위의 자료에서 2009년 GDP가 꾸준히 증가한 국가는 미국과 중국뿐이다.
④ 일본을 제외한 나머지 국가들은 2008년 연간 GDP 성장률이 조금이나마 플러스 성장하였다.
⑤ 유로지역의 수출은 2009년 3분기부터 다시 플러스 성장으로 전환하였다.

TIP 》 ① 2008년 4분기, 2009년 1분기에 각각 GDP 성장률이 하락하였다.

18 다음은 어느 공과대학의 각 학과 지원자의 비율을 나타낸 것이다. 2008년 건축공학과를 지원한 학생 수가 270명일 때 2008년 건축공학과 지원자 수는 전년 대비 몇 명이 증가하였는가? (단, 2007년과 2008년의 공과대학 전체 지원자 수는 같았다)

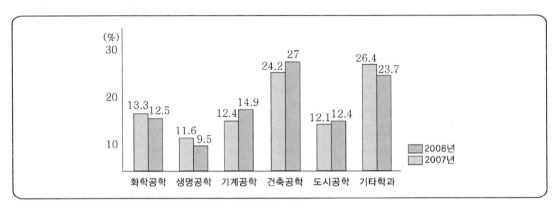

① 28명

② 21명

③ 14명

④ 7명

⑤ 0명

> **TIP** 》 2008년 전체 지원자 수를 x라 하면, $27 : 270 = 100 : x$
>
> $\therefore x = 1,000$
>
> 2007년의 전체 지원자 수도 1,000명이므로 건축공학과 지원자 수는 $1,000 \times \dfrac{242}{1,000} = 242$
>
> $270 - 242 = 28$(명)

19 다음은 K은행에서 투자를 검토하고 있는 사업평가 자료인데, 직원의 실수로 일부가 훼손되었다. 다음 중 (개), (내), (대), (래)에 들어갈 수 있는 수치는? (단, 인건비와 재료비 이외의 투입요소는 없다)

구분	목표량	인건비	재료비	산출량	효과성 순위	효율성 순위
A	(개)	200	50	500	3	2
B	1,000	(내)	200	1,500	2	1
C	1,500	1,200	(대)	3,000	1	3
D	1,000	300	500	(래)	4	4

※ 효율성 = 산출 / 투입
※ 효과성 = 산출 / 목표

	(개)	(내)	(대)	(래)
①	300	500	800	800
②	500	800	300	800
③	800	500	300	300
④	500	300	800	800
⑤	800	800	300	500

TIP 》 A~D의 효과성과 효율성을 구하면 다음과 같다.

구분	효과성		효율성	
	산출/목표	효과성 순위	산출/투입	효율성 순위
A	$\dfrac{500}{(개)}$	3	$\dfrac{500}{200+50}=2$	2
B	$\dfrac{1,500}{1,000}=1.5$	2	$\dfrac{1,500}{(내)+200}$	1
C	$\dfrac{3,000}{1,500}=2$	1	$\dfrac{3,000}{1,200+(대)}$	3
D	$\dfrac{(래)}{1,000}$	4	$\dfrac{(래)}{300+500}$	4

• A와 D의 효과성 순위가 B보다 낮으므로 $\dfrac{500}{(개)}$, $\dfrac{(래)}{1,000}$의 값은 1.5보다 작고 $\dfrac{500}{(개)} > \dfrac{(래)}{1,000}$가 성립한다.

• 효율성 순위가 1순위인 B는 2순위인 A의 값보다 커야 하므로 $\dfrac{1,500}{(내)+200} > 2$이다.

• C와 D의 효율성 순위가 A보다 낮으므로
  $\dfrac{3,000}{1,200+(대)}$, $\dfrac{(래)}{300+500}$의 값은 2보다 작고 $\dfrac{3,000}{1,200+(대)} > \dfrac{(래)}{300+500}$가 성립한다.

따라서 이 조건을 모두 만족하는 값을 찾으면 (개), (내), (대), (래)에 들어갈 수 있는 수치는 ④이다.

20 다음 〈표〉는 1997년도부터 2007년도까지 주식시장의 현황을 나타낸 자료이다. 이를 바탕으로 작성한 그래프 중 옳지 않은 것은?

연도	주가지수	수익률 (%)	종목수 (종목)	주식수 (억 주)	시가 총액 (조원)	거래량 (억 주)	거래대금 (조 원)	거래건수 (백만건)
1997	376	–	958	90	71	121	162	15
1998	562	49.5	925	114	138	285	193	33
1999	1,028	82.8	916	173	350	694	867	108
2000	505	−50.9	902	196	188	738	627	106
2001	694	37.4	884	196	256	1,164	491	90
2002	628	−9.5	861	265	259	2,091	742	111
2003	811	29.1	856	237	355	1,339	548	87
2004	896	10.5	844	234	413	929	556	83
2005	1,379	53.9	858	232	655	1,164	786	96
2006	1,434	4.0	885	250	705	689	848	107
2007	1,897	32.3	906	282	952	895	1,363	181

① 당해년도 초과수익률

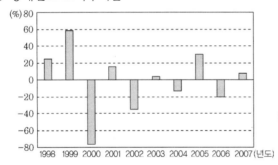

※ 1) 당해연도 초과수익률(%)
   = 당해연도 수익률(%) − 연평균 수익률(%)
2) 연평균 수익률은 23.9%

② 종목당 평균 주식수

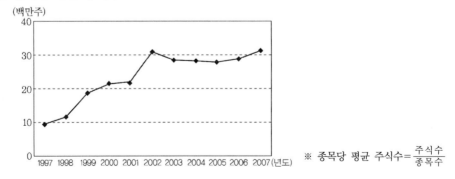

※ 종목당 평균 주식수 = $\dfrac{\text{주식수}}{\text{종목수}}$

③ 시가총액회전율과 주가지수의 관계

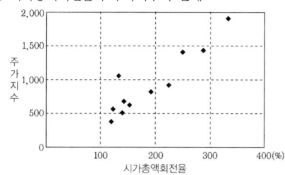

※ 시가총액회전율(%) = $\dfrac{거래대금}{시가총액} \times 100$

④ 1거래당 거래량

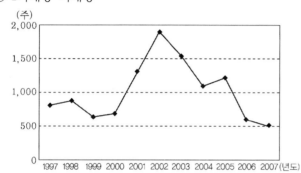

※ 1거래당 거래량 = $\dfrac{거래량}{거래건수}$

⑤ 주식 1주당 평균가격

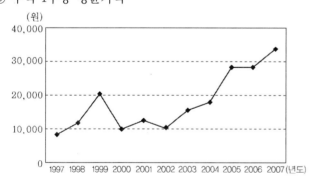

※ 주식 1주당 평균가격 = $\dfrac{시가총액}{주식수}$

TIP ≫ ③ 주가지수가 1,897로 가장 높았던 2007년을 한 예로 보면, 2007년의 시가총액회전율은

$\dfrac{거래대금}{시가총액} \times 100 = \dfrac{1,363}{952} \times 100 = 약\ 143(\%)$ 인데 그래프상에서는 300(%)를 넘는 것으로 작성되었다.

ANSWER 〉 20.③

21 어느 지도에서 $\frac{1}{2}$cm는 실제로는 5km가 된다고 할 때 지도상 $1\frac{3}{4}$cm는 실제로 얼마나 되는가?

① 12.5km
② 15km
③ 17.5km
④ 20km
⑤ 22.5km

    TIP 》 지도상 1cm는 실제로 10km가 된다.

$$10 \times \frac{7}{4} = 17.5\,\text{km}$$

22 다음은 대표적인 단위를 환산한 자료이다. 환산 내용 중 올바르지 않은 수치가 포함된 것은?

단위	단위환산
길이	1cm = 10mm, 1m = 100cm, 1km = 1,000m
넓이	1cm² = 100mm², 1m² = 10,000cm², 1km² = 1,000,000m²
부피	1cm³ = 1,000mm³, 1m³ = 1,000,000cm³, 1km³ = 1,000,000,000m³
들이	1mℓ = 1cm³, 1dℓ = 1,000cm³ = 100mℓ, 1ℓ = 100cm³ = 10dℓ
무게	1kg = 1,000g, 1t = 1,000kg = 1,000,000g
시간	1분 = 60초, 1시간 = 60분 = 3,600초
할푼리	1푼 = 0.1할, 1리 = 0.01할, 모 = 0.001할

① 부피
② 들이
③ 무게
④ 시간
⑤ 할푼리

    TIP 》 '들이'의 환산이 다음과 같이 수정되어야 한다.
          수정 전 1dℓ = 1,000cm³ = 100mℓ, 1ℓ = 100cm³ = 10dℓ
          수정 후 1dℓ = 100cm³ = 100mℓ, 1ℓ = 1,000cm³ = 10dℓ

23 다음 숫자들의 배열 규칙을 찾아 괄호 안에 들어갈 알맞은 숫자를 고르면?

> 93   96   102   104   108   (   )

① 114

② 116

③ 118

④ 120

⑤ 122

TIP 》 전항의 일의 자리 숫자를 전항에 더한 결과 값이 후항의 수가 되는 규칙이다.
$93+3=96,\ 96+6=102,\ 102+2=104,$
$104+4=108,\ 108+8=116$

24 다음은 우리나라의 대(對) 이슬람 국가 식품 수출 현황을 나타낸 표이다. 2012년 대비 2013년의 농산물 물량의 증감률은 약 몇 %인가?

(단위 : 천 톤, 천 달러, %)

구분	2011년 금액	2012년		2013년		증감률	
		물량	금액	물량	금액	물량	금액
식품	719.1	235.5	721.3	226.9	598.9		−17.0
농산물	709.7	232.6	692.3	223.5	579.5		−16.3
축산물	9.4	2.9	29	3.4	19.4		−33.1

① 약 −3.1%

② 약 −3.3%

③ 약 −3.5%

④ 약 −3.7%

⑤ 약 −3.9%

TIP 》 2012년 농산물 물량 : 232.6(천 톤)
2013년 농산물 물량 : 223.5(천 톤)
2012년 농산물 물량을 100%로 봤을 때 2013년 농산물 물량은 96.08770 … %이므로 약 3.9% 감소했음을 알 수 있다.

ANSWER 〉 21.③ 22.② 23.② 24.⑤

▌25~26▐ 다음은 ELD 상품설명서의 일부이다. 물음에 답하시오.

〈거래조건〉

구분		금리
적용금리	모집기간 중	큰 만족 실세예금 1년 고시금리
	계약기간 중 중도해지	없음
	만기 후	원금의 연 0.10%
중도해지 수수료율 (원금기준)	예치기간 3개월 미만	• 개인 원금의 0.38% • 법인 원금의 0.38%
	예치기간 3개월 이상~6개월 미만	• 개인 원금의 0.29% • 법인 원금의 0.30%
	예치기간 6개월 이상~9개월 미만	• 개인 원금의 0.12% • 법인 원금의 0.16%
	예치기간 9개월 이상~12개월 미만	원금의 0.00%
이자지급 방식	만기일시지급식	
계약의 해지	영업점에서 해지 가능	

〈유의사항〉

• 예금의 원금보장은 만기 해지 시에만 적용된다.

• 이 예금은 분할해지 할 수 없으며 중도해지 시 중도해지수수료 적용으로 원금손실이 발생할 수 있다. (중도해지수수료는 '가입금액×중도해지수수료율'에 의해 결정)

• 이 예금은 예금기간 중 지수가 목표지수변동률을 넘어서 지급금리가 확정되더라도 이자는 만기에만 지급한다.

• 지수상승에 따른 수익률(세전)은 실제 지수상승률에도 불구하고 연 4.67%를 최대로 한다.

25 석준이는 개인이름으로 최초 500만 원의 원금을 가지고 이 상품에 가입했다가 불가피한 사정으로 5개월 만에 중도해지를 했다. 이때 석준이의 중도해지 수수료는 얼마인가?

① 6,000원

② 8,000원

③ 14,500원

④ 15,000원

⑤ 19,000원

TIP 》 5,000,000×0.29% = 14,500원

26 상원이가 이 예금에 가입한 후 증시 호재로 인해 지수가 약 29% 상승하였다. 이 경우 상원이의 최대 수익률은 연 몇 %인가? (단, 수익률은 세전으로 한다)

① 연 1.35%

② 연 4.67%

③ 연 14.5%

④ 연 21%

⑤ 연 29%

TIP 》 지수상승에 따른 수익률(세전)은 실제 지수상승률에도 불구하고 연 4.67%를 최대로 하기 때문에 지수가 약 29% 상승했다고 하더라도 상원이의 연 최대 수익률은 4.67%를 넘을 수 없다.

27 다음은 최근 4년간 산업부문별 부가가치유발계수를 나타낸 표이다. 표에 대한 설명으로 옳지 않은 것은?

구분	2012년	2013년	2014년	2015년
전 부문 평균	0.703	0.679	0.673	0.687
농업	0.796	0.786	0.773	0.777
화학제품 제조업	0.492	0.460	0.448	0.478
기계 및 장비 제조업	0.642	0.613	0.618	0.646
전기 및 전자기기 제조업	0.543	0.495	0.511	0.524
건설업	0.717	0.695	0.696	0.714
음식점 및 숙박업	0.761	0.734	0.733	0.751
정보통신 및 방송업	0.800	0.786	0.781	0.792
금융 및 보험업	0.848	0.843	0.827	0.835

※ 부가가치유발계수란 최종 수요가 한 단위 발생할 경우 국민경제 전체에서 직·간접으로 유발되는 부가가치 단위를 보여주는 계수를 말한다.

① 농업의 부가가치유발계수는 최근 4년간 꾸준히 소폭 하락하고 있다.
② 최근 4년 동안 농업의 부가가치유발계수는 정보통신 및 방송업, 금융 및 보험업의 그것을 제외하고 가장 높은 수치를 나타냈다.
③ 2015년 농업의 부가가치유발계수가 0.777이라는 것은 국산 농산물에 대한 최종 수요가 1,000원 발생할 경우 국가 전체적으로 777원의 부가가치를 발생시켰음을 의미한다.
④ 농업은 최근 4년간 꾸준히 부가가치유발계수가 전 산업부문 평균 대비 높은 수준을 보였다.
⑤ 농업은 다른 산업에 비해 부가가치유발계수가 높은 편에 속한다.

    TIP 》 ① 2015년 농업의 부가가치유발계수는 전년 대비 소폭 상승하였다.

28 제시된 자료는 ○○병원 직원의 병원비 지원에 대한 내용이다. 다음 중 A~D 직원 4명의 총 병원비 지원 금액은 얼마인가?

병원비 지원 기준

- 임직원 본인의 수술비 및 입원비 : 100% 지원
- 임직원 가족의 수술비 및 입원비
- 임직원의 배우자 : 90% 지원
- 임직원의 직계 존·비속 : 80%
- 임직원의 형제 및 자매 : 50%(단, 직계 존·비속 지원이 우선되며, 해당 신청이 없을 경우에 한하여 지급한다.)
- 병원비 지원 신청은 본인 포함 최대 3인에 한한다.

병원비 신청 내역	
A 직원	본인 수술비 300만 원, 배우자 입원비 50만 원
B 직원	배우자 입원비 50만 원, 딸 수술비 200만 원
C 직원	본인 수술비 300만 원, 아들 수술비 400만 원
D 직원	본인 입원비 100만 원, 어머니 수술비 100만 원, 남동생 입원비 50만 원

① 1,200만 원
② 1,250만 원
③ 1,300만 원
④ 1,350만 원
⑤ 1,400만 원

TIP 》 병원비 지원 기준에 따라 각 직원이 지원 받을 수 있는 내역을 정리하면 다음과 같다.

A 직원	본인 수술비 300만 원(100% 지원), 배우자 입원비 50만 원(90% 지원)
B 직원	배우자 입원비 50만 원(90% 지원), 딸 수술비 200만 원(직계비속→80% 지원)
C 직원	본인 수술비 300만 원(100% 지원), 아들 수술비 400만 원(직계비속→80% 지원)
D 직원	본인 입원비 100만 원(100% 지원), 어머니 수술비 100만 원(직계존속→80% 지원), 남동생 입원비 50만 원(직계존속 신청 有→지원 ×)

이를 바탕으로 A~D 직원 4명이 총 병원비 지원 금액을 계산하면 1,350만 원이다.

A 직원	$300 + (50 \times 0.9) = 345$만 원
B 직원	$(50 \times 0.9) + (200 \times 0.8) = 205$만 원
C 직원	$300 + (400 \times 0.8) = 620$만 원
D 직원	$100 + (100 \times 0.8) = 180$만 원

29 다음 〈표〉는 2002년부터 2006년까지 K은행이 미국, 호주와 유럽에 투자한 금융자산과 환율을 나타낸 자료이다. 〈표〉를 정리한 것 중 옳지 않은 것은?

〈표1〉 지역별 금융자산 투자규모

연도＼지역	미국 (억 US$)	호주 (억 AU$)	유럽 (억 €)
2002	80	70	70
2003	100	65	75
2004	105	60	85
2005	120	80	90
2006	110	85	100

〈표2〉 외국 통화에 대한 환율

연도＼환율	₩/US$	₩/AU$	₩/€
2002	1,000	900	800
2003	950	950	850
2004	900	1,000	900
2005	850	950	1,100
2006	900	1,000	1,000

※ ₩/US$는 1미국달러당 원화, ₩/AU$는 1호주달러당 원화, ₩/€는 1유로당 원화

① AU$/US$의 변화 추이

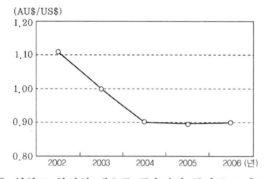

② 원화로 환산한 대호주 금융자산 투자규모 추이

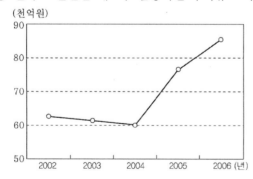

③ 원화로 환산한 2006년 각 지역별 금융자산 투자비중

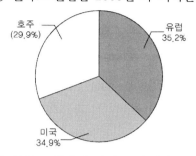

④ 원화로 환산한 대미 금융자산 투자규모 추이

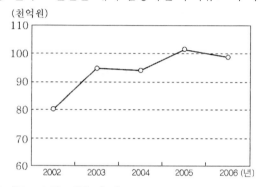

⑤ €/AU$의 변화 추이

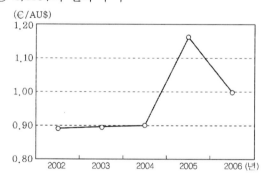

TIP 》 〈표2〉에 따르면 2002년부터 2004년까지는 1호주달러당 원화가 1유로당 원화보다 금액이 컸다. 즉, 호주달러의 가치가 유로의 가치보다 큰 것이다. 그런데 2005년에는 호주달러보다 유로의 가치가 커졌다가 2006년에 동일해졌다. 따라서 ⑤번 그래프가 잘못 표현되었다.

ANSWER 〉 29.⑤

30 다음 〈그림〉은 A주식에 대한 1~5거래일 동안의 주가자료이다. 이에 대한 〈보기〉의 설명 중 옳은 것을 모두 고르면?

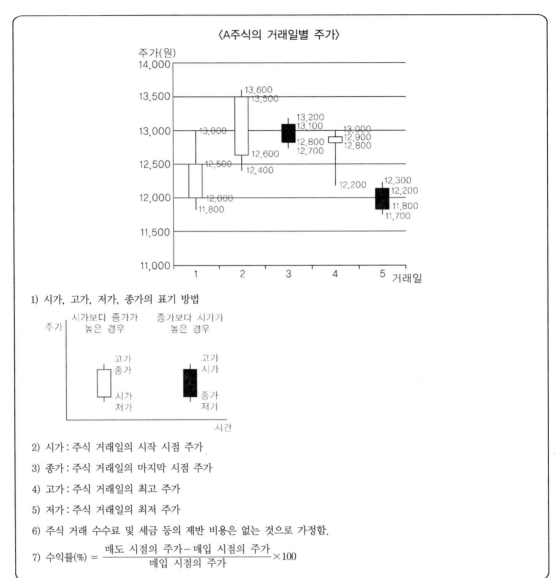

〈A주식의 거래일별 주가〉

1) 시가, 고가, 저가, 종가의 표기 방법

2) 시가 : 주식 거래일의 시작 시점 주가

3) 종가 : 주식 거래일의 마지막 시점 주가

4) 고가 : 주식 거래일의 최고 주가

5) 저가 : 주식 거래일의 최저 주가

6) 주식 거래 수수료 및 세금 등의 제반 비용은 없는 것으로 가정함.

7) $수익률(\%) = \dfrac{매도\ 시점의\ 주가 - 매입\ 시점의\ 주가}{매입\ 시점의\ 주가} \times 100$

㉠ 1거래일 시가로 매입한 주식을 5거래일 종가로 매도하는 경우 2% 이상 손해를 본다.
㉡ 1~5거래일 동안 1회의 매매를 통해 올릴 수 있는 최대수익률은 15% 이상이다.
㉢ 3거래일 종가로 매입한 주식을 4거래일 종가로 매도하는 경우 수익률은 1% 이상이다.
㉣ 1~5거래일 동안 시가의 최댓값과 최솟값의 차이는 1,100원이다.

① ㉠, ㉡　　　　　　　　　　　　　　② ㉠, ㉢

③ ㉡, ㉢　　　　　　　　　　　　　　④ ㉡, ㉣

⑤ ㉢, ㉣

TIP 》　㉠ 1거래일 시가는 12,000원이고 5거래일 종가는

11,800원이다. 따라서 1거래일 시가로 매입한 주식을 5거래일 종가로 매도하는 경우 수익률은

$\dfrac{11,800 - 12,000}{12,000} \times 100 =$ 약 -1.6이다.

㉢ 3거래일 종가는 12,800원이고 4거래일 종가는

12,900원이다. 따라서 3거래일 종가로 매입한 주식을 4거래일 종가로 매도하는 경우 수익률은

$\dfrac{12,900 - 12,800}{12,800} \times 100 =$ 약 0.8이다.

03 문제해결능력

1 문제와 문제해결

(1) 문제의 정의와 분류

① 정의 … 문제란 업무를 수행함에 있어서 답을 요구하는 질문이나 의논하여 해결해야 되는 사항이다.

② 문제의 분류

구분	창의적 문제	분석적 문제
문제제시 방법	현재 문제가 없더라도 보다 나은 방법을 찾기 위한 문제 탐구→문제 자체가 명확하지 않음	현재의 문제점이나 미래의 문제로 예견될 것에 대한 문제 탐구→문제 자체가 명확함
해결방법	창의력에 의한 많은 아이디어의 작성을 통해 해결	분석, 논리, 귀납과 같은 논리적 방법을 통해 해결
해답 수	해답의 수가 많으며, 많은 답 가운데 보다 나은 것을 선택	답의 수가 적으며 한정되어 있음
주요특징	주관적, 직관적, 감각적, 정성적, 개별적, 특수성	객관적, 논리적, 정량적, 이성적, 일반적, 공통성

(2) 업무수행과정에서 발생하는 문제 유형

① **발생형 문제(보이는 문제)** … 현재 직면하여 해결하기 위해 고민하는 문제이다. 원인이 내재되어 있기 때문에 원인지향적인 문제라고도 한다.
　㉠ **일탈문제**: 어떤 기준을 일탈함으로써 생기는 문제
　㉡ **미달문제**: 어떤 기준에 미달하여 생기는 문제

② **탐색형 문제(찾는 문제)** … 현재의 상황을 개선하거나 효율을 높이기 위한 문제이다. 방치할 경우 큰 손실이 따르거나 해결할 수 없는 문제로 나타나게 된다.
　㉠ **잠재문제**: 문제가 잠재되어 있어 인식하지 못하다가 확대되어 해결이 어려운 문제
　㉡ **예측문제**: 현재로는 문제가 없으나 현 상태의 진행 상황을 예측하여 찾아야 앞으로 일어날 수 있는 문제가 보이는 문제
　㉢ **발견문제**: 현재로서는 담당 업무에 문제가 없으나 선진기업의 업무 방법 등 보다 좋은 제도나 기법을 발견하여 개선시킬 수 있는 문제

③ **설정형 문제(미래 문제)** … 장래의 경영전략을 생각하는 것으로 앞으로 어떻게 할 것인가 하는 문제이다. 문제해결에 창조적인 노력이 요구되어 창조적 문제라고도 한다.

예제 1

D회사 신입사원으로 입사한 귀하는 신입사원 교육에서 업무수행과정에서 발생하는 문제 유형 중 설정형 문제를 하나씩 찾아오라는 지시를 받았다. 이에 대해 귀하는 교육받은 내용을 다시 복습하려고 한다. 설정형 문제에 해당하는 것은?

① 현재 직면하여 해결하기 위해 고민하는 문제
② 현재의 상황을 개선하거나 효율을 높이기 위한 문제
③ 앞으로 어떻게 할 것인가 하는 문제
④ 원인이 내재되어 있는 원인지향적인 문제

[출제의도]
업무수행 중 문제가 발생하였을 때 문제 유형을 구분하는 능력을 측정하는 문항이다.
[해설]
업무수행과정에서 발생하는 문제 유형으로는 발생형 문제, 탐색형 문제, 설정형 문제가 있으며 ①④는 발생형 문제이며 ②는 탐색형 문제, ③이 설정형 문제이다.

답 ③

(3) 문제해결

① 정의 … 목표와 현상을 분석하고 이 결과를 토대로 과제를 도출하여 최적의 해결책을 찾아 실행·평가해 가는 활동이다.

② 문제해결에 필요한 기본적 사고

　⊙ **전략적 사고** : 문제와 해결방안이 상위 시스템과 어떻게 연결되어 있는지를 생각한다.

　ⓒ **분석적 사고** : 전체를 각각의 요소로 나누어 그 의미를 도출하고 우선순위를 부여하여 구체적인 문제해결방법을 실행한다.

　ⓒ **발상의 전환** : 인식의 틀을 전환하여 새로운 관점으로 바라보는 사고를 지향한다.

　⊜ **내·외부자원의 활용** : 기술, 재료, 사람 등 필요한 자원을 효과적으로 활용한다.

③ 문제해결의 장애요소

　⊙ 문제를 철저하게 분석하지 않는 경우

　ⓒ 고정관념에 얽매이는 경우

　ⓒ 쉽게 떠오르는 단순한 정보에 의지하는 경우

　⊜ 너무 많은 자료를 수집하려고 노력하는 경우

④ 문제해결방법

　　㉠ **소프트 어프로치** : 문제해결을 위해서 직접적인 표현보다는 무언가를 시사하거나 암시를 통하여 의사를 전달하여 문제해결을 도모하고자 한다.

　　㉡ **하드 어프로치** : 상이한 문화적 토양을 가지고 있는 구성원을 가정하고, 서로의 생각을 직설적으로 주장하고 논쟁이나 협상을 통해 서로의 의견을 조정해 가는 방법이다.

　　㉢ **퍼실리테이션(facilitation)** : 촉진을 의미하며 어떤 그룹이나 집단이 의사결정을 잘 하도록 도와주는 일을 의미한다.

2 문제해결능력을 구성하는 하위능력

(1) 사고력

① **창의적 사고** … 개인이 가지고 있는 경험과 지식을 통해 새로운 가치 있는 아이디어를 산출하는 사고 능력이다.

　　㉠ 창의적 사고의 특징
　　　• 정보와 정보의 조합
　　　• 사회나 개인에게 새로운 가치 창출
　　　• 창조적인 가능성

예제 2

M사 홍보팀에서 근무하고 있는 귀하는 입사 5년차로 창의적인 기획안을 제출하기로 유명하다. S부장은 이번 신입사원 교육 때 귀하에게 창의적인 사고란 무엇인지 교육을 맡아달라고 부탁하였다. 창의적인 사고에 대한 귀하의 설명으로 옳지 않은 것은?

① 창의적인 사고는 새롭고 유용한 아이디어를 생산해 내는 정신적인 과정이다.
② 창의적인 사고는 특별한 사람들만이 할 수 있는 대단한 능력이다.
③ 창의적인 사고는 기존의 정보들을 특정한 요구조건에 맞거나 유용하도록 새롭게 조합시킨 것이다.
④ 창의적인 사고는 통상적인 것이 아니라 기발하거나, 신기하며 독창적인 것이다.

[출제의도]
창의적 사고에 대한 개념을 정확히 파악하고 있는지를 묻는 문항이다.
[해설]
흔히 사람들은 창의적인 사고에 대해 특별한 사람들만이 할 수 있는 대단한 능력이라고 생각하지만 그리 대단한 능력이 아니며 이미 알고 있는 경험과 지식을 해체하여 다시 새로운 정보로 결합하여 가치 있는 아이디어를 산출하는 사고라고 할 수 있다.

답 ②

ⓛ 발산적 사고 : 창의적 사고를 위해 필요한 것으로 자유연상법, 강제연상법, 비교발상법 등을 통해 개발할 수 있다.

구분	내용
자유연상법	생각나는 대로 자유롭게 발상 ex) 브레인스토밍
강제연상법	각종 힌트에 강제적으로 연결 지어 발상 ex) 체크리스트
비교발상법	주제의 본질과 닮은 것을 힌트로 발상 ex) NM법, Synectics

POINT 브레인스토밍

ⓖ 진행방법
- 주제를 구체적이고 명확하게 정한다.
- 구성원의 얼굴을 볼 수 있는 좌석 배치와 큰 용지를 준비한다.
- 구성원들의 다양한 의견을 도출할 수 있는 사람을 리더로 선출한다.
- 구성원은 다양한 분야의 사람들로 5~8명 정도로 구성한다.
- 발언은 누구나 자유롭게 할 수 있도록 하며, 모든 발언 내용을 기록한다.
- 아이디어에 대한 평가는 비판해서는 안 된다.

ⓛ 4대 원칙
- 비판엄금(Support) : 평가 단계 이전에 결코 비판이나 판단을 해서는 안 되며 평가는 나중까지 유보한다.
- 자유분방(Silly) : 무엇이든 자유롭게 말하고 이런 바보 같은 소리를 해서는 안 된다는 등의 생각은 하지 않아야 한다.
- 질보다 양(Speed) : 질에는 관계없이 가능한 많은 아이디어들을 생성해내도록 격려한다.
- 결합과 개선(Synergy) : 다른 사람의 아이디어에 자극되어 보다 좋은 생각이 떠오르고, 서로 조합하면 재미있는 아이디어가 될 것 같은 생각이 들면 즉시 조합시킨다.

② **논리적 사고** … 사고의 전개에 있어 전후의 관계가 일치하고 있는가를 살피고 아이디어를 평가하는 사고능력이다.

ⓖ **논리적 사고를 위한 5가지 요소** : 생각하는 습관, 상대 논리의 구조화, 구체적인 생각, 타인에 대한 이해, 설득

ⓛ **논리적 사고 개발 방법**
- 피라미드 구조 : 하위의 사실이나 현상부터 사고하여 상위의 주장을 만들어가는 방법
- so what기법 : '그래서 무엇이지?'하고 자문자답하여 주어진 정보로부터 가치 있는 정보를 이끌어내는 사고 기법

③ **비판적 사고** … 어떤 주제나 주장에 대해서 적극적으로 분석하고 종합하며 평가하는 능동적인 사고이다.

ⓖ **비판적 사고 개발 태도** : 비판적 사고를 개발하기 위해서는 지적 호기심, 객관성, 개방성, 융통성, 지적 회의성, 지적 정직성, 체계성, 지속성, 결단성, 다른 관점에 대한 존중과 같은 태도가 요구된다.

ⓛ 비판적 사고를 위한 태도

- 문제의식 : 비판적인 사고를 위해서 가장 먼저 필요한 것은 바로 문제의식이다. 자신이 지니고 있는 문제와 목적을 확실하고 정확하게 파악하는 것이 비판적인 사고의 시작이다.
- 고정관념 타파 : 지각의 폭을 넓히는 일은 정보에 대한 개방성을 가지고 편견을 갖지 않는 것으로 고정관념을 타파하는 일이 중요하다.

(2) 문제처리능력과 문제해결절차

① 문제처리능력 … 목표와 현상을 분석하고 이를 토대로 문제를 도출하여 최적의 해결책을 찾아 실행 · 평가하는 능력이다.

② 문제해결절차 … 문제 인식 → 문제 도출 → 원인 분석 → 해결안 개발 → 실행 및 평가

ⓐ 문제 인식 : 문제해결과정 중 'waht'을 결정하는 단계로 환경 분석 → 주요 과제 도출 → 과제 선정의 절차를 통해 수행된다.

- 3C 분석 : 환경 분석 방법의 하나로 사업환경을 구성하고 있는 요소인 자사(Company), 경쟁사(Competitor), 고객(Customer)을 분석하는 것이다.

예제 3

L사에서 주력 상품으로 밀고 있는 TV의 판매 이익이 감소하고 있는 상황에서 귀하는 B부장으로부터 3C분석을 통해 해결방안을 강구해 오라는 지시를 받았다. 다음 중 3C에 해당하지 않는 것은?

① Customer   ② Company
③ Competitor   ④ Content

[출제의도]
3C의 개념과 구성요소를 정확히 숙지하고 있는지를 측정하는 문항이다.
[해설]
3C 분석에서 사업 환경을 구성하고 있는 요소인 자사(Company), 경쟁사(Competitor), 고객을 3C (Customer)라고 한다. 3C 분석에서 고객 분석에서는 '고객은 자사의 상품 · 서비스에 만족하고 있는지를, 자사 분석에서는 '자사가 세운 달성 목표와 현상 간에 차이가 없는지를 경쟁사 분석에서는 '경쟁기업의 우수한 점과 자사의 현상과 차이가 없는지에 대한 질문을 통해서 환경을 분석하게 된다.

답 ④

- SWOT 분석 : 기업내부의 강점과 약점, 외부환경의 기회와 위협요인을 분석·평가하여 문제해결 방안을 개발하는 방법이다.

		내부환경요인	
		강점(Strengths)	약점(Weaknesses)
외부환경요인	기회 (Opportunities)	SO 내부강점과 외부기회 요인을 극대화	WO 외부기회를 이용하여 내부약점을 강점으로 전환
	위협 (Threat)	ST 외부위협을 최소화하기 위해 내부강점을 극대화	WT 내부약점과 외부위협을 최소화

ⓛ **문제 도출** : 선정된 문제를 분석하여 해결해야 할 것이 무엇인지를 명확히 하는 단계로, 문제 구조 파악 → 핵심 문제 선정 단계를 거쳐 수행된다.

- Logic Tree : 문제의 원인을 파고들거나 해결책을 구체화할 때 제한된 시간 안에서 넓이와 깊이를 추구하는데 도움이 되는 기술로 주요 과제를 나무모양으로 분해·정리하는 기술이다.

ⓒ **원인 분석** : 문제 도출 후 파악된 핵심 문제에 대한 분석을 통해 근본 원인을 찾는 단계로 Issue 분석 → Data 분석 → 원인 파악의 절차로 진행된다.

ⓔ **해결안 개발** : 원인이 밝혀지면 이를 효과적으로 해결할 수 있는 다양한 해결안을 개발하고 최선의 해결안을 선택하는 것이 필요하다.

ⓜ **실행 및 평가** : 해결안 개발을 통해 만들어진 실행계획을 실제 상황에 적용하는 활동으로 실행계획 수립 → 실행 → Follow-up의 절차로 진행된다.

예제 4

C사는 최근 국내 매출이 지속적으로 하락하고 있어 사내 분위기가 심상치 않다. 이에 대해 Y부장은 이 문제를 극복하고자 문제처리 팀을 구성하여 해결방안을 모색하도록 지시하였다. 문제처리 팀의 문제해결 절차를 올바른 순서로 나열한 것은?

① 문제 인식 → 원인 분석 → 해결안 개발 → 문제 도출 → 실행 및 평가
② 문제 도출 → 문제 인식 → 해결안 개발 → 원인 분석 → 실행 및 평가
③ 문제 인식 → 원인 분석 → 문제 도출 → 해결안 개발 → 실행 및 평가
④ 문제 인식 → 문제 도출 → 원인 분석 → 해결안 개발 → 실행 및 평가

[출제의도]
실제 업무 상황에서 문제가 일어났을 때 해결 절차를 알고 있는지를 측정하는 문항이다.
[해설]
일반적인 문제해결절차는 '문제 인식 → 문제 도출 → 원인 분석 → 해결안 개발 → 실행 및 평가'로 이루어진다.

답 ④

1 다음 〈표〉는 주식매매 수수료율과 증권거래세율에 대한 자료이다. 주식매매 수수료는 주식 매도 시 매도자에게, 매수 시 매수자에게 부과되며 증권거래세는 주식 매도 시에만 매도자에게 부과된다고 할 때, 이에 대한 〈보기〉의 설명 중 옳은 것을 모두 고르면?

〈표 1〉 주식매매 수수료율과 증권거래세율

(단위 : %)

구분 \ 연도	2001	2003	2005	2008	2011
주식매매 수수료율	0.1949	0.1805	0.1655	0.1206	0.0993
유관기관 수수료율	0.0109	0.0109	0.0093	0.0075	0.0054
증권사 수수료율	0.1840	0.1696	0.1562	0.1131	0.0939
증권거래세율	0.3	0.3	0.3	0.3	0.3

〈표 2〉 유관기관별 주식매매 수수료율

(단위 : %)

유관기관 \ 연도	2001	2003	2005	2008	2011
한국거래소	0.0065	0.0065	0.0058	0.0045	0.0032
예탁결제원	0.0032	0.0032	0.0024	0.0022	0.0014
금융투자협회	0.0012	0.0012	0.0011	0.0008	0.0008
합계	0.0109	0.0109	0.0093	0.0075	0.0054

※ 주식거래 비용 = 주식매매 수수료 + 증권거래세
※ 주식매매 수수료 = 주식매매 대금 × 주식매매 수수료율
※ 증권거래세 = 주식매매 대금 × 증권거래세율

⊙ 2001년에 '갑'이 주식을 매수한 뒤 같은 해에 동일한 가격으로 전량 매도했을 경우, 매수 시 주식거래 비용과 매도 시 주식거래 비용의 합에서 증권사 수수료가 차지하는 비중은 50%를 넘지 않는다.

ⓒ 2005년에 '갑'이 1,000만원 어치의 주식을 매수할 때 '갑'에게 부과되는 주식매매 수수료는 16,550원이다.

ⓒ 모든 유관기관은 2011년 수수료율을 2008년보다 10% 이상 인하하였다.

ⓔ 2011년에 '갑'이 주식을 매도할 때 '갑'에게 부과되는 주식거래 비용에서 유관기관 수수료가 차지하는 비중은 2% 이하이다.

① ⊙, ⓒ   ② ⊙, ⓒ

③ ⓒ, ⓒ   ④ ⓒ, ⓔ

⑤ ⓒ, ⓔ

TIP 》 ⊙ 2001년에 '갑'이 x원어치의 주식을 매수한 뒤 같은 해에 동일한 가격으로 전량 매도했다고 하면, 주식을 매수할 때의 주식거래 비용은 $0.1949x$원이고 주식을 매도할 때의 주식거래 비용은 $0.1949x + 0.3x = 0.4949x$원으로 총 주식거래 비용의 합은 $0.6898x$원이다. 이 중 증권사 수수료는 $0.3680x$원으로 총 주식거래 비용의 50%를 넘는다.

ⓒ 금융투자협회의 2011년 수수료율은 0.0008%로 2008년과 동일하다.

2 다음 조건을 바탕으로 할 때, 김 교수의 연구실 위치한 건물과 오늘 갔던 서점이 위치한 건물을 순서대로 올바르게 짝지은 것은?

> • 최 교수, 김 교수, 정 교수의 연구실은 경영관, 문학관, 홍보관 중 한 곳에 있으며 서로 같은 건물에 있지 않다.
> • 이들은 오늘 각각 자신의 연구실이 있는 건물이 아닌 다른 건물에 있는 서점에 갔었으며, 서로 같은 건물의 서점에 가지 않았다.
> • 정 교수는 홍보관에 연구실이 있으며, 최 교수와 김 교수는 오늘 문학관 서점에 가지 않았다.
> • 김 교수는 정 교수가 오늘 갔던 서점이 있는 건물에 연구실이 있다.

① 문학관, 경영관
② 경영관, 문학관
③ 경영관, 홍보관
④ 문학관, 홍보관
⑤ 홍보관, 경영관

TIP 》 첫 번째와 두 번째 조건을 정리해 보면, 세 사람은 모두 각기 다른 건물에 연구실이 있으며, 오늘 갔던 서점도 서로 겹치지 않는 건물에 있다.
세 번째 조건에서 최 교수와 김 교수는 오늘 문학관 서점에 가지 않았다고 하였으므로 정 교수가 문학관 서점에 간 것을 알 수 있다. 즉, 정 교수는 홍보관에 연구실이 있고 문학관 서점에 갔다.
네 번째 조건에서 김 교수는 정 교수가 오늘 갔던 서점이 있는 건물에 연구실이 있다고 하였으므로 김 교수의 연구실은 문학관에 있고, 따라서 최 교수는 경영관에 연구실이 있다.
두 번째 조건에서 자신의 연구실이 있는 건물이 아닌 다른 건물에 있는 서점에 갔었다고 했으므로, 김 교수가 경영관 서점을 갔고 최 교수가 홍보관 서점을 간 것이 된다. 이를 표로 나타내면 다음과 같다.

교수	정 교수	김 교수	최 교수
연구실	홍보관	문학관	경영관
서점	문학관	경영관	홍보관

▌3~4▐ 다음은 기업여신 상품설명서의 일부이다. 물음에 답하시오.

1. 연체이자율(지연배상금률)

(1) 연체이자율은 [여신이자율 + 연체기간별 연체가산이자율]로 적용한다.

   연체가산이자율은 연체기간별로 다음과 같이 적용하며 연체 기간에 따라 구분하여 부과하는 방식(계단방식)을 적용한다.

   • 연체기간이 30일 이하 : 연 6%

   • 연체기간이 31일 이상 90일 이하일 경우 : 연 7%

   • 연체기간이 91일 이상 : 연 8%

(2) 연체이자율은 최고 15%로 한다.

(3) 연체이자(지연배상금)을 내야 하는 경우

   • 「이자를 납입하기로 약정한 날」에 납입하지 아니한 때

   이자를 납입하여야 할 날의 다음날부터 14일까지는 내야 할 약정이자에 대해 연체이자가 적용되고, 14일이 경과하면 기한이익상실로 인해 여신원금에 연체이율을 곱한 연체이자를 내야 한다.

(예시) 원금 1억 2천만 원, 약정이자율 연 5%인 여신의 이자(50만 원)를 미납하여 연체가 발생하고, 연체 발생 후 31일 시점에 납부할 경우 연체이자(일시상환)

연체기간	계산방법	연체이자
연체발생~14일분	지체된 약정이자(50만 원)×연 11%(5%+6%)×14/365	2,109원
연체 15일~30일분	원금(1억 2천만 원)×연 11%(5%+6%)×16/365	578,630원
계		580,739원

* 기한이익상실 전 발생한 약정이자는 별도
* 위 내용은 이해를 돕기 위해 연체이자만을 단순하게 계산한 예시임. 연체이자는 여신조건, 여신종류 등에 따라 달라질 수 있으며 실제 납부금액은 연체이자에 약정이자를 포함하여 계산됨

   • 「원금을 상환하기로 약정한 날」에 상환하지 아니한 때

   원금을 상환하여야 할 날의 다음날부터는 여신원금에 대한 연체이자를 내야 한다.

   • 「분할상환금(또는 분할상환 원리금)을 상환하기로 한 날」에 상환하지 아니한 때

   분할상환금(또는 분할상환 원리금)을 상환하여야 할 날의 다음날부터는 해당 분할상환금(또는 분할상환 원리금)에 대한 연체이자를, 2회 이상 연속하여 지체한 때에는 기한이익상실로 인해 여신원금에 대한 연체이자를 내야 한다.

ANSWER 〉 2.①

2. 유의사항

(1) 여신기한 전에 채무를 상환해야 하는 경우

채무자인 고객 소유의 예금, 담보 부동산에 법원이나 세무서 등으로부터의 (가)압류명령 등이 있는 때에는 은행으로부터 별도 청구가 없더라도 모든 여신(또는 해당 여신)을 여신기한에 이르기 전임에도 불구하고 곧 상환해야 한다.

(2) 금리인하요구권

채무자는 본인의 신용상태가 호전되거나 담보가 보강되었다고 인정되는 경우(회사채 등급 상승, 재무상태 개선, 특허취득, 담보제공 등)에는 증빙자료를 첨부한 금리인하신청서를 은행에 제출, 금리변경을 요구할 수 있다.

3 분할상환금을 2회 이상 연속하여 상환하지 아니한 경우에는 어떻게 되는가?

① 해당 분할상환금에 대한 연체이자를 내야 한다.
② 기한이익상실로 인해 여신원금에 대한 연체이자를 내야 한다.
③ 증빙자료를 첨부한 금리인하신청서를 은행에 제출하여야 한다.
④ 은행으로부터 별도 청구가 없더라도 모든 여신(또는 해당 여신)을 여신기한에 이르기 전임에도 불구하고 곧 상환해야 한다.
⑤ 내야 할 약정이자에 대한 연체이자를 내야 한다.

> **TIP 》** ① 분할상환금을 상환하기로 한 날에 1회 상환하지 아니한 때에 해당한다.
> ③ 금리인하를 요구할 경우에 해당한다.
> ④ 채무자인 고객 소유의 예금, 담보 부동산에 법원이나 세무서 등으로부터의 (가)압류명령 등이 있는 때에 해당한다.
> ⑤ 이자를 납입하기로 약정한 날에 납입하지 아니한 때에 해당한다.

4 원금 1억 5천만 원, 약정이자율 연 5%인 여신의 이자(62만 5천 원)를 미납하여 연체가 발생하고, 연체 발생 후 31일 시점에 납부할 경우 실제 납부금액은 얼마인가?

① 1,150,923원   ② 1,250,923원
③ 1,350,923원   ④ 1,450,923원
⑤ 1,550,923원

> **TIP 》** • 연체발생 ~ 14일분 : 지체된 약정이자(62만 5천 원) × 연 11%(5% + 6%) × 14/365 = 2,636원
> • 연체 15일 ~ 30일분 : 원금(1억 5천만 원) × 연 11%(5% + 6%) × 16/365 = 723,287원
> • 연체이자 : 2,636 + 723,287 = 725,923(원)
> 실제 납부금액은 연체이자에 약정이자를 포함하여 계산되므로 725,923+625,000=1,350,923(원)이 된다.

5 다음에 주어진 조건이 모두 참일 때 옳은 결론을 고르면?

> • A, B, C, D, E가 의자가 6개 있는 원탁에서 토론을 한다.
> • 어느 방향이든 A와 E 사이에는 누군가가 앉는다.
> • D 맞은 편에는 누구도 앉아 있지 않다.
> • A와 B는 서로 마주보고 앉는다.
> • C 주변에는 자리가 빈 곳이 하나 있다.

> A : A와 E 사이에 있는 사람이 적은 방향은 한 명만 사이에 있다.
> B : A와 D는 서로 떨어져 있다.

① A만 옳다.
② B만 옳다.
③ A와 B 모두 옳다.
④ A와 B 모두 그르다.
⑤ A와 B 모두 옳은지 그른지 알 수 없다.

    TIP 》 다음과 같은 배치로 생각할 수 있다. A와 D는 서로 붙어 있다.

6 다음 내용과 전투능력을 가진 생존자 현황을 근거로 판단할 경우 생존자들이 탈출할 수 있는 경우로 옳은 것은? (단, 다른 조건은 고려하지 않는다)

- 좀비 바이러스에 의해 라쿤 시티에 거주하던 많은 사람들이 좀비가 되었다. 건물에 갇힌 생존자들은 동, 서, 남, 북 4개의 통로를 이용해 5명씩 탈출을 시도한다. 탈출은 통로를 통해서만 가능하며, 한 쪽 통로를 선택하면 되돌아올 수 없다.
- 동쪽 통로에 11마리, 서쪽 통로에 7마리, 남쪽 통로에 11마리, 북쪽 통로에 9마리의 좀비들이 있다. 선택한 통로의 좀비를 모두 제거해야만 탈출할 수 있다.
- 남쪽 통로의 경우, 통로 끝이 막혀 탈출을 할 수 없지만 팀에 폭파전문가가 있다면 다이너마이트를 사용하여 막힌 통로를 뚫고 탈출할 수 있다.
- 전투란 생존자가 좀비를 제거하는 것을 의미하며 선택한 통로에서 일시에 이루어진다.
- 전투능력은 정상인 건강상태에서 해당 생존자가 전투에서 제거하는 좀비의 수를 의미하며, 질병이나 부상상태인 사람은 그 능력이 50%로 줄어든다.
- 전투력 강화에는 건강상태가 정상인 생존자들 중 1명에게만 사용할 수 있으며, 전투능력을 50% 향상시킨다. 사용 가능한 대상은 의사 혹은 의사의 팀 내 구성원이다.
- 생존자의 직업은 다양하며, 아이와 노인은 전투능력과 보유품목이 없고 건강상태는 정상이다.

전투능력을 가진 생존자 현황

직업	인원	전투능력	건강상태	보유품목
경찰	1명	6	질병	–
헌터	1명	4	정상	–
의사	1명	2	정상	전투력 강화제 1개
사무라이	1명	8	정상	–
폭파전문가	1명	4	부상	다이너마이트

	탈출 통로	팀 구성 인원
①	동쪽 통로	폭파전문가 – 사무라이 – 노인 3명
②	서쪽 통로	헌터 – 경찰 – 아이 2명 – 노인
③	남쪽 통로	헌터 – 폭파전문가 – 아이 – 노인 2명
④	북쪽 통로	경찰 – 의사 – 아이 2명 – 노인
⑤	남쪽 통로	폭파전문가 – 사무라이 – 의사 – 아이

TIP 》 실제 전투능력을 정리하면 경찰(3), 헌터(4), 의사(2), 사무라이(8), 폭파전문가(2)이다.

이를 토대로 탈출 통로의 좀비수와 처치 가능 좀비수를 계산해 보면

- 동쪽 통로 11마리 좀비
  폭파전문가(2), 사무라이(8)하면 10마리의 좀비를 처치 가능
- 서쪽 통로 7마리 좀비
  헌터(4), 경찰(3)하면 7마리의 좀비 모두 처치 가능
- 남쪽 통로 11마리 좀비
  헌터(4), 폭파전문가(2) 6마리의 좀비 처치 가능
- 북쪽 통로 9마리 좀비
  경찰(3), 의사(2)-전투력 강화제(1) 6마리의 좀비 처치 가능
- ⑤는 5명씩 탈출을 시도한다는 전제 족건에 위반된다.

▌7~8▐ 다음은 블루투스 이어폰을 구매하기 위하여 전자제품 매장을 찾은 K씨가 제품 설명서를 보고 점원과 나눈 대화와 설명서 내용의 일부이다. 다음을 보고 이어지는 물음에 답하시오.

K씨 : "블루투스 이어폰을 좀 사려고 합니다."

점원 : "네 고객님, 어떤 조건을 원하시나요?"

K씨 : "제 것과 친구에게 선물할 것 두 개를 사려고 하는데요, 두 개 모두 가볍고 배터리 사용시간이 좀 길었으면 합니다. 무게는 42g까지가 적당할 거 같고요, 저는 충전시간이 짧으면서도 통화시간이 긴 제품을 원해요. 선물하려는 제품은요, 일주일에 한 번만 충전해도 통화시간이 16시간은 되어야 하고, 음악은 운동하면서 매일 하루 1시간씩만 들을 수 있으면 돼요. 스피커는 고감도인 게 더 낫겠죠."

점원 : "그럼 고객님께는 (   )모델을, 친구 분께 드릴 선물로는 (   )모델을 추천해 드립니다."

〈제품 사양서〉

구분	무게	충전시간	통화시간	음악재생시간	스피커 감도
A모델	40.0g	2.2H	15H	17H	92db
B모델	43.5g	2.5H	12H	14H	96db
C모델	38.4g	3.0H	12H	15H	94db
D모델	42.0g	2.2H	13H	18H	85db

※ A, B모델 : 통화시간 1시간 감소 시 음악재생시간 30분 증가

※ C, D모델 : 음악재생시간 1시간 감소 시 통화시간 30분 증가

ANSWER 〉 6.②

7 다음 중 위 네 가지 모델에 대한 설명으로 옳은 것을 〈보기〉에서 모두 고르면?

〈보기〉

(가) 충전시간 당 통화시간이 긴 제품일수록 음악재생시간이 길다.

(나) 충전시간 당 통화시간이 5시간 이상인 것은 A, D모델이다.

(다) A모델은 통화에, C모델은 음악재생에 더 많은 배터리가 사용된다.

(라) B모델의 통화시간을 10시간으로 제한하면 음악재생시간을 C모델과 동일하게 유지할 수 있다.

① (가), (나)　　　　　　　　　　　　　② (나), (라)

③ (다), (라)　　　　　　　　　　　　　④ (가), (다)

⑤ (나), (다)

TIP 》 (가) 충전시간 당 통화시간은 A모델 6.8H > D모델 5.9H > B모델 4.8H > C모델 4.0H 순이다. 음악재생시간은 D모델 > A모델 > C모델 > B모델 순으로 그 순위가 다르다. (X)

　　　　(나) 충전시간 당 통화시간이 5시간 이상인 것은 A모델 6.8H과 D모델 5.9H이다. (O)

　　　　(다) 통화 1시간을 감소하여 음악재생 30분의 증가 효과가 있다는 것은 음악재생에 더 많은 배터리가 사용된다는 것을 의미하므로 A모델은 음악재생에, C모델은 통화에 더 많은 배터리가 사용된다. (X)

　　　　(라) B모델은 통화시간 1시간 감소 시 음악재생시간 30분이 증가한다. 현행 12시간에서 10시간으로 통화시간을 2시간 감소시키면 음악재생시간이 1시간 증가하여 15시간이 되므로 C모델과 동일하게 된다. (O)

8 다음 중 점원이 K씨에게 추천한 빈칸의 제품이 순서대로 올바르게 짝지어진 것은 어느 것인가?

	K씨	선물			K씨	선물
①	C모델	A모델		②	C모델	D모델
③	A모델	C모델		④	A모델	B모델
⑤	B모델	C모델				

TIP 》 두 개의 제품 모두 무게가 42g 이하여야 하므로 B모델은 제외된다. K씨는 충전시간이 짧고 통화시간이 길어야 한다는 조건만 제시되어 있으므로 나머지 세 모델 중 A모델이 가장 적절하다.

친구에게 선물할 제품은 통화시간이 16시간이어야 하므로 통화시간을 더 늘릴 수 없는 A모델은 제외되어야 한다. 나머지 C모델, D모델은 모두 음악재생시간을 조절하여 통화시간을 16시간으로 늘릴 수 있으며 이때 음악재생시간 감소는 C, D모델이 각각 8시간(통화시간 4시간 증가)과 6시간(통화시간 3시간 증가)이 된다. 따라서 두 모델의 음악재생 가능시간은 15 − 8 = 7시간, 18 − 6 = 12시간이 된다. 그런데 일주일 1회 충전하여 매일 1시간씩의 음악을 들을 수 있으면 된다고 하였으므로 7시간 이상의 음악재생시간이 필요하지는 않으며, 7시간만 충족될 경우 고감도 스피커 제품이 더 낫다고 요청하고 있다. 따라서 D모델보다 C모델이 더 적절하다는 것을 알 수 있다.

9 다음에 주어진 조건이 모두 참일 때 옳은 결론을 고르면?

> • 민지, 영수, 경호 3명이 1층에서 엘리베이터를 탔다. 5층에서 한 번 멈추었다.
> • 3명은 나란히 서 있었다.
> • 5층에서 맨 오른쪽에 서 있던 영수가 내렸다.
> • 민지는 맨 왼쪽에 있지 않다.

> A : 5층에서 엘리베이터가 다시 올라갈 때 경호는 맨 오른쪽에 서 있게 된다.
> B : 경호 바로 옆에는 항상 민지가 있었다.

① A만 옳다.

② B만 옳다.

③ A와 B 모두 옳다.

④ A와 B 모두 그르다.

⑤ A와 B 모두 옳은지 그른지 알 수 없다.

> **TIP 》** 맨 오른쪽에 서 있던 것은 영수이고, 민지는 맨 왼쪽에 있지 않았으므로, 경호, 민지, 영수의 순으로 서 있었다는 것을 알 수 있다. 5층에서 영수가 내리고 엘리베이터가 다시 올라갈 때 경호는 맨 왼쪽에 서 있게 된다.

10 한국전자는 영업팀 6명의 직원(A~F)과 관리팀 4명의 직원(갑~정)이 매일 각 팀당 1명씩 총 2명이 당직 근무를 선다. 2일 날 A와 갑 직원이 당직 근무를 서고 팀별 순서(A~F, 갑~정)대로 돌아가며 근무를 선다면, E와 병이 함께 근무를 서는 날은 언제인가? (단, 근무를 서지 않는 날은 없다고 가정한다)

① 10일

② 11일

③ 12일

④ 13일

⑤ 14일

TIP 》 주어진 조건에 따라 선택지의 날짜에 해당하는 당직 근무표를 정리해 보면 다음과 같다.

구분	갑	을	병	정
A	2일, 14일		8일	
B		3일		9일
C	10일		4일	
D		11일		5일
E	6일		12일	
F		7일		13일

따라서 A와 갑이 2일 날 당직 근무를 섰다면 E와 병은 12일 날 당직 근무를 서게 된다.

11 A와 B가 다음과 같은 규칙으로 게임을 하였다. 규칙을 참고할 때, 두 사람 중 점수가 낮은 사람은 몇 점인가?

- 이긴 사람은 4점, 진 사람은 2점의 점수를 얻는다.
- 두 사람의 게임은 모두 20회 진행되었다.
- 20회의 게임 후 두 사람의 점수 차이는 12점이었다.

① 50점

② 52점

③ 54점

④ 56점

⑤ 58점

TIP 》 첫 번째와 두 번째 규칙에 따라 두 사람의 점수 총합은 $4 \times 20 + 2 \times 20 = 120$점이 된다. 이 때 두 사람 중 점수가 더 낮은 사람의 점수를 x점이라고 하면, 높은 사람의 점수는 $120 - x$점이 되므로 $120 - x = x + 12$가 성립한다.

따라서 $x = 54$이다.

12 다음은 K은행에서 판매하는 일부 금융상품의 대출대상을 나타낸 표이다. 보기에 나와 있는 경수에게 적당한 상품은 무엇인가?

상품명	대출대상
우수고객 인터넷 무보증 신용대출	K은행 PB고객 및 가족 고객
예·적금/신탁 담보대출	K은행 인터넷뱅킹 가입자로서 본인 명의의 예·적금/신탁을 담보로 인터넷뱅킹 상에서 대출을 받고자 하는 고객
신나는 직장인 대출	공무원, 사립학교 교직원, 당행이 선정한 우량기업에 3개월 이상 정규직으로 재직 중인 급여소득자. 단, 당행 여신취급제한자 제외
K 튼튼 직장인 대출	• K은행에서 선정한 대기업, 중견기업, 금융기관 등에 6개월 이상 재직하고 있는 고객 • 연간 소득 3천만 원 이상인 고객 (단, K은행의 여신취급제한자에 해당하는 고객은 제외됨)
샐러리맨 우대대출	• 일반기업체에 정규직 급여소득자로 1년 이상 재직하고 있는 고객. 단, 사업주 및 법인대표자 제외 • 연간 소득이 2,000만 원 이상인 고객

〈보기〉

경수는 인공지능을 연구하는 조그마한 회사에 다니는 직장인으로 어느 덧 회사에 정규직으로 입사한 지 1년 6개월이 되었다. 그가 다니는 회사는 이제 막 성장한 소규모 회사로 그는 현재 대기업에 입사한 친구들보다 훨씬 적은 연봉 2,400만 원을 받고 있다.

① 우수고객 인터넷 무보증 신용대출
② 예·적금/신탁 담보대출
③ 신나는 직장인 대출
④ K 튼튼 직장인 대출
⑤ 샐러리맨 우대대출

TIP 》 경수는 일반기업체에 정규직으로 입사한 지 1년 이상 되었으며 연 소득도 2,000만 원 이상이므로 '샐러리맨 우대대출' 상품이 적당하다.

ANSWER 〉 10.③ 11.③ 12.⑤

┃13~14┃ 다음은 K은행에서 실시하고 있는 해외송금서비스에 대한 상품설명서 중 거래조건에 관한 내용이다. 물음에 답하시오.

〈거래조건〉

구분	내용		
가입대상	당행을 거래외국환은행으로 지정한 실명의 개인(외국인 포함)		
송금항목 및 송금한도	송금항목	건당 한도	연간 한도
	거주자 지급증빙서류 미제출 송금	3만 불	5만 불
	유학생 또는 해외체재비 송금	5만 불	제한 없음
	외국인(비거주자) 국내 보수 송금 등	3만 불	5만 불 또는 한도등록금액 이내
인출계좌	원화 입출식 보통예금(해외송금전용통장)		
처리기준	송금처리일	영업일	비영업일
	출금시간	10시, 12시, 14시, 16시, 19시	익영업일 10시
	출금금액	• 각 처리시간 송금전용통장의 잔액 전체(송금액과 수수료를 합한 금액을 출금) • 송금전용통장에 잔액이 10만원 미만인 경우 송금 불가	
	적용환율	출금 당시 당행 고시 전신환매도율	
	* 매 영업일 19시 출금 건에 대한 송금처리는 익영업일 10시에 처리됨		
기타	• 건당 한도 초과 입금 시에는 한도금액 이내로 송금되며 초과 입금분은 다음 처리시간에 잔액에 합산하여 해외송금 처리 • 송금전용계좌 지급정지 및 압류, 송금한도초과, 송금정보 오류 시 송금불가		

13 경진은 유학차 외국에 나가있는 아들을 위해 용돈을 보내주려고 한다. 위의 해외송금서비스를 이용할 경우 그녀는 건당 최대 얼마까지 보낼 수 있는가? (단, 화폐 단위는 만 불이다)

① 1만 불

② 2만 불

③ 3만 불

④ 5만 불

⑤ 제한 없음

TIP 》 ④ '유학생 또는 해외체재비 송금'을 목적으로 할 경우 건당 한도는 '5만 불'이다.

14 경진은 4월 9일 토요일에 외국으로 유학을 간 아들에게 용돈을 보내주기 위해 돈을 송금하려고 했지만 집안 일로 인해 19시가 되어서야 겨우 송금을 할 수 있었다. 이 경우 경진의 송금액은 언제 출금되는가?

① 4월 9일 19시

② 4월 10일 10시

③ 4월 10일 12시

④ 4월 10일 19시

⑤ 4월 11일 10시

TIP 》 ⑤ 경진은 비영업일(토요일)에 송금을 했으므로 송금액은 익영업일인 4월 11일 월요일 10시에 출금된다.

15 A, B, C, D, E 다섯 명 중 출장을 가는 사람이 있다. 출장을 가는 사람은 반드시 참을 말하고, 출장에 가지 않는 사람은 반드시 거짓을 말한다. 다음과 같이 각자 말했을 때 항상 참인 것은?

> • A : E가 출장을 가지 않는다면, D는 출장을 간다.
> • B : D가 출장을 가지 않는다면, A는 출장을 간다.
> • C : A는 출장을 가지 않는다.
> • D : 2명 이상이 출장을 간다.
> • E : C가 출장을 산다면 A도 출장을 간다.

① 최소 1명, 최대 3명이 출장을 간다.
② C는 출장을 간다.
③ E는 출장을 가지 않는다.
④ A와 C는 같이 출장을 가거나, 둘 다 출장을 가지 않는다.
⑤ A가 출장을 가면 B도 출장을 간다.

　　TIP 》 C의 진술이 참이면 C는 출장을 간다. 그러나 C의 진술이 참이면 A는 출장을 가지 않고 A의 진술은 거짓이 된다. A의 진술이 거짓이 되면 그 부정은 참이 된다. 그러므로 D, E 두 사람은 모두 출장을 가지 않는다. 또한 D, E의 진술은 거짓이 된다.
　　D의 진술이 거짓이 되면 실제 출장을 가는 사람은 2명 미만이 된다. 그럼 출장을 가는 사람은 한 사람 또는 한 사람도 없는 것이 된다.
　　E의 진술이 거짓이 되면 C가 출장을 가고 A는 안 간다. 그러므로 E의 진술도 거짓이 된다.
　　그러면 B의 진술도 거짓이 된다. D, A는 모두 출장을 가지 않는다. 그러면 C만 출장을 가게 되고 출장을 가는 사람은 한 사람이다.
　　만약 C의 진술이 거짓이라면 출장을 가는 사람은 2명 미만이어야 한다. 그런데 이미 A가 출장을 간다고 했으므로 B, E의 진술은 모두 거짓이 된다. B 진술의 부정은 D가 출장을 가지 않고 A도 출장을 가지 않는 것이므로 거짓이 된다. 그러면 B의 진술도 참이 되어 B가 출장을 가야 한다. 그러면 D의 진술이 거짓인 경가 존재하지 않게 되므로 모순이 된다. 그럼 D의 진술이 참인 경우를 생각하면 출장을 가는 사람은 A, D 이므로 이미 출장 가는 사람은 2명 이상이 된다. 그러면 B, D의 진술의 진위여부를 가리기 어려워진다.

16 빵, 케이크, 마카롱, 쿠키를 판매하고 있는 달콤 베이커리 프랜차이즈에서 최근 각 지점 제품을 섭취하고 복숭아 알레르기가 발생했다는 민원이 제기되었다. 해당 제품에는 모두 복숭아가 들어가지 않지만, 복숭아를 사용한 제품과 인접 시설에서 제조하고 있다. 아래의 사례를 참고할 때 다음 중 반드시 거짓인 경우는?

- 복숭아 알레르기 유발 원인이 된 제품은 빵, 케이크, 마카롱, 쿠키 중 하나이다.
- 각 지점에서 복숭아 알레르기가 있는 손님이 섭취한 제품과 알레르기 유무는 아래와 같다.

광화문점	빵과 케이크를 먹고 마카롱과 쿠키를 먹지 않은 경우, 알레르기가 발생했다.
종로점	빵과 마카롱을 먹고 케이크와 쿠키를 먹지 않은 경우, 알레르기가 발생하지 않았다.
대학로점	빵과 쿠키를 먹고 케이크와 마카롱을 먹지 않은 경우 알레르기가 발생했다.
홍대점	케이크와 마카롱을 먹고 빵과 쿠키를 먹지 않은 경우 알레르기가 발생했다.
상암점	케이크와 쿠키를 먹고 빵과 마카롱을 먹지 않은 경우 알레르기가 발생하지 않았다.
강남점	마카롱과 쿠키를 먹고 빵과 케이크를 먹지 않은 경우 알레르기가 발생하지 않았다.

---

① 광화문점, 종로점, 홍대점의 사례만을 고려하면 케이크가 알레르기의 원인이다.
② 광화문점, 대학로점, 상암점의 사례만을 고려하면, 빵이 알레르기의 원인이다.
③ 종로점, 홍대점, 강남점의 사례만을 고려하면, 케이크가 알레르기의 원인이다.
④ 대학로점, 홍대점, 강남점의 사례만을 고려하면, 마카롱이 알레르기의 원인이다.
⑤ 대학로점, 상암점, 강남점의 사례만을 고려하면, 빵이 알레르기의 원인이다.

> **TIP 》** ④ 대학로점 손님은 마카롱을 먹지 않은 경우에도 알레르기가 발생했고, 강남점 손님은 마카롱을 먹고도 알레르기가 발생하지 않았다. 따라서 대학로점, 홍대점, 강남점의 사례만을 고려하면 마카롱이 알레르기 원인이라고 볼 수 없다.

17 다음 패스워드 생성규칙에 대한 글을 참고할 때, 권장규칙에 따른 가장 적절한 패스워드로 볼 수 있는 것은?

패스워드를 설정할 때에는 한국인터넷진흥원의 『암호이용안내서』의 패스워드 생성규칙을 적용하는 것이 안전하다. 또한 패스워드 재설정/변경 시 안전하게 변경할 수 있는 규칙을 정의해서 적용해야 한다. 다음은 『암호이용안내서』의 패스워드 생성규칙에서 규정하고 있는 안전하지 않은 패스워드에 대한 사례이다.

• 패턴이 존재하는 패스워드
– 동일한 문자의 반복
  ex) aaabbb, 123123
– 키보드 상에서 연속한 위치에 존재하는 문자들의 집합
  ex) qwerty, asdfgh
– 숫자가 제일 앞이나 제일 뒤에 오는 구성의 패스워드
  ex) security1, may12
• 숫자와 영단어를 서로 교차하여 구성한 형태의 패스워드
• 영문자 'O'를 숫자 '0'으로, 영문자 'i'를 숫자 '1'로 치환하는 등의 패스워드
• 특정 인물의 이름을 포함한 패스워드
– 사용자 또는 사용자 이외의 특정 인물, 유명인, 연예인 등의 이름을 포함하는 패스워드
• 한글발음을 영문으로, 영문단어의 발음을 한글로 변형한 형태의 패스워드
– 한글의 '사랑'을 영어 'SaRang'으로 표기, 영문자 'LOVE'의 발음을 한글 '러브'로 표기

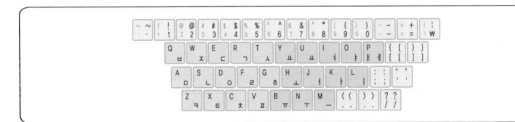

① {CVBN35!}   ② jaop&*012

③ s5c6h7o8o9l0   ④ BO0K사랑

⑤ apl52@새95!?

TIP 》 보기 ⑤의 패스워드는 권장규칙에 어긋나는 패턴이 없으므로 가장 적절하다고 볼 수 있다.
　　　① CVBN은 키보드 상에서 연속한 위치에 존재하는 문자들의 집합이다.
　　　② 숫자가 제일 앞이나 제일 뒤에 오며 연속되어 나타나는 패스워드이다.
　　　③ 영단어 'school'과 숫자 567890이 교차되어 나타나는 패턴의 패스워드이다.
　　　④ 'BOOK'라는 흔한 영단어의 'O'를 숫자 '0'으로 바꾼 경우에 해당된다.

18 다음에 주어진 조건이 모두 참일 때 옳은 결론을 고르면?

> • 김대리보다 큰 사람은 없다.
> • 박차장이 이과장보다 크다.
> • 박차장이 최부장보다는 크지 않다.

> A : 이과장이 가장 작다.
> B : 박차장은 세 번째로 크다.

① A만 옳다.
② B만 옳다.
③ A와 B 모두 옳다.
④ A와 B 모두 그르다.
⑤ A와 B 모두 옳은지 그른지 알 수 없다.

　　TIP 》　김대리＞최부장≥박차장＞이과장의 순이다.
　　　　　박차장이 최부장보다 크지 않다고 했으므로, 박차장이 최부장보다 작거나 둘의 키가 같을 수 있다. 따
　　　　　라서 B는 옳지 않다.

19 8층에서 엘리베이터를 타게 된 갑, 을, 병, 정, 무 5명은 5층부터 내리기 시작하여 마지막 다섯 번째 사람이 1층에서 내리게 되었다. 다음 〈조건〉을 만족할 때, 1층에서 내린 사람은 누구인가?

〈조건〉
- 2명이 함께 내린 층은 4층이며, 나머지는 모두 1명씩만 내렸다.
- 을이 내리기 직전 층에서는 아무도 내리지 않았다.
- 무는 정의 바로 다음 층에서 내렸다.
- 갑과 을은 1층에서 내리지 않았다.

① 갑   ② 을
③ 병   ④ 정
⑤ 무

　　TIP 》 문제의 내용과 조건의 내용에서 알 수 있는 것은 다음과 같다.
　　　　　• 5층과 1층에서는 적어도 1명이 내렸다.
　　　　　• 4층에서는 2명이 내렸다. → 2층 또는 3층 중 아무도 내리지 않은 층이 한 개 있다.
　　　　　그런데 네 번째 조건에 따라 을은 1층에서 내리지 않았고, 두 번째 조건에 따라 을이 내리기 직전 층에 서는 아무도 내리지 않아야 하므로, 을은 2층에서 내렸고 3층에서는 아무도 내리지 않은 것이 된다(∵ 2 층 또는 3층 중 아무도 내리지 않은 층이 한 개 있으므로)
　　　　　또한 무는 정의 바로 다음 층에서 내렸다는 세 번째 조건에 따르면, 정이 5층에서 내리고 무가 4층에 서 내린 것이 된다.
　　　　　네 번째 조건에서 갑은 1층에서 내리지 않았다고 하였으므로, 2명이 함께 내린 층인 4층에서 무와 함 께 내린 것이고, 결국 1층에서 내릴 수 있는 사람은 병이 된다.

20 다음 〈조건〉을 만족시키는 행운의 일곱 자리의 수 중, 가장 큰 수의 첫 번째와 마지막 숫자의 합은 얼마인가?

〈조건〉

- 일곱 자리 숫자를 모두 더하면 30이다.
- 가운데 숫자는 5이다.
- 일곱 자리에 같은 숫자를 두 번 이상 쓸 수 없다.
- 일곱 자리에 들어갈 수 있는 숫자 중 가장 큰 숫자가 맨 앞 숫자이다.
- 가운데 숫자와 그 오른쪽 숫자의 합은 첫 번째 숫자와 같다.
- 두 번째와 세 번째 숫자의 합은 여섯 번째 숫자와 같으며, 마지막 숫자는 그 숫자의 두 배이다.

① 12
② 14
③ 15
④ 16
⑤ 17

TIP 》 각 자리의 숫자를 순서대로 a, b, c, d, e, f, g라 하면, 네 번째 조건에 의해 a = 9임을 알 수 있다. (∵ 한 자리 숫자 중 가장 큰 숫자 = 9)

두 번째 조건에서 가운데 숫자는 5라고 하였으므로 d = 5이며, 다섯 번째 조건에서 가운데 숫자와 그 오른쪽 숫자(= e)의 합은 첫 번째 숫자와 같다고 하였으므로 5 + e = 9에 의해 e = 4가 된다.

마지막 조건에 따라 b + c = f, g = 2f가 성립하는데, 9, 5, 4를 제외한(∵ 일곱 자리에 같은 숫자를 두 번 이상 쓸 수 없기 때문에) 0, 1, 2, 3, 6, 7, 8 중 g = 2f를 만족할 수 있는 숫자는 (1, 2)의 조합과 (3, 6)의 조합이 있으나, (1, 2) 조합일 경우 f = 1이 되어 b + c = f의 조건을 만족할 수 없게 된다. 따라서 g = 6, f = 3이 되며, 이에 따라 b = 1, c = 2 또는 b = 2, c = 1이 된다.

따라서 행운의 일곱 자리의 수 중 가장 큰 수는 9215436이 되며, 첫 번째와 마지막 숫자의 합은 9 + 6 = 15가 됨을 알 수 있다.

21 다음 제시된 조건을 보고, 만일 영호와 옥숙을 같은 날 보낼 수 없다면, 목요일에 보내야 하는 남녀사원은 누구인가?

> 영업부의 박 부장은 월요일부터 목요일까지 매일 남녀 각 한 명씩 두 사람을 회사 홍보 행사 담당자로 보내야 한다. 영업부에는 현재 남자 사원 4명(길호, 철호, 영호, 치호)과 여자 사원 4명(영숙, 옥숙, 지숙, 미숙)이 근무하고 있으며, 다음과 같은 제약 사항이 있다.
>
> ㉠ 매일 다른 사람을 보내야 한다.
> ㉡ 치호는 철호 이전에 보내야 한다.
> ㉢ 옥숙은 수요일에 보낼 수 없다.
> ㉣ 철호와 영숙은 같이 보낼 수 없다.
> ㉤ 영숙은 지숙과 미숙 이후에 보내야 한다.
> ㉥ 치호는 영호보다 앞서 보내야 한다.
> ㉦ 옥숙은 지숙 이후에 보내야 한다.
> ㉧ 길호는 철호를 보낸 바로 다음 날 보내야 한다.

① 길호와 영숙   ② 영호와 영숙
③ 치호와 옥숙   ④ 길호와 옥숙
⑤ 영호와 미숙

TIP 》 남자사원의 경우 ㉡, ㉥, ㉧에 의해 다음과 같은 두 가지 경우가 가능하다.

	월요일	화요일	수요일	목요일
경우 1	치호	영호	철호	길호
경우 2	치호	철호	길호	영호

[경우 1]

옥숙은 수요일에 보낼 수 없고, 철호와 영숙은 같이 보낼 수 없으므로 옥숙과 영숙은 수요일에 보낼 수 없다. 또한 영숙은 지숙과 미숙 이후에 보내야 하고, 옥숙은 지숙 이후에 보내야 하므로 조건에 따르면 다음과 같다.

	월요일	화요일	수요일	목요일
남	치호	영호	철호	길호
여	지숙	옥숙	미숙	영숙

[경우 2]

		월요일	화요일	수요일	목요일
	남	치호	철호	길호	영호
경우 2-1	여	미숙	지숙	영숙	옥숙
경우 2-2	여	지숙	미숙	영숙	옥숙
경우 2-3	여	지숙	옥숙	미숙	영숙

문제에서 영호와 옥숙을 같이 보낼 수 없다고 했으므로, [경우 1], [경우 2-1], [경우 2-2]는 해당하지 않는다. 따라서 [경우 2-3]에 의해 목요일에 보내야 하는 남녀사원은 영호와 영숙이다.

22 고 대리, 윤 대리, 염 사원, 서 사원 중 1명은 갑작스런 회사의 사정으로 인해 오늘 당직을 서야 한다. 이들은 논의를 통해 당직자를 결정하였으나, 동료인 최 대리에게 다음 〈보기〉와 같이 말하였고, 이 중 1명만이 진실을 말하고, 3명은 거짓말을 하였다. 당직을 서게 될 사람과 진실을 말한 사람을 순서대로 알맞게 나열한 것은 어느 것인가?

〈보기〉

고 대리 : "윤 대리가 당직을 서겠다고 했어."
윤 대리 : "고 대리는 지금 거짓말을 하고 있어."
염 사원 : "저는 오늘 당직을 서지 않습니다, 최 대리님."
서 사원 : "당직을 서는 사람은 윤 대리님입니다."

① 고 대리, 서 사원
② 염 사원, 고 대리
③ 서 사원, 윤 대리
④ 염 사원, 윤 대리
⑤ 서 사원, 염 사원

TIP 》 이런 유형은 문제에서 제시한 상황, 즉 1명이 당직을 서는 상황을 각각 설정하여 1명만 진실이 되고 3명은 거짓말이 되는 경우를 확인하는 방식의 풀이가 유용하다. 각각의 경우, 다음과 같은 논리가 성립한다.
고 대리가 당직을 선다면, 진실을 말한 사람은 윤 대리와 염 사원이 된다.
윤 대리가 당직을 선다면, 진실을 말한 사람은 고 대리, 염 사원, 서 사원이 된다.
염 사원이 당직을 선다면, 진실을 말한 사람은 윤 대리가 된다.

23 다음에 주어진 조건이 모두 참일 때 옳은 결론을 고르면?

> • 모든 A는 B다.
> • 모든 B는 C이다.
> • 어떤 D는 B다.
> • 어떠한 E도 B가 아니다.

> A : 모든 A는 C다.
> B : 어떤 C는 B다.

① A만 옳다.

② B만 옳다.

③ A와 B 모두 옳다.

④ A와 B 모두 그르다.

⑤ A와 B 모두 옳은지 그른지 알 수 없다.

TIP 》 모든 A는 B이고, 모든 B는 C이므로 모든 A는 C이다. 또한 모든 B는 C라고 했으므로 어떤 C는 B이다. 따라서 모두 옳다.

24 다음 글을 근거로 판단할 때, 9월 17일(토)부터 책을 대여하기 시작한 甲이 마지막 편을 도서관에 반납할 요일은? (단, 다른 조건은 고려하지 않는다)

> 甲은 10편으로 구성된 위인전을 완독하기 위해 다음과 같이 계획하였다.
>
> 책을 빌리는 첫째 날은 한 권만 빌려 다음날 반납하고, 반납한 날 두 권을 빌려 당일 포함 2박 3일이 되는 날 반납한다. 이런 식으로 도서관을 방문할 때마다 대여하는 책의 수는 한 권씩 증가하지만, 대여 일수는 빌리는 책 권수를 n으로 했을 때 두 권 이상일 경우 $(2n-1)$의 규칙으로 증가한다.
>
> 예를 들어 3월 1일(월)에 1편을 빌렸다면 3월 2일(화)에 1편을 반납하고 그날 2, 3편을 빌려 3월 4일(목)에 반납한다. 4일에 4, 5, 6편을 빌려 3월 8일(월)에 반납하고 그날 7, 8, 9, 10편을 대여한다.
>
> 도서관은 일요일만 휴관하고, 이날은 반납과 대여가 불가능하므로 다음날인 월요일에 반납과 대여를 한다. 이 경우에 한하여 일요일은 대여 일수에 포함되지 않는다.

① 월요일
② 화요일
③ 수요일
④ 목요일
⑤ 금요일

TIP 》 조건에 따라 甲의 도서 대여 및 반납 일정을 정리하면 다음과 같다.

월	화	수	목	금	토(9.17)	일
					1권 대출	휴관
• 1권 반납 • 2~3권 대출(3일)		• 2~3권 반납 • 4~6권 대출(5일)				휴관
• 4~6권 반납 • 7~10권 대출(7일)						휴관
• 7~10권 반납						휴관

25 다음 설명을 참고할 때, 대출금 지급이 조기에 만료되는 경우를 〈보기〉에서 모두 고른 것은? (단, 모두 주택연금 대출자로 가정한다)

[대출금 지급의 조기 만료]

주택담보노후연금대출을 받고 본인에게 다음 각 항목의 사유 중 하나라도 발생한 경우 은행으로부터 독촉, 통지 등이 없어도 본인은 당연히 은행에 대한 당해 채무의 기한의 이익을 상실하여 곧 이를 갚아야 할 의무를 지며, 대출 기한일과 관계없이 대출금 지급이 조기에 종료됩니다.
• 본인 및 배우자가 모두 사망한 경우
• 본인이 사망한 후 배우자가 6월 이내에 담보주택의 소유권이전등기 및 채권자에 대한 보증부 대출 채무의 인수를 마치지 아니한 경우
• 본인 및 배우자 담보주택에서 다른 장소로 이사한 경우
• 본인 및 배우자가 1년 이상 계속하여 담보주택에서 거주하지 아니한 경우. 다만, 입원 등 은행이 정하여 인터넷 홈페이지에 공고하는 불가피한 사유로 거주하지 아니한 경우는 제외한다.
• 본인이 담보주택의 소유권을 상실한 경우
• 주택담보노후연금대출 원리금이 근저당권의 설정 최고액을 초과할 것으로 예상되는 경우로서 채권자의 설정 최고액 변경 요구에 응하지 아니하는 경우
• 그밖에 은행의 주택금융운영위원회가 정하는 일정한 사유가 발생한 경우

〈보기〉
㈎ 7개월 전 대출 명의자인 남편이 사망하였으며, 은행에 보증부대출 채무 인수를 두 달 전 완료하여 소유권이전등기는 하지 않은 배우자 A씨
㈏ 5/1일부터 이듬해 4/30일까지의 기간 중 본인 및 배우자 모두 병원 입원 기간이 각각 1년을 초과하는 B씨 부부
㈐ 주택연금대출을 받고 3개월 후 살고 있던 집을 팔고 더 큰 집을 사서 이사한 C씨
㈑ 연금 대출금과 수시 인출금의 합이 담보주택에 대해 은행에서 행사할 수 있는 근저당권 최고금액을 초과하여 은행의 설정 최고액 변경 요구에 따라 필요한 절차를 수행하고 있는 D씨

① ㈎, ㈐
② ㈏, ㈑
③ ㈎, ㈏, ㈑
④ ㈎, ㈐, ㈑
⑤ ㈏, ㈐, ㈑

TIP 》 ㈎ 6개월 이내에 보증부대출 채무 인수는 마쳤으나 소유권이전등기를 하지 않았으므로 대출금 조기 만료에 해당된다. (O)
㈏ 병원 입원 기간은 해당 사유에서 제외되므로 대출금이 조기 만료되지 않는다. (X)
㈐ 본인이 담보주택의 소유권을 상실한 경우로 대출금 조기 만료에 해당된다. (O)
㈑ S씨의 대출금과 근저당권 상황은 대출금 조기 만료에 해당될 수 있으나, 채권자인 은행의 설정 최고액 변경 요구에 응하고 있으므로 조기 만료에 해당되지 않는다. (X)

26 영업팀 직원인 갑, 을, 병 3명은 어젯밤 과음을 한 것으로 의심되고 있다. 이에 대한 이들의 진술이 다음과 같을 때, 과음을 한 것이 확실한 직원과 과음을 하지 않은 것이 확실한 직원을 순서대로 바르게 짝지은 것은? (단, 과음을 한 직원은 거짓말을 하고, 과음을 하지 않은 직원은 사실을 말하였다)

> 갑 : "우리 중 1명만 거짓말을 하고 있습니다."
> 을 : "우리 중 2명이 거짓말을 하고 있습니다."
> 병 : "갑, 을 중 1명만 거짓말을 하고 있습니다."

① 갑, 을

② 을, 아무도 없음

③ 갑, 아무도 없음

④ 갑과 을, 병

⑤ 아무도 없음, 을

TIP 》 갑, 을, 병의 진술과 과음을 한 직원의 수를 기준으로 표를 만들어 보면 다음과 같다.

진술자＼과음직원	0명	1명	2명	3명
갑	거짓	참	거짓	거짓
을	거짓	거짓	참	거짓
병	거짓	참	참	거짓

• 과음을 한 직원의 수가 0명인 경우, 갑, 을, 병 모두 거짓을 말한 것이 되어 결국 모두 과음을 한 것이 된다. 따라서 이 경우는 과음을 한 직원의 수가 0명이라는 전제와 모순이 생기게 된다.
• 과음을 한 직원의 수가 1명인 경우, 을만 거짓을 말한 것이므로 과음을 한 직원의 수가 1명이라는 전제에 부합한다. 이 경우에는 을이 과음을 한 것이 되며, 갑과 병은 과음을 하지 않은 것이 된다.
• 과음을 한 직원의 수가 2명인 경우, 갑만 거짓을 말한 것이 되므로 과음을 한 직원의 수가 1명이 된다. 따라서 이 역시 과음을 한 직원의 수가 2명이라는 전제와 모순이 생기게 된다.
• 과음을 한 직원의 수가 3명인 경우, 갑, 을, 병 모두 거짓을 말한 것이 되어 과음을 한 직원의 수가 3명이 될 것이며, 이는 전제와 부합하게 된다.
따라서 4가지의 경우 중 모순 없이 발생 가능한 경우는 과음을 한 직원의 수가 1명 또는 3명인 경우가 되는데, 이 두 경우에 모두 거짓을 말한 을은 과음을 한 직원이라고 확신할 수 있다. 그러나 이 두 경우에 모두 사실을 말한 사람은 없으므로, 과음을 하지 않은 것이 확실한 직원은 아무도 없다.

27 다음 중 심리적 오류의 유형에 해당하는 문장은?

① "파란 신호등이 켜지기도 전에 출발하는 사람이 많은 걸 보면 한국인은 급한 사람들이야."

② "사후 세계에 대해 증명할 수 있는 사람이 없으니 사후 세계는 없는 거야."

③ "이 옷은 연예인이 입었던 것이니까 분명 좋은 옷일 거야."

④ "오비이락이라는 말도 모르냐? 까마귀가 날아갔으니까 배가 떨어진 것 아니야."

⑤ "성경에 따르면 모든 인간은 죄인이야. 죄인은 감옥에 가야 하니 모든 인간은 감옥에 가야 해"

> **TIP 》** ③ 논지와 직접적인 관련이 없는 권위자의 견해를 바탕으로 자신의 주장을 정당화하려는 '부적절한 권위에 호소하는 오류'로, 심리적 오류의 유형이다. 이외에 '연민에 호소하는 오류', '군중에 호소하는 오류', '공포에 호소하는 오류' 등이 있다.
>
> ① 제한된 정보, 불충분한 통계 자료, 대표성이 결여된 사례 등을 근거로 하여 일반화하려는 '성급한 일반화의 오류'로, 귀납적 오류에 해당한다.
>
> ② 반증하지 못함을 근거로 자신의 주장을 정당화하는 '무지에 호소하는 오류'로, 자료적 오류에 해당한다.
>
> ④ 단순히 시간상으로 선후 관계에 있는 것을 인과 관계가 있는 것으로 추리하는 '원인 오판의 오류'로, 귀납적 오류에 해당한다.
>
> ⑤ 논증에 사용된 낱말이 둘 이상으로 해석될 수 있을 때, 상황에 맞지 않은 의미로 해석하는 데에서 생기는 '애매어의 오류'로, 언어적 오류의 유형이다.

28 다음에 주어진 명제가 모두 참일 때, A, B에 대해 옳게 판단한 것은?

> • 소화된 음식물은 위를 채운다.
> • 밥을 먹으면 포만감이 든다.
> • 소화되지 않았다면 포만감이 들지 않는다.

> A : 밥을 먹으면 위가 찬다.
> B : 포만감이 들면 밥을 먹은 것이다.

① A는 옳다.

② B는 옳지 않다.

③ A, B 모두 옳다.

④ A, B 모두 옳지 않다.

⑤ A, B 모두 옳고 그름을 판단할 수 없다.

  TIP 》 세 번째 명제의 대우명제는 '포만감→소화'로 도식화할 수 있다. 따라서 두 번째 명제, 세 번째 명제의 대우명제, 첫 번째 명제를 차례로 연결하면 '밥→포만감→소화→위'가 되어 A와 같은 '밥을 먹으면 위가 찬다.'라는 결론이 도출될 수 있다.
    그러나 밥을 먹으면 포만감이 들지만, 포만감이 들었다고 해서 밥을 먹은 것인지는 알 수 없으므로 B의 옳고 그름은 판단할 수 없다.

| 29~30 | 다음 전기요금 계산 안내문을 보고 이어지는 물음에 답하시오.

○ 주택용 전력(저압)

기본요금(원/호)		전력량 요금(원/kWh)	
200kWh 이하 사용	900	처음 200kWh까지	90
201~400kWh 사용	1,800	다음 200kWh까지	180
400kWh 초과 사용	7,200	400kWh 초과	279

1) 주거용 고객, 계약전력 3kWh 이하의 고객
2) 필수사용량 보장공제 : 200kWh 이하 사용 시 월 4,000원 한도 감액(감액 후 최저요금 1,000원)
3) 슈퍼유저요금 : 동·하계(7~8월, 12~2월) 1,000kWh 초과 전력량 요금은 720원/kWh 적용

○ 주택용 전력(고압)

기본요금(원/호)		전력량 요금(원/kWh)	
200kWh 이하 사용	720	처음 200kWh까지	72
201~400kWh 사용	1,260	다음 200kWh까지	153
400kWh 초과 사용	6,300	400kWh 초과	216

1) 주택용 전력(저압)에 해당되지 않는 주택용 전력 고객
2) 필수사용량 보장공제 : 200kWh 이하 사용 시 월 2,500원 한도 감액(감액 후 최저요금 1,000원)
3) 슈퍼유저요금 : 동·하계(7~8월, 12~2월) 1,000kWh 초과 전력량 요금은 576원/kWh 적용

29 다음 두 전기 사용자인 갑과 을의 전기요금 합산 금액으로 올바른 것은?

> 갑 : 주택용 전력 저압 300kWh 사용
> 을 : 주택용 전력 고압 300kWh 사용

① 68,600원 ② 68,660원
③ 68,700원 ④ 68,760원
⑤ 68,800원

TIP 》 갑과 을의 전기요금을 다음과 같이 계산할 수 있다.

〈갑〉

기본요금 : 1,800원

전력량 요금 : $(200 \times 90) + (100 \times 180) = 18,000 + 18,000 = 36,000$원

200kWh를 초과하였으므로 필수사용량 보장공제 해당 없음

전기요금 : $1,800 + 36,000 = 37,800$원

〈을〉

기본요금 : 1,260원

전력량 요금 : $(200 \times 72) + (100 \times 153) = 14,400 + 15,300 = 29,700$원

200kWh를 초과하였으므로 필수사용량 보장공제 해당 없음

전기요금 : $1,260 + 29,700 = 30,960$원

따라서 갑과 을의 전기요금 합산 금액은

$37,800 + 30,960 = 68,760$원이 된다.

30 위의 전기요금 계산 안내문에 대한 설명으로 올바르지 않은 것은?

① 주택용 전력은 고압 요금이 저압 요금보다 더 저렴하다.

② 동계와 하계에 1,000kWh가 넘는 전력을 사용하면 기본요금과 전력량 요금이 모두 2배 이상 증가한다.

③ 저압 요금 사용자가 전기를 3kWh만 사용할 경우의 전기요금은 1,000원이다.

④ 가전기기의 소비전력을 알 경우, 전기요금 절감을 위해 전기 사용량을 200kWh 단위로 나누어 관리할 수 있다.

⑤ 슈퍼유저는 1년 중 5개월 동안만 해당된다.

TIP 》 ② 동계와 하계에 1,000kWh가 넘는 전력을 사용하면 슈퍼유저에 해당되어 적용되는 1,000kWh 초과 전력량 요금 단가가 2배 이상으로 증가하게 되나, 기본요금에는 해당되지 않는다.

① 기본요금과 전력량 요금 모두 고압 요금이 저압 요금보다 저렴한 기준이 적용된다.

③ 기본요금 900원과 전력량 요금 270원을 합하여 1,170원이 되며, 필수사용량 보장공제 적용 후에도 최저요금인 1,000원이 발생하게 된다.

④ 200kWh 단위로 요금 체계가 바뀌게 되므로 200kWh씩 나누어 관리하는 것이 전기요금을 절감할 수 있는 방법이다.

⑤ 7~8월, 12~2월로 하계와 동계 5개월에 해당된다.

ANSWER 〉 29.④ 30.②

04 조직이해능력

1 조직과 개인

(1) 조직

① 조직과 기업
  ㉠ 조직 : 두 사람 이상이 공동의 목표를 달성하기 위해 의식적으로 구성된 상호작용과 조정을 행하는 행동의 집합체
  ㉡ 기업 : 노동, 자본, 물자, 기술 등을 투입하여 제품이나 서비스를 산출하는 기관

② 조직의 유형

기준	구분	예
공식성	공식조직	조직의 규모, 기능, 규정이 조직화된 조직
	비공식조직	인간관계에 따라 형성된 자발적 조직
영리성	영리조직	사기업
	비영리조직	정부조직, 병원, 대학, 시민단체
조직규모	소규모 조직	가족 소유의 상점
	대규모 조직	대기업

(2) 경영

① 경영의 의미 … 조직의 목적을 달성하기 위한 전략, 관리, 운영활동이다.

② 경영의 구성요소
  ㉠ 경영목적 : 조직의 목적을 달성하기 위한 방법이나 과정
  ㉡ 인적자원 : 조직의 구성원·인적자원의 배치와 활용
  ㉢ 자금 : 경영활동에 요구되는 돈·경영의 방향과 범위 한정
  ㉣ 경영전략 : 변화하는 환경에 적응하기 위한 경영활동 체계화

③ 경영자의 역할

대인적 역할	정보적 역할	의사결정적 역할
• 조직의 대표자 • 조직의 리더 • 상징자, 지도자	• 외부환경 모니터 • 변화전달 • 정보전달자	• 문제 조정 • 대외적 협상 주도 • 분쟁조정자, 자원배분자, 협상가

(3) 조직체제 구성요소

① **조직목표** ··· 전체 조직의 성과, 자원, 시장, 인력개발, 혁신과 변화, 생산성에 대한 목표

② **조직구조** ··· 조직 내의 부문 사이에 형성된 관계

③ **조직문화** ··· 조직구성원들 간에 공유하는 생활양식이나 가치

④ **규칙 및 규정** ··· 조직의 목표나 전략에 따라 수립되어 조직구성원들이 활동범위를 제약하고 일관성을 부여하는 기능

예제 1

주어진 글의 빈칸에 들어갈 말로 가장 적절한 것은?

> 조직이 지속되게 되면 조직구성원들 간 생활양식이나 가치를 공유하게 되는데 이를 조직의 (㉠)라고 한다. 이는 조직구성원들의 사고와 행동에 영향을 미치며 일체감과 정체성을 부여하고 조직이 (㉡)으로 유지되게 한다. 최근 이에 대한 중요성이 부각되면서 긍정적인 방향으로 조성하기 위한 경영층의 노력이 이루어지고 있다.

① ㉠ : 목표, ㉡ : 혁신적
② ㉠ : 구조, ㉡ : 단계적
③ ㉠ : 문화, ㉡ : 안정적
④ ㉠ : 규칙, ㉡ : 체계적

[출제의도]
본 문항은 조직체계의 구성요소들의 개념을 묻는 문제이다.
[해설]
조직문화란 조직구성원들 간에 공유하게 되는 생활양식이나 가치를 말한다. 이는 조직구성원들의 사고와 행동에 영향을 미치며 일체감과 정체성을 부여하고 조직이 안정적으로 유지되게 한다.

답 ③

---

(4) 조직변화의 과정

환경변화 인지 → 조직변화 방향 수립 → 조직변화 실행 → 변화결과 평가

(5) 조직과 개인

개인	지식, 기술, 경험 → ← 연봉, 성과급, 인정, 칭찬, 만족감	조직

② 조직이해능력을 구성하는 하위능력

(1) 경영이해능력

① 경영 … 조직의 목적을 달성하기 위한 전략, 관리, 운영활동이다.
  ㉠ 경영의 구성요소 : 경영목적, 인적자원, 자금, 전략
  ㉡ 경영의 과정

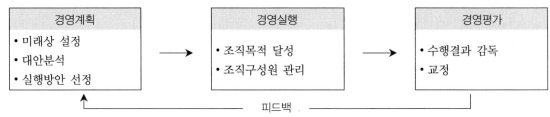

  ㉢ 경영활동 유형
  • 외부경영활동 : 조직외부에서 조직의 효과성을 높이기 위해 이루어지는 활동이다.
  • 내부경영활동 : 조직내부에서 인적, 물적 자원 및 생산기술을 관리하는 것이다.

② 의사결정과정
  ㉠ 의사결정의 과정
  • 확인 단계 : 의사결정이 필요한 문제를 인식한다.
  • 개발 단계 : 확인된 문제에 대하여 해결방안을 모색하는 단계이다.
  • 선택 단계 : 해결방안을 마련하며 실행가능한 해결안을 선택한다.
  ㉡ 집단의사결정의 특징
  • 지식과 정보가 더 많아 효과적인 결정을 할 수 있다.
  • 다양한 견해를 가지고 접근할 수 있다.
  • 결정된 사항에 대하여 의사결정에 참여한 사람들이 해결책을 수월하게 수용하고, 의사소통의 기회도 향상된다.
  • 의견이 불일치하는 경우 의사결정을 내리는데 시간이 많이 소요된다.
  • 특정 구성원에 의해 의사결정이 독점될 가능성이 있다.

③ 경영전략

㉠ 경영전략 추진과정

전략목표설정		환경분석		경영전략 도출		경영전략 실행		평가 및 피드백
• 비전 설정 • 미션 설정	→	• 내부환경 분석 • 외부환경 분석 (SWOT 등)	→	• 조직전략 • 사업전략 • 부문전략	→	• 경영목적 달성	→	• 경영전략 결과 평가 • 전략목표 및 경영전략 재조명

㉡ 마이클 포터의 본원적 경쟁전략

		전략적 우위 요소	
		고객들이 인식하는 제품의 특성	원가우위
전략적 목표	산업전체	차별화	원가우위
	산업의 특정부문	집중화	
		(차별화 + 집중화)	(원가우위 + 집중화)

예제 1

다음은 경영전략을 세우는 방법 중 하나인 SWOT에 따른 어느 기업의 분석결과이다. 다음 중 주어진 기업 분석 결과에 대응하는 전략은?

강점(Strength)	• 차별화된 맛과 메뉴 • 폭넓은 네트워크
약점(Weakness)	• 매출의 계절적 변동폭이 큼 • 딱딱한 기업 이미지
기회(Opportunity)	• 소비자의 수요 트랜드 변화 • 가계의 외식 횟수 증가 • 경기회복 가능성
위협(Threat)	• 새로운 경쟁자의 진입 가능성 • 과도한 가계부채

내부환경 외부환경	강점(Strength)	약점(Weakness)
기회 (Opportunity)	① 계절 메뉴 개발을 통한 분기 매출 확보	② 고객의 소비패턴을 반영한 광고를 통한 이미지 쇄신
위협 (Threat)	③ 소비 트렌드 변화를 반영한 시장 세분화 정책	④ 고급화 전략을 통한 매출 확대

[출제의도]
본 문항은 조직이해능력의 하위능력인 경영관리능력을 측정하는 문제이다. 기업에서 경영전략을 세우는데 많이 사용되는 SWOT분석에 대해 이해하고 주어진 분석표를 통해 가장 적절한 경영전략을 도출할 수 있는지를 확인할 수 있다.
[해설]
② 딱딱한 이미지를 현재 소비자의 수요 트렌드라는 환경 변화에 대응하여 바꿀 수 있다.

답 ②

④ 경영참가제도
  ㉠ 목적
   • 경영의 민주성을 제고할 수 있다.
   • 공동으로 문제를 해결하고 노사 간의 세력 균형을 이룰 수 있다.
   • 경영의 효율성을 제고할 수 있다.
   • 노사 간 상호 신뢰를 증진시킬 수 있다.
  ㉡ 유형
   • 경영참가 : 경영자의 권한인 의사결정과정에 근로자 또는 노동조합이 참여하는 것
   • 이윤참가 : 조직의 경영성과에 대하여 근로자에게 배분하는 것
   • 자본참가 : 근로자가 조직 재산의 소유에 참여하는 것

예제 3

다음은 중국의 H사에서 시행하는 경영참가제도에 대한 기사이다. 밑줄 친 이 제도는 무엇인가?

> H사는 '사람' 중심의 수평적 기업문화가 발달했다. H사는 이 제도의 시행을 통해 직원들이 경영에 간접적으로 참여할 수 있게 하였는데 이에 따라 자연스레 기업에 대한 직원들의 책임 의식도 강화됐다. 참여주주는 8만2471명이다. 모두 H사의 임직원이며, 이 중 창립자인 CEO R은 개인 주주로 총 주식의 1.18%의 지분과 퇴직연금으로 주식총액의 0.21%만을 보유하고 있다.

① 노사협의회제도   ② 이윤분배제도
③ 종업원지주제도   ④ 노동주제도

[출제의도]
경영참가제도는 조직원이 자신이 속한 조직에서 주인의식을 갖고 조직의 의사결정과정에 참여할 수 있도록 하는 제도이다. 본 문항은 경영참가제도의 유형을 구분해낼 수 있는가를 묻는 질문이다.
[해설]
종업원지주제도 … 기업이 자사 종업원에게 특별한 조건과 방법으로 자사 주식을 분양·소유하게 하는 제도이다. 이 제도의 목적은 종업원에 대한 근검저축의 장려, 공로에 대한 보수, 자사에의 귀속의식 고취, 자사에의 일체감 조성 등이 있다.

답 ③

---

(2) 체제이해능력

① 조직목표 … 조직이 달성하려는 장래의 상태
  ㉠ 조직목표의 기능
   • 조직이 존재하는 정당성과 합법성 제공
   • 조직이 나아갈 방향 제시
   • 조직구성원 의사결정의 기준
   • 조직구성원 행동수행의 동기유발
   • 수행평가 기준
   • 조직설계의 기준

ⓛ 조직목표의 특징
- 공식적 목표와 실제적 목표가 다를 수 있음
- 다수의 조직목표 추구 가능
- 조직목표 간 위계적 상호관계가 있음
- 가변적 속성
- 조직의 구성요소와 상호관계를 가짐

② 조직구조

㉠ 조직구조의 결정요인 : 전략, 규모, 기술, 환경

ⓛ 조직구조의 유형과 특징

유형	특징
기계적 조직	• 구성원들의 업무가 분명하게 규정 • 엄격한 상하 간 위계질서 • 다수의 규칙과 규정 존재
유기적 조직	• 비공식적인 상호의사소통 • 급변하는 환경에 적합한 조직

③ 조직문화

㉠ 조직문화 기능
- 조직구성원들에게 일체감, 정체성 부여
- 조직몰입 향상
- 조직구성원들의 행동지침 : 사회화 및 일탈행동 통제
- 조직의 안정성 유지

ⓛ 조직문화 구성요소(7S) : 공유가치(Shared Value), 리더십 스타일(Style), 구성원(Staff), 제도·절차(System), 구조(Structure), 전략(Strategy), 스킬(Skill)

④ 조직 내 집단

㉠ 공식적 집단 : 조직에서 의식적으로 만든 집단으로 집단의 목표, 임무가 명확하게 규정되어 있다.
    ⑩ 임시위원회, 작업팀 등

ⓛ 비공식적 집단 : 조직구성원들의 요구에 따라 자발적으로 형성된 집단이다.
    ⑩ 스터디모임, 봉사활동 동아리, 각종 친목회 등

(3) 업무이해능력

① 업무 … 상품이나 서비스를 창출하기 위한 생산적인 활동이다.

　　㉠ 업무의 종류

부서	업무(예)
총무부	주주총회 및 이사회개최 관련 업무, 의전 및 비서업무, 집기비품 및 소모품의 구입과 관리, 사무실 임차 및 관리, 차량 및 통신시설의 운영, 국내외 출장 업무 협조, 복리후생 업무, 법률자문과 소송관리, 사내외 홍보 광고업무 등
인사부	조직기구의 개편 및 조정, 업무분장 및 조정, 인력수급계획 및 관리, 직무 및 정원의 조정 종합, 노사관리, 평가관리, 상벌관리, 인사발령, 교육체계 수립 및 관리, 임금제도, 복리후생제도 및 지원업무, 복무관리, 퇴직관리 등
기획부	경영계획 및 전략 수립, 전사기획업무 종합 및 조정, 중장기 사업계획의 종합 및 조정, 경영정보 조사 및 기획보고, 경영진단업무, 종합예산수립 및 실적관리, 단기사업계획 종합 및 조정, 사업계획, 손익추정, 실적관리 및 분석 등
회계부	회계제도의 유지 및 관리, 재무상태 및 경영실적 보고, 결산 관련 업무, 재무제표분석 및 보고, 법인세, 부가가치세, 국세 지방세 업무자문 및 지원, 보험가입 및 보상업무, 고정자산 관련 업무 등
영업부	판매 계획, 판매예산의 편성, 시장조사, 광고 선전, 견적 및 계약, 제조지시서의 발행, 외상매출금의 청구 및 회수, 제품의 재고 조절, 거래처로부터의 불만처리, 제품의 애프터서비스, 판매원가 및 판매가격의 조사 검토 등

예제 4

다음은 I기업의 조직도와 팀장님의 지시사항이다. H씨가 팀장님의 심부름을 수행하기 위해 연락해야 할 부서로 옳은 것은?

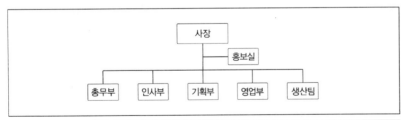

H씨! 내가 지금 너무 바빠서 그러는데 부탁 좀 들어줄래요? 다음 주 중에 사장님 모시고 클라이언트와 만나야 할 일이 있으니까 사장님 일정을 확인해주시구요. 이번 달에 신입사원 교육·훈련계획이 있었던 것 같은데 정확한 시간이랑 날짜를 확인해주세요.

① 총무부, 인사부　　　　　② 총무부, 홍보실
③ 기획부, 총무부　　　　　④ 영업부, 기획부

[출제의도]
조직도와 부서의 명칭을 보고 개략적인 부서의 소관 업무를 분별할 수 있는지를 묻는 문항이다.
[해설]
사장의 일정에 관한 사항은 비서실에서 관리하나 비서실이 없는 회사의 경우 총무부(또는 팀)에서 비서업무를 담당하기도 한다. 또한 신입사원 관리 및 교육은 인사부에서 관리한다.

답 ①

ⓛ 업무의 특성
- 공통된 조직의 목적 지향
- 요구되는 지식, 기술, 도구의 다양성
- 다른 업무와의 관계, 독립성
- 업무수행의 자율성, 재량권

② 업무수행 계획
  ㉠ 업무지침 확인 : 조직의 업무지침과 나의 업무지침을 확인한다.
  ㉡ 활용 자원 확인 : 시간, 예산, 기술, 인간관계
  ㉢ 업무수행 시트 작성
  - 간트 차트 : 단계별로 업무의 시작과 끝 시간을 바 형식으로 표현
  - 워크 플로 시트 : 일의 흐름을 동적으로 보여줌
  - 체크리스트 : 수행수준 달성을 자가점검

POINT 간트 차트와 플로 차트

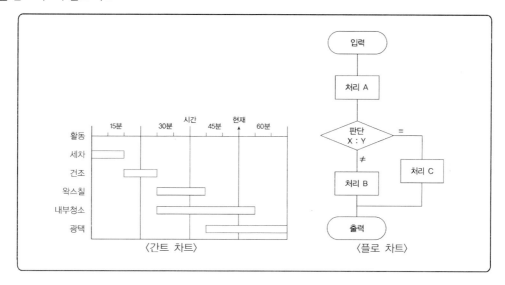

예제 5

다음 중 업무수행 시 단계별로 업무를 시작해서 끝나는 데까지 걸리는 시간을 바 형식으로 표시하여 전체 일정 및 단계별로 소요되는 시간과 각 업무활동 사이의 관계를 볼 수 있는 업무수행 시트는?

① 간트 차트
② 워크 플로 차트
③ 체크리스트
④ 퍼트 차트

[출제의도]
업무수행 계획을 수립할 때 간트 차트, 워크 플로 시트, 체크리스트 등의 수단을 이용하면 효과적으로 계획하고 마지막에 급하게 일을 처리하지 않고 주어진 시간 내에 끝마칠 수 있다. 본 문항은 그러한 수단이 되는 차트들의 이해도를 묻는 문항이다.
[해설]
② 일의 절차 처리의 흐름을 표현하기 위해 기호를 써서 도식화한 것
③ 업무를 세부적으로 나누고 각 활동별로 수행수준을 달성했는지를 확인하는 데 효과적
④ 하나의 사업을 수행하는 데 필요한 다수의 세부사업을 단계와 활동으로 세분하여 관련된 계획 공정으로 묶고, 각 활동의 소요시간을 낙관시간, 최가능시간, 비관시간 등 세 가지로 추정하고 이를 평균하여 기대시간을 추정

답 ①

③ 업무 방해요소
　㉠ 다른 사람의 방문, 인터넷, 전화, 메신저 등
　㉡ 갈등관리
　㉢ 스트레스

(4) 국제감각

① 세계화와 국제경영
　㉠ 세계화 : 3Bs(국경 ; Border, 경계 ; Boundary, 장벽 ; Barrier)가 완화되면서 활동범위가 세계로 확대되는 현상이다.
　㉡ 국제경영 : 다국적 내지 초국적 기업이 등장하여 범지구적 시스템과 네트워크 안에서 기업 활동이 이루어지는 것이다.

② 이문화 커뮤니케이션 … 서로 상이한 문화 간 커뮤니케이션으로 직업인이 자신의 일을 수행하는 가운데 문화배경을 달리하는 사람과 커뮤니케이션을 하는 것이 이에 해당한다. 이문화 커뮤니케이션은 언어적 커뮤니케이션과 비언어적 커뮤니케이션으로 구분된다.

③ 국제 동향 파악 방법

    ㉠ 관련 분야 해외사이트를 방문해 최신 이슈를 확인한다.

    ㉡ 매일 신문의 국제면을 읽는다.

    ㉢ 업무와 관련된 국제잡지를 정기구독 한다.

    ㉣ 고용노동부, 한국산업인력공단, 산업통상자원부, 중소벤처기업부, 대한상공회의소, 산업별인적자원개발협의체 등의 사이트를 방문해 국제동향을 확인한다.

    ㉤ 국제학술대회에 참석한다.

    ㉥ 업무와 관련된 주요 용어의 외국어를 알아둔다.

    ㉦ 해외서점 사이트를 방문해 최신 서적 목록과 주요 내용을 파악한다.

    ㉧ 외국인 친구를 사귀고 대화를 자주 나눈다.

④ 대표적인 국제매너

    ㉠ 미국인과 인사할 때에는 눈이나 얼굴을 보는 것이 좋으며 오른손으로 상대방의 오른손을 힘주어 잡았다가 놓아야 한다.

    ㉡ 러시아와 라틴아메리카 사람들은 인사할 때에 포옹을 하는 경우가 있는데 이는 친밀함의 표현이므로 자연스럽게 받아주는 것이 좋다.

    ㉢ 명함은 받으면 구기거나 계속 만지지 않고 한 번 보고나서 탁자 위에 보이는 채로 대화하거나 명함집에 넣는다.

    ㉣ 미국인들은 시간 엄수를 중요하게 생각하므로 약속시간에 늦지 않도록 주의한다.

    ㉤ 스프를 먹을 때에는 몸쪽에서 바깥쪽으로 숟가락을 사용한다.

    ㉥ 생선요리는 뒤집어 먹지 않는다.

    ㉦ 빵은 스프를 먹고 난 후부터 디저트를 먹을 때까지 먹는다.

1 다음은 국내 화장품 산업의 SWOT분석이다. 주어진 전략 중 가장 적절한 것은?

> SWOT이란, 강점(Strength), 약점(Weakness), 기회(Opportunity), 위협(Threat)의 머리글자를 모아 만든 단어로 경영 전략을 수립하기 위한 도구이다. SWOT분석을 통해 도출된 조직의 외부/내부 환경을 분석 결과를 통해 각각에 대응하는 전략을 도출하게 된다.
>
> SO 전략이란 기회를 활용하면서 강점을 더욱 강화하는 공격적인 전략이고, WO 전략이란 외부환경의 기회를 활용하면서 자신의 약점을 보완하는 전략으로 이를 통해 기업이 처한 국면의 전환을 가능하게 할 수 있다. ST 전략은 외부환경의 위험요소를 회피하면서 강점을 활용하는 전략이며, WT 전략이란 외부환경의 위협요인을 회피하고 자사의 약점을 보완하는 전략으로 방어적 성격을 갖는다.

외부 \ 내부	강점(Strength)	약점(Weakness)
기회(Opportunity)	SO 전략(강점-기회 전략)	WO 전략(약점-기회 전략)
위협(Threat)	ST 전략(강점-위협 전략)	WT 전략(약점-위협 전략)

강점 (Strength)	• 참신한 제품 개발 능력과 상위의 생산시설 보유 • 한류 콘텐츠와 연계된 성공적인 마케팅 • 상대적으로 저렴한 가격 경쟁력
약점 (Weakness)	• 아시아 외 시장에서의 존재감 미약 • 대기업 및 일부 브랜드 편중 심화 • 색조 분야 경쟁력이 상대적으로 부족
기회 (Opportunity)	• 중국·동남아 시장 성장 가능성 • 중국 화장품 관세 인하 • 유럽에서의 한방 원료 등을 이용한 'Korean Therapy' 관심 증가
위협 (Threat)	• 글로벌 업체들의 중국 진출(경쟁 심화) • 중국 로컬 업체들의 추격 • 중국 정부의 규제 강화 가능성

외부 \ 내부	강점(Strength)	약점(Weakness)
기회 (Opportunity)	① 색조 화장품의 개발로 중국·동남 아 시장 진출	② 다양한 한방 화장품 개발로 유럽 시장에 존재감 부각
위협 (Threat)	③ 저렴한 가격과 높은 품질을 강조하여 유 럽 시장에 공격적인 마케팅 ⑤ 저렴한 가격 경쟁력을 바탕으로 동 남아 시장 진출	④ 한류 콘텐츠와 연계한 마케팅으로 중국 로컬 업체들과 경쟁

TIP 》 ② "유럽에서의 한방 원료 등을 이용한 'Korean Therapy' 관심 증가"라는 기회를 이용하여 "아시아 외 시장에서의 존재감 미약"이라는 약점을 보완하는 WO전략에 해당한다.

2 집단의사결정과정의 하나인 브레인스토밍에 대한 설명으로 바르지 않은 것은?

① 다른 사람이 아이디어를 제시할 때 비판하지 않는다.

② 모든 아이디어들이 제안되면 이를 결합하여 해결책을 마련한다.

③ 문제에 대한 제안이 자유롭게 이루어진다.

④ 주제를 구체적이고 명확하게 정한다.

⑤ 아이디어는 적을수록 결정이 빨라져 좋다.

TIP 》 브레인스토밍이란 여러 사람이 한 가지의 문제를 놓고 아이디어를 비판 없이 제시하여 그중 최선책을 찾는 방법으로 아이디어가 많을수록 좋다.

3 조직의 유형과 그 예로 바르게 짝지어지지 않은 것은?

① 비영리 조직 – 정부조직, 병원
② 대규모 조직 – 대기업, 가족 소유의 상점
③ 공식 조직 – 조직의 규모·규정이 조직화된 조직
④ 비공식 조직 – 인간관계에 따라 형성된 자발적 조직
⑤ 영리 조직 – 사기업

TIP 》 가족 소유의 상점은 조직규모를 기준으로 소규모 조직에 해당된다.

4 다음은 U기업의 조직도와 팀장님의 지시사항이다. 다음 중 K씨가 해야 할 행동으로 가장 적절한 것은?

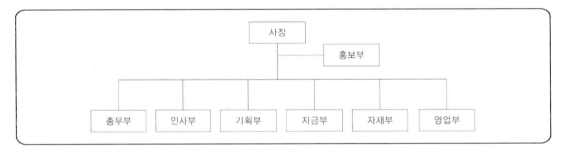

〈팀장 지시사항〉
　K씨, 다음 주에 신규직원 공채시작이지? 실무자에게 부탁해서 공고문 확인하고 지난번에 우리 부서에서 제출한 자료랑 맞게 제대로 들어갔는지 확인해주고 공채 절차하고 채용 후에 신입직원 교육이 어떻게 진행되는지 정확한 자료를 좀 받아와요.

① 인사부에서 신규직원 공채 공고문을 받고, 총무부에서 신입직원 교육 자료를 받아온다.
② 홍보실에서 신규직원 공채 공고문을 받고, 인사부에서 신입직원 교육 자료를 받아온다.
③ 총무부에서 신규직원 공채 공고문과 신입직원 교육 자료를 받아온다.
④ 인사부에서 신규직원 공채 공고문과 신입직원 교육 자료를 받아온다.
⑤ 기획부에서 신규직원 공채 공고문 절차 기획서를 받아온다.

TIP 》 인력수급계획 및 관리, 교육체계 수립 및 관리는 인사부에서 담당하는 업무의 일부이다.

5 다음 중 아래의 조직도를 올바르게 이해한 것은?

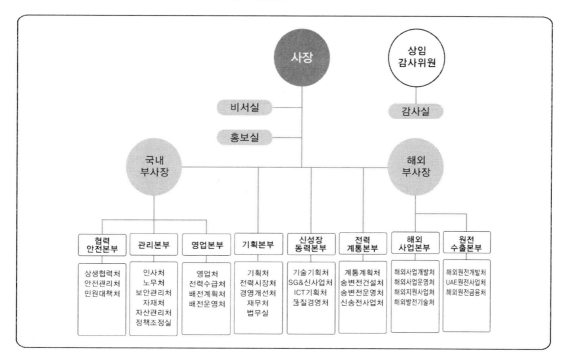

ⓖ 사장직속으로는 3개 본부, 13개 처, 2개 실로 구성되어 있다.

ⓒ 국내 · 해외부사장은 각 3개의 본부를 이끌고 있다.

ⓒ 감사실은 다른 부서들과는 별도로 상임 감사위원 산하에 따로 소속되어 있다.

ⓔ 노무처와 재무처는 서로 업무협동이 있어야 하므로 같은 본부에 소속되어 있다.

① ⓖ

② ⓒ

③ ⓒⓒ

④ ⓒⓔ

⑤ ⓒⓒⓔ

TIP 》 ⓖ 사장직속으로는 3개 본부, 2개 실로 구성되어 있다.

ⓒ 해외부사장은 2개의 본부를 이끌고 있다.

ⓔ 노무처는 관리본부에, 재무처는 기획본부에 소속되어 있다.

ANSWER 〉 3.② 4.④ 5.②

6 다음 〈보기〉와 같은 조직문화의 형태와 그 특징에 대한 설명 중 적절한 것만을 모두 고른 것은?

〈보기〉
(개) 위계를 지향하는 조직문화는 조직원 개개인의 능력과 개성을 존중한다.
(내) 과업을 지향하는 조직문화는 업무 수행의 효율성을 강조한다.
(대) 혁신을 지향하는 조직문화는 조직의 유연성과 외부 환경에의 적응에 초점을 둔다.
(래) 관계를 지향하는 조직문화는 구성원들의 상호 신뢰와 인화 단결을 중요시한다.

① (내), (대), (래)   ② (개), (대), (래)
③ (개), (내), (래)   ④ (개), (내), (대)
⑤ (개), (내), (대), (래)

    TIP 》 (개) 위계를 강조하는 조직문화 하에서는 조직 내부의 안정적이고 지속적인 통합, 조정을 바탕으로 일사 불란한 조직 운영의 효율성을 추구하게 되는 특징이 있다. 조직원 개개인의 능력과 개성을 존중하는 모습은 혁신과 관계를 지향하는 조직문화에서 찾아볼 수 있는 특징이다.

7 다음과 같은 문서 결재 양식을 보고 알 수 있는 사항이 아닌 것은?

출장보고서					
결 재	담당	팀장	본부장	부사장	사장
	박 사원 서명	강 팀장 서명	전결		본부장

① 박 사원 출장을 다녀왔으며, 전체 출장 인원수는 알 수 없다.
② 출장자에 강 팀장은 포함되어 있지 않다.
③ 팀장 이하 출장자의 출장보고서 전결권자는 본부장이다.
④ 부사장은 결재할 필요가 없는 문서이다.
⑤ 본부장은 가장 오른쪽 결재란에 서명을 하게 된다.

    TIP 》 일반적인 경우, 팀장과 팀원의 동반 출장 시의 출장보고서는 팀원이 작성하여 담당→팀장의 결재 절차를 거치게 된다. 따라서 제시된 출장보고서는 박 사원 단독 출장의 경우로 볼 수도 있고 박 사원과 강 팀장의 동반 출장의 경우로 볼 수도 있으므로 반드시 출장자에 강 팀장이 포함되어 있지 않다고 말할 수는 없다.

8 길동이는 다음과 같이 직장 상사의 지시사항을 전달받았다. 이를 순서대로 모두 수행하기 위하여 업무 협조가 필요한 조직의 명칭이 순서대로 바르게 나열된 것은?

> "길동 씨, 내가 내일 하루 종일 외근을 해야 하는데 몇 가지 업무 처리를 좀 도와줘야겠습니다. 이 서류는 팀장님 결재가 끝난 거니까 내일 아침 출근과 동시에 바로 유관부서로 넘겨서 비용 집행이 이루어질 수 있도록 해 주세요. 그리고 지난 번 퇴사한 우리 팀 오 부장님 퇴직금 정산이 좀 잘못되었나 봅니다. 오 부장님이 관계 서류를 나한테 보내주신 게 있는데 그것도 확인 좀 해 주고 결재를 다시 요청해 줘야할 것 같아요. 또 다음 주 바이어들 방문 일정표 다시 한 번 확인해 보고 누락된 사항 있으면 잘 준비해 두고요. 특히 공항 픽업 관련 배차 결재 서류 올린 건 처리가 되었는지 반드시 재점검해 주길 바랍니다. 지난번에 차량 배차에 문제가 생겨서 애먹은 건 길동 씨도 잘 알고 있겠죠? 부탁 좀 하겠습니다."

① 회계팀, 인사팀, 총무팀
② 인사팀, 홍보팀, 회계팀
③ 인사팀, 총무팀, 마케팅팀
④ 총무팀, 회계팀, 마케팅팀
⑤ 회계팀, 총무팀, 인사팀

TIP 》 비용이 집행되기 위해서는 비용을 쓰게 될 조직의 내부 결재를 거쳐 회사의 비용이 실제로 집행될 수 있는 회계팀(자금팀 등 비용 담당 조직)의 결재를 거쳐야 할 것이다. 퇴직금의 정산과 관련한 인사 문제는 인사팀에서 담당하고 있는 업무가 된다. 또한, 회사의 차량을 사용하기 위한 배차 관련 업무는 일반적으로 총무팀이나 업무지원팀, 관리팀 등의 조직에서 담당하는 업무이다. 따라서 회계팀, 인사팀, 총무팀의 순으로 업무 협조를 구해야 한다.

9 다음과 같은 '갑'사의 위임전결규칙을 참고할 때, 다음 중 적절한 행위로 볼 수 없는 것은? (단, 전결권자 부재 시 차상위자가 전결권자가 된다)

업무내용(소요예산 기준)	전결권자				이사장
	팀원	팀장	국(실)장	이사	
가. 공사 도급					
3억 원 이상					○
1억 원 이상				○	
1억 원 미만			○		
1,000만 원 이하		○			
나. 물품(비품, 사무용품 등) 제조/ 구매 및 용역					
3억 원 이상					○
1억 원 이상				○	
1억 원 미만			○		
1,000만 원 이하		○			
다. 자산의 임(대)차 계약					
1억 원 이상					○
1억 원 미만				○	
5,000만 원 미만			○		
라. 물품수리					
500만 원 이상			○		
500만 원 미만		○			
마. 기타 사업비 예산집행 기본품의					
1,000만 원 이상			○		
1,000만 원 미만		○			

① 국장이 부재중일 경우, 소요예산 5,000만 원인 공사 도급 계약은 팀장이 전결권자가 된다.

② 소요예산이 800만 원인 인쇄물의 구매 건은 팀장의 전결 사항이다.

③ 이사장이 부재중일 경우, 소요예산이 2억 원인 자산 임대차 계약 건은 국장이 전결권자가 된다.

④ 소요예산이 600만 원인 물품수리 건은 이사의 결재가 필요하지 않다.

⑤ 기타 사업비 관련 품의서는 금액에 관계없이 국장이 전결권자가 된다.

TIP 》 ③ 차상위자가 전결권자가 되어야 하므로 이사장의 차상위자인 이사가 전결권자가 되어야 한다.

10 '조직몰입'에 대한 다음 설명을 참고할 때, 조직몰입의 유형에 대한 설명으로 적절하지 않은 것은?

> 몰입이라는 용어는 사회학에서 주로 다루어져 왔는데 사전적 의미에서 몰입이란 "감성적 또는 지성적으로 특정의 행위과정에서 빠지는 것"이므로 몰입은 타인, 집단, 조직과의 관계를 포함하며, 조직몰입은 종업원이 자신이 속한 조직에 대해 얼마만큼의 열정을 가지고 몰두하느냐 하는 정도를 가리키는 개념이다. 즉, 조직에 대한 충성 동일화 및 참여의 견지에서 조직구성원이 가지는 조직에 대한 성향을 의미한다. 또한 조직몰입은 조직의 목표와 가치에 대한 강한 신념과 조직을 위해 상당한 노력을 하고자 하는 의지 및 조직의 구성원으로 남기를 바라는 강한 욕구를 의미하기도 한다. 최근에는 직무만족보다 성과나 이직 등의 조직현상에 대한 설명력이 높다는 관점에서 조직에 대한 조직구성원의 태도를 나타내는 조직몰입은 많은 연구의 관심사가 되고 있다.

① '도덕적 몰입'은 비영리적 조직에서 찾아볼 수 있는 조직몰입 형태이다.
② 조직과 구성원 간의 관계가 타산적이고 합리적일 때의 유형은 '계산적 몰입'에 해당된다.
③ 조직과 구성원 간의 관계가 부정적, 착취적 상태인 몰입의 유형은 '소외적 몰입'에 해당된다.
④ '도덕적 몰입'은 몰입의 정도가 가장 낮다고 할 수 있다.
⑤ '계산적 몰입'은 공적인 조직에서 찾아볼 수 있으며 단순한 참여와 근속만을 의미한다.

TIP 》 도덕적 몰입은 비영리적 조직에서 찾아볼 수 있는 조직몰입 형태로 도덕적이며 규범적 동기에서 조직에 참가하는 것으로 조직몰입의 강도가 제일 높으며 가장 긍정적 조직으로의 지향을 나타낸다. 계산적 몰입은 조직과 구성원 간의 관계가 타산적이고 합리적일 때의 유형으로 몰입의 정도는 중간 정도를 보이게 되며, 몰입 방향은 긍정적 혹은 부정적 방향으로 나타날 수 있다. 이러한 몰입은 공적인 조직에서 찾아볼 수 있으며 단순한 참여와 근속만을 의미한다. 소외적 몰입은 주로 교도소, 포로수용소 등 착취적인 관계에서 볼 수 있는 것으로 조직과 구성원간의 관계가 부정적 상태인 몰입이다.

11 신입사원 교육을 받으러 온 직원들에게 나눠준 조직도를 보고 사원들이 나눈 대화이다. 다음 중 조직도를 올바르게 이해한 사원을 모두 고른 것은?

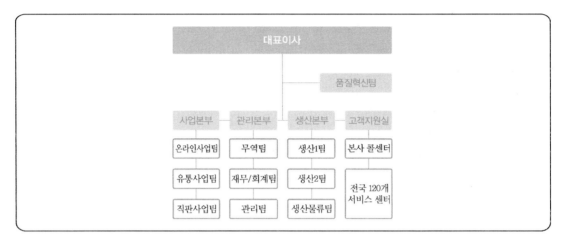

A : 조직도를 보면 본사는 3개 본부, 1개 지원실, 콜센터를 포함한 총 10개 팀으로 구성되어 있군.
B : 그런데 품질혁신팀은 따로 본부에 소속되어 있지 않고 대표이사님 직속으로 소속되어 있네.
C : 전국의 서비스센터는 고객지원실에서 관리해.

① A   ② B
③ A, C   ④ B, C
⑤ A, B, C

TIP 》 A : 콜센터를 포함하면 11개의 팀으로 구성되어 있다.

12 K사의 생산 제품은 다음과 같은 특징을 갖고 있다. 이 경우 K사가 취할 수 있는 경영전략으로 가장 적절한 것은?

> • 다수의 소규모 업체들이 경쟁하며 브랜드의 중요성이 거의 없다.
> • 특정 계층의 구분 없이 동일한 제품이 쓰인다.
> • 생산 방식과 공정이 심플하다.
> • 지속적으로 사용해야 하는 소모품이다.
> • 대중들에게 널리 보급되어 있다.
> • 특별한 기술력이 요구되지 않는다.
> • 제품 생산 노하우가 공개되어 있다.

① 모방 전략
② 차별화 전략
③ SNS 전략
④ 집중화 전략
⑤ 원가우위 전략

　　TIP》 제품의 생산 기술력이 공개되어 있고 특별한 노하우가 필요하지 않다는 점, 브랜드 이미지나 생산업체의 우수성 등이 중요한 마케팅 요소로 작용되지 않는다는 점 등으로 인해 기술적 차별화를 이루기 어려우며, 모든 대중들에게 계층 구분 없이 같은 제품이 보급되어 쓰이고 있는 소모품이라는 점 등으로 인해 일부 특정 시장을 겨냥한 집중화 전략이 적절하다고 볼 수 없다. 이 경우, 원자재 구매력 향상이나 유통 단계 효율화 등을 통한 원가우위 전략이 효과적이다.

13 다음과 관련된 개념은 무엇인가?

> 조직이 지속되게 되면서 조직구성원들 간에 공유되는 생활양식이나 가치로 조직구성원들의 사고와 행동에 영향을 미치며 일체감과 정체성을 부여하고 조직이 안정적으로 유지되게 한다. 최근 조직문화에 대한 중요성이 부각되면서 긍정적인 방향으로 조성하기 위한 경영층의 노력이 이루어지고 있다.

① 조직의 규칙   ② 조직문화
③ 조직목표   ④ 조직위계
⑤ 조직구조

TIP 》 • 조직목표 : 조직이 달성하려는 장래의 상태로 조직이 존재하는 정당성과 합법성을 제공한다.
　　　　 • 조직구조 : 조직 내의 구성원들 사이에 형성된 관계로 조직목표를 달성하기 위한 조직구성원의 상호작용을 보여준다.
　　　　 • 조직문화 : 조직이 지속되게 되면서 조직구성원들 간에 공유되는 생활양식이나 가치로 조직구성원들의 사고와 행동에 영향을 미치며 일체감과 정체성을 부여하고 조직이 안정적으로 유지되게 한다.
　　　　 • 조직의 규칙과 규정 : 조직의 목표나 전략에 따라 수립되어 조직구성원들의 활동범위를 제약하고 일관성을 부여하는 기능을 하는 것으로 인사규정, 총무규정, 회계규정 등이 있다.

┃14~15┃ 다음 조직도를 보고 물음에 답하시오.

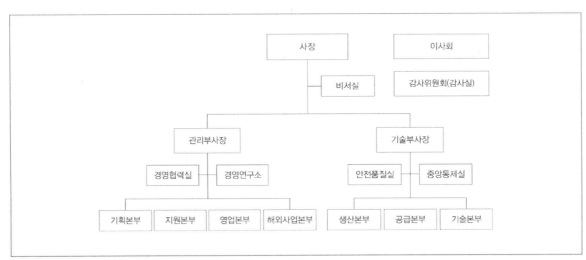

14 위 조직도에 대한 설명으로 적합하지 않은 것은?

① 위와 같은 조직구조의 형태를 '기능적 조직구조'라고 한다.

② 산하 조직의 수가 더 많은 관리부사장이 기술부사장보다 강력한 권한과 지위를 갖는다.

③ 일반적으로 위와 같은 형태의 조직구조는 급변하는 환경변화에 효과적으로 대응하고 제품, 지역, 고객별 차이에 신속하게 적응하기에 적절한 구조가 아니다.

④ 위와 같은 조직도를 통해 조직에서 하는 일은 무엇이며, 조직구성원들이 어떻게 상호작용하는지 파악할 수 있다.

⑤ 업무의 내용이 유사하고 관련성 있는 업무를 결합해서 조직을 구성하였다.

> **TIP 》** 제시된 그림의 조직구조는 기능적 조직구조의 형태를 갖는다. 환경이 안정적이거나 일상적인 기술, 조직의 내부 효율성을 중요시하며 기업의 규모가 작을 때에는 업무의 내용이 유사하고 관련성이 있는 것들을 결합해서 제시된 그림과 같이 '기능적 조직구조' 형태를 이룬다. 또한, 급변하는 환경변화에 효과적으로 대응하고 제품, 지역, 고객별 차이에 신속하게 적응하기 위해 분권화된 의사결정이 가능한 '사업별 조직구조' 형태를 이룰 필요가 있다. 사업별 조직구조는 개별 제품, 서비스, 제품그룹, 주요 프로젝트나 프로그램 등에 따라 조직화되며 제품에 따라 조직이 구성되고 각 사업별 구조 아래 생산, 판매, 회계 등의 역할이 이루어진다. 한편, 업무적 중요도나 경영의 방향 등의 요소를 배제하고 단순히 산하 조직 수의 많고 적음으로 해당 조직의 장의 권한이 결정된다고 볼 수 없다.

15 조직 및 인적 구성을 한눈에 알 수 있게 해 주는 위와 같은 조직도를 참고할 때, 하위 7개 본부 중 '인사노무처'와 '자원기술처'라는 명칭의 조직이 속한다고 볼 수 있는 본부로 가장 적절한 것은?

① 지원본부, 기술본부

② 지원본부, 생산본부

③ 기획본부, 생산본부

④ 기획본부, 공급본부

⑤ 영업본부, 공급본부

> **TIP 》** 인사노무처는 인력을 관리하고, 급여, 노사관리 등의 지원 업무가 주 활동이므로 지원본부, 자원기술처는 생산기술이나 자원 개발 등에 관한 기술적 노하우 등 자원 활용기술 업무가 주 활동이라고 판단할 수 있으므로 기술본부에 속하는 것이 가장 합리적인 조직 배치라고 할 수 있다.

16 다음 '갑' 기업과 '을' 기업에 대한 설명 중 적절하지 않은 것은?

> '갑' 기업은 다양한 사외 기관, 단체들과의 상호 교류 등 업무가 잦아 관련 업무를 전담하는 조직이 갖춰져 있다. 전담 조직의 인원이 바뀌는 일은 가끔 있지만, 상설 조직이 있어 매번 발생하는 유사 업무를 효율적으로 수행한다.
> '을' 기업은 사내 당구 동호회가 구성되어 있어 동호회에 가입한 직원들은 정기적으로 당구장을 찾아 쌓인 스트레스를 풀곤 한다. 가입과 탈퇴가 자유로우며 당구를 좋아하는 직원은 누구든 참여가 가능하다. 당구 동호회에 가입한 직원은 직급이 아닌 당구 실력으로만 평가 받으며, 언제 어디서 당구를 즐기든 상사의 지시를 받지 않아도 된다.

① '갑' 기업의 상설 조직은 의도적으로 만들어진 집단이다.
② '갑' 기업 상설 조직의 임무는 보통 명확하지 않고 즉흥적인 성격을 띤다.
③ '을' 기업 당구 동호회는 공식적인 임무 이외에 다양한 요구들에 의해 구성되는 경우가 많다.
④ '갑' 기업 상설 조직의 구성원은 인위적으로 참여한다.
⑤ '을' 기업 당구 동호회의 활동은 자발적이며 행위에 대한 보상은 '즐거움' 또는 '보람'이다.

> **TIP 》** '갑' 기업의 상설 조직은 공식적, '을' 기업의 당구 동호회는 비공식적 집단이다. 공식적인 집단은 조직의 공식적인 목표를 추구하기 위해 조직에서 의도적으로 만든 집단이다. 따라서 공식적인 집단의 목표나 임무는 비교적 명확하게 규정되어 있으며, 여기에 참여하는 구성원들도 인위적으로 결정되는 경우가 많다.

17 다음 〈보기〉와 같은 조직문화의 형태와 그 특징에 대한 설명 중 적절한 것만을 모두 고른 것은?

> 〈보기〉
> (가) 위계를 지향하는 조직문화는 조직원 개개인의 능력과 개성을 존중한다.
> (나) 과업을 지향하는 조직문화는 업무 수행의 효율성을 강조한다.
> (다) 혁신을 지향하는 조직문화는 조직의 유연성과 외부 환경에의 적응에 초점을 둔다.
> (라) 관계를 지향하는 조직문화는 구성원들의 상호 신뢰와 인화 단결을 중요시한다.

① (나), (다), (라)   ② (가), (다), (라)
③ (가), (나), (라)   ④ (가), (나), (다)
⑤ (가), (나), (다), (라)

TIP 》 (가) 위계를 강조하는 조직문화 하에서는 조직 내부의 안정적이고 지속적인 통합, 조정을 바탕으로 일사불란한 조직 운영의 효율성을 추구하게 되는 특징이 있다. 조직원 개개인의 능력과 개성을 존중하는 모습은 혁신과 관계를 지향하는 조직문화에서 찾아볼 수 있는 특징이다.

18 다음은 A사의 임직원 행동지침의 일부이다. 이에 대한 설명으로 가장 옳지 않은 것은?

> 제○○조(외국 업체 선정을 위한 기술평가위원회 운영)
> ① 외국 업체 선정을 위한 기술평가위원회 운영이 필요한 경우 기술평가위원 위촉 시 부패행위 전력자 및 당사 임직원 행동강령 제5조 제1항 제2호 및 제3호에 따른 이해관계자를 배제해야 하며, 기술평가위원회 활동 중인 위원의 부정행위 적발 시에는 해촉하도록 한다.
> ② 외국 업체 선정을 위한 기술평가위원회 위원은 해당 분야 자격증, 학위 소지여부 등에 대한 심사를 엄격히 하여 전문성을 가진 자로 선발한다.
> ③ 계약 관련 외국 업체가 사전로비를 하는 것을 방지하기 위하여 외국 업체 선정을 위한 기술평가위원회 명단을 공개하는 것을 금지한다.
> ④ 외국 업체 선정을 위한 기술평가위원회를 운영할 경우 위원의 제척, 기피 및 회피제를 포함하여야 하며, 평가의 공정성 및 책임성 확보를 위해 평가위원으로부터 청렴서약서를 징구한다.
> ⑤ 외국 업체 선정을 위한 기술평가위원회를 개최하는 경우 직원은 평가위원의 발언 요지, 결정사항 및 표결내용 등의 회의결과를 기록하고 보관해야 한다.

① 기술평가위원의 발언과 결정사항 등은 번복이나 변경을 방지하고자 기록된다.
② 기술평가위원이 누구인지 내부적으로는 공개된다.
③ 이해관계에 의한 불공정 평가는 엄정히 방지된다.
④ 기술평가위원에게 해당 분야의 전문성은 필수조건이다.
⑤ 부패행위의 전력이 있어도 기술위원으로 위촉될 수 없다.

TIP 》 임직원 행동지침에 나타난 내용을 통하여 조직의 업무를 파악할 줄 알아야 한다. 제시된 임직원 행동지침 ③에서는 외국 업체 선정을 위한 기술평가위원회 명단을 공개하는 것을 금지한다고 명시하고 있다. 이는 외부는 물론 내부적으로도 금지하는 것이 원칙으로, 내부에 공개할 경우 정보 누수 등을 통해 외부로 유출될 수 있기 때문이다.

ANSWER 〉 16.② 17.① 18.②

19 다음 설명을 참고할 때, '차별화 전략'의 단점으로 가장 거리가 먼 것은?

> 조직의 경영전략은 경영자의 경영이념이나 조직의 특성에 따라 다양하다. 이 중 대표적인 경영전략으로 마이클 포터(Michael E. Porter)의 본원적 경쟁전략이 있다. 본원적 경쟁전략은 해당 사업에서 경쟁우위를 확보하기 위한 전략이며 차별화 전략, 집중화 전략, 원가우위 전략이 이에 속한다.
>
> 차별화 전략은 조직이 생산품이나 서비스를 차별화하여 고객에게 가치가 있고 독특하게 인식되도록 하는 전략이다. 이러한 전략을 활용하기 위해서는 연구개발이나 광고를 통하여 기술, 품질, 서비스, 브랜드 이미지를 개선할 필요가 있다.

① 많은 비용이 수반된다.

② 비차별화 전략에 비해 시장을 세분화해야 하는 어려움이 있다.

③ 다양한 상품 개발에 따라 상품 원가가 높아질 수 있다.

④ 유통경로 관리와 촉진에 추가적인 노력이 필요하다.

⑤ 과도한 가격경쟁력 확보를 추진할 경우 수익구조에 악영향을 끼칠 수 있다.

TIP 》 가격경쟁력을 확보하고자 하는 것은 원가우위 전략에서 실시하는 세부 전략 내용이다. 원가를 낮춰 더 많은 고객을 확보하는 것이 원가우위 전략의 기본 목표이므로 이러한 전략이 과도할 경우 매출만 신장될 뿐 수익구조가 오히려 악화될 우려가 있다.
한편, 차별화 전략은 여러 세분화된 시장을 표적 시장으로 삼아 이들 각각에 독특한 상품을 제공하고자 하는 전략으로 차별적 마케팅을 추진하기 위하여 많은 비용이 수반된다. 또한, 상품과 시장이 다양해져 그에 따른 관리 비용 역시 많아진다는 것이 가장 큰 단점이라고 할 수 있다.

20 다음 (가)~(바) 중 조직 경영에 필요한 요소에 대한 설명을 모두 고른 것은?

> (가) 조직의 목적 달성을 위해 경영자가 수립하는 것으로 보다 구체적인 방법과 과정이 담겨있다.
>
> (나) 조직에서 일하는 구성원으로, 경영은 이들의 직무수행에 기초하여 이루어지기 때문에 이들의 배치 및 활용이 중요하다.
>
> (다) 생산자가 상품 또는 서비스를 소비자에게 유통시키는 데 관련된 모든 체계적 경영활동이다.
>
> (라) 특정의 경제적 실체에 관해 이해관계에 있는 사람들에게 합리적이고 경제적인 의사결정을 하는 데 있어 유용한 재무적 정보를 제공하기 위한 것으로, 이러한 일련의 과정 또는 체계를 뜻한다.
>
> (마) 경영을 하는 데 사용할 수 있는 돈으로 이것이 충분히 확보되는 정도에 따라 경영의 방향과 범위가 정해지게 된다.
>
> (바) 조직이 변화하는 환경에 적응하기 위하여 경영활동을 체계화하는 것으로 목표달성을 위한 수단이다.

① (가), (다), (마)

② (나), (다), (라)

③ (가), (다), (라), (바)

④ (가), (나), (다), (라)

⑤ (가), (나), (마), (바)

> **TIP** 》 (가) 경영목적, (나) 인적자원, (다) 마케팅, (라) 회계관리, (마) 자금, (바) 경영전략에 대한 설명이다. 조직 경영에 필요한 4대 요소는 경영목적, 인적자원, 자금, 경영전략이다.

ANSWER 〉 19.⑤ 20.⑤

21 다음은 J사의 2018년 조직도이다. 조직도를 보고 잘못 이해한 것은?

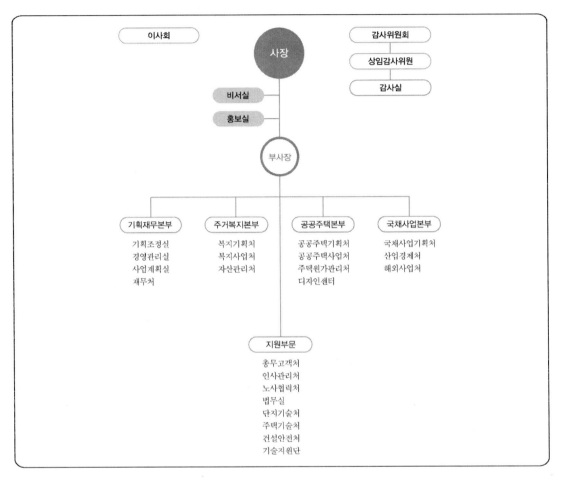

① 부사장은 따로 비서실을 두고 있지 않다.

② 비서실과 홍보실은 사장 직속으로 소속되어 있다.

③ 감사실은 공정한 감사를 위해 다른 조직들과는 구분되어 감사위원회 산하로 소속되어 있다.

④ 부사장 직속으로는 1개 부문, 1실, 6개 처, 1개의 지원단으로 구성되어 있다.

⑤ 주거복지본부와 국채사업본부는 모두 3개 처로 구성되어 있다.

    TIP 》 부사장 직속은 4개의 본부와 1개의 부문으로 구성되어 있다.

22 숙박업소 K사장은 미숙한 경영전략으로 주변 경쟁업소에 점점 뒤처지게 되어 매출은 곤두박질 쳤고 이에 따라 직원들은 더 이상 근무할 수 없게 되었다. 경영전략 차원에서 볼 때, K사장이 시도했어야 하는 차별화 전략으로 추진하기에 적절하지 않은 것은?

① 주차장 이용 시 무료주차와 같은 추가 서비스를 제공한다.

② 직원의 복지를 위해 휴게 시설을 마련한다.

③ 경쟁업소보다 가격을 낮춰 고객을 유치한다.

④ 새로운 객실 인테리어를 통해 신선감을 갖춘다.

⑤ 포인트 적립 카드 사용과 1회용품의 고급화를 시도한다.

> **TIP》** 차별화 전략은 조직이 생산품이나 서비스를 차별화하여 고객에게 가치가 있고 독특하게 인식되도록 하는 전략이다. 차별화 전략을 활용하기 위해 연구개발이나 광고를 통해 기술, 품질, 서비스, 브랜드 이미지를 개선할 필요가 있다.

23 T 대기업 경영전략팀은 기업의 새로운 도약을 위해 2020년 1차 경영토론회를 주최하였다. 다음 중 토론자들의 경영시장 종류에 대한 발언으로 옳지 않은 것은?

① 블루오션은 경쟁을 목표로 하고 존재하는 소비자와 현존하는 시장에 초점을 맞췄습니다.

② 레드오션은 산업 간 경계선이 명확하게 그어져 있습니다.

③ 레드오션은 어떻게 경쟁자를 앞지를 것인가에 대한 '시장경쟁전략'을 말합니다.

④ 블루오션은 아직 우리가 모르고 있는 가능성의 시장 공간이라 할 수 있습니다.

⑤ 블루오션은 기존 산업의 경계선 바깥에서 새롭게 창출되는 시장을 말합니다.

> **TIP》** 레드오션은 경쟁을 목표로 하고, 존재하는 소비자와 현존하는 시장에 초점(시장경쟁전략)을 맞춘 반면, 블루오션은 비 고객에게 초점(시장창조전략)을 맞추고 새로운 수요를 창출하고자 한다.

ANSWER 》 21.④ 22.② 23.①

24 다음은 작년의 사내 복지 제도와 그에 따른 4/4분기 복지 지원 내역이다. 인사팀의 사원 Z씨는 팀장님의 지시로 작년 4/4분기 지원 내역을 구분하여 정리했다. 다음 중 구분이 잘못된 직원은?

〈사내 복지 제도〉

구분	세부사항
주택 지원	사택지원 (1~6동 총 6개 동 120가구) 기본 2년(신청 시 1회 2년 연장 가능)
경조사 지원	본인/가족 결혼, 회갑 등 각종 경조사 시 경조금, 화환 및 경조휴가 제공
학자금 지원	고등학생, 대학생 학자금 지원
기타	상병 휴가, 휴직, 4대 보험 지원

〈4/4분기 지원 내역〉

이름	부서	직위	세부사항	금액(천 원)
정희진	영업1팀	사원	모친상	1,000
유연화	총무팀	차장	자녀 대학진학(입학금 제외)	4,000
김길동	인사팀	대리	본인 결혼	500
최선하	IT개발팀	과장	병가(실비 제외)	100
김만길	기획팀	사원	사택 제공(1동 702호)	–
송상현	생산2팀	사원	장모상	500
길태화	기획팀	과장	생일	50(상품권)
최현식	총무팀	차장	사택 제공(4동 204호)	–
최판석	총무팀	부장	자녀 결혼	300
김동훈	영업2팀	대리	생일	50(상품권)
백예령	IT개발팀	사원	본인 결혼	500

구분	이름
주택 지원	김만길, 최현식
경조사 지원	정희진, 김길동, 길태화, 최판석, 김동훈, 백예령
학자금 지원	유연화
기타	최선하, 송상현

① 정희진　　　　　　　　　② 김동훈
③ 유연화　　　　　　　　　④ 송상현
⑤ 최선하

25 해외 주재원으로 근무하는 김 과장은 현지 거래처 중요 인사들을 초청하여 저녁 식사 자리를 갖
게 되었다. 식사 자리에서의 김 과장의 다음과 같은 행동 중 상황에 따른 국제 매너에 비추어 적
절하지 않은 것은?

① 테이블의 모양과 좌석의 배치 등이 매우 중요하므로 사전에 이메일로 정확한 참석자의 테이블
배치를 통보해 주었다.

② 부부동반 모임이 아니므로 지사장 바로 옆 자리에 거래처 대표의 자리를 마련하였다.

③ 주최 측 직원인 박 사원은 메뉴 선택에 익숙하지 않아 거래처 손님의 주문을 지켜본 후 '같은
것으로 하겠다.'고 하였다.

④ 식사 중 김 과장은 포크를 테이블 위에 올려놓을 때는 날이 위를 향하도록 놓으며 뒤집어 놓지
않도록 주의하였다.

⑤ 식사 중 사용하던 냅킨이 테이블 위에 올라가지 않도록 의자 위에 두고 화장실을 다녀왔다.

TIP 》 ③ 일반적으로 메뉴를 선택할 때 손님에게 일임하거나 무조건 같은 것으로 하겠다고 하는 것은 적절한
매너가 아니다.
② 초청자 측의 가장 윗사람 바로 옆에 상대방 측의 가장 윗사람의 자리를 마련한다.
⑤ 식사가 끝나기 전에 냅킨을 테이블 위에 두는 것은 금기다. 냅킨을 올려놓는 때는 커피를 마시고
난 다음이 적절하다.

26 다음 보기에서 국제 매너를 바르게 설명하지 않은 것은?

① 이탈리아에서 상대방과 대화할 때는 중간에 말을 끊지 않는다.

② 프랑스에서 사업차 거래처 사람들과 식사를 할 때 사업에 관한 이야기는 정식 코스가 끝날 때 한다.

③ 생선 요리는 뒤집어먹지 않는다.

④ 멕시코에서 상대방에게 초대를 받았다면 나 또한 상대방을 초대하는 것이 매너이다.

⑤ 이란에서 꽃을 선물로 줄 때 노란색으로 준비한다.

　　TIP 》 이란에서 노란색 꽃은 적대감을 표시한다.

27 조직체제 안에는 조직을 이루는 여러 집단이 있다. 다음 중 '집단'의 특징을 적절하게 설명하지 못한 것은?

① 비공식적으로 구성된 집단은 조직구성원들의 요구에 따라 자발적으로 형성되었으며, 봉사활동 동아리, 친목 동호회 등이 있다.

② 조직 내에서는 한정된 자원을 가지고 상반된 목표를 추구하기 때문에 경쟁이 발생하기도 한다.

③ 조직 내 집단은 일반적으로 이익 집단과 감독 집단으로 나뉜다.

④ 집단 간의 적절한 갈등은 응집성이 강화되고 집단의 활동이 더욱 조직화되는 장점이 있다.

⑤ 직업인들은 자신이 속한 집단에서 소속감을 느끼며, 필요한 정보를 획득하고, 인간관계를 확장하는 등의 요구를 충족할 수 있게 된다.

　　TIP 》 조직 내 집단은 공식적인 집단과 비공식적인 집단으로 구분할 수 있다. 공식적인 집단은 조직의 공식적인 목표를 추구하기 위해 조직에서 의도적으로 만든 집단이다. 반면에, 비공식적인 집단은 조직구성원들의 요구에 따라 자발적으로 형성된 집단이다. 이는 공식적인 업무수행 이외에 다양한 요구들에 의해 이루어진다.

28 어느 조직이나 일정한 인원이 함께 근무하는 경우 '조직문화'가 생기게 된다. 다음 중 조직문화의 기능과 구성요소에 대하여 적절하게 설명한 것이 아닌 것은?

① 조직문화의 구성요소로는 공유가치, 리더십 스타일, 예산, 관리 기술, 전략, 제도 및 절차, 구성원이 있다.

② 조직문화는 조직 구성원에게 일체감과 정체성을 부여하지만 타 조직과의 융합에 걸림돌로 작용하기도 한다.

③ 조직의 통합과 안정성을 중시하고 서열화된 조직 구조를 추구하는 관리적 조직문화, 실적을 중시하고 직무에 몰입하며 미래를 위한 계획 수립을 강조하는 과업지향적 조직문화 등이 있다.

④ 조직문화의 기능으로 구성원의 사회화 도모 및 일탈 행동을 통제하는 측면도 기대할 수 있다.

⑤ 조직의 목표는 조직문화에 반영될 수 있으며, 조직원들에게 동기 부여와 수행 평가의 기준이 되기도 한다.

> **TIP》** 조직문화의 7가지 구성요소는 공유가치, 리더십 스타일, 구조, 관리 기술, 전략, 제도 및 절차, 구성원이며 예산은 조직문화 구성요소에 포함되지 않는다.
> ② 이 밖에도 조직문화는 구성원의 몰입도를 향상시키고 조직의 안정성을 유지시켜 주는 기능도 포함한다.
> ③ 관리적 조직문화, 과업지향적 조직문화 등과 함께 관계지향적 조직문화, 유연한 조직문화 등이 있다.

▮ 29~30 ▮ 다음은 甲사의 내부 결재 규정에 대한 설명이다. 다음 글을 읽고 이어지는 물음에 답하시오.

제○○조(결재)
① 기안한 문서는 결재권자의 결재를 받아야 효력이 발생한다.
② 결재권자는 업무의 내용에 따라 이를 위임하여 전결하게 할 수 있으며, 이에 대한 세부사항은 따로 규정으로 정한다. 결재권자가 출장, 휴가, 기타의 사유로 상당한 기간 동안 부재중일 때에는 그 직무를 대행하는 자가 대결할 수 있되, 내용이 중요한 문서는 결재권자에게 사후에 보고(후결)하여야 한다.
③ 결재에는 완결, 전결, 대결이 있으며 용어에 대한 정의와 결재방법은 다음과 같다.
  1. 완결은 기안자로부터 최종 결재권자에 이르기까지 관계자가 결재하는 것을 말한다.
  2. 전결은 사장이 업무내용에 따라 각 부서장에게 결재권을 위임하여 결재하는 것을 말하며, 전결하는 경우에는 전결하는 자의 서명란에 '전결' 표시를 하고 맨 오른쪽 서명란에 서명하여야 한다.
  3. 대결은 결재권자가 부재중일 때 그 직무를 대행하는 자가 하는 결재를 말하며, 대결하는 경우에는 대결하는 자의 서명란에 '대결' 표시를 하고 맨 오른쪽 서명란에 서명하여야 한다.

제○○조(문서의 등록)
① 문서는 당년 마지막 문서에 대한 결재가 끝난 즉시 결재일자 순서에 따라서 번호를 부여하고 처리과별로 문서등록대장에 등록하여야 한다. 동일한 날짜에 결재된 문서는 조직내부 원칙에 의해 우선순위 번호를 부여한다. 다만, 비치문서는 특별한 규정이 있을 경우를 제외하고는 그 종류별로 사장이 정하는 바에 따라 따로 등록할 수 있다.
② 문서등록번호는 일자별 일련번호로 하고, 내부결재문서인 때에는 문서등록대장의 수신처란에 '내부결재' 표시를 하여야 한다.
③ 처리과는 당해 부서에서 기안한 모든 문서, 기안형식 외의 방법으로 작성하여 결재권자의 결재를 받은 문서, 기타 처리과의 장이 중요하다고 인정하는 문서를 제1항의 규정에 의한 문서등록대장에 등록하여야 한다.
④ 기안용지에 의하여 작성하지 아니한 보고서 등의 문서는 그 문서의 표지 왼쪽 위의 여백에 부서기호, 보존기간, 결재일자 등의 문서등록 표시를 한 후 모든 내용을 문서등록대장에 등록하여야 한다.

29 다음 중 甲사의 결재 및 문서의 등록 규정을 바르게 이해하지 못한 것은?

① '대결'은 결재권자가 부재중일 경우 직무대행자가 행하는 결재 방식이다.

② 최종 결재권자는 여건에 따라 상황에 맞는 전결권자를 지정할 수 있다.

③ '전결'과 '대결'은 문서 양식상의 결재방식이 동일하다.

④ 문서등록대장은 매년 1회 과별로 새롭게 정리된다.

⑤ 기안문과 보고서 등 모든 문서는 결재일자가 기재되며 그 일자에 따라 문서등록대장에 등록된다.

> **TIP 》** ② '결재권자는 업무의 내용에 따라 이를 위임하여 전결하게 할 수 있다'고 규정되어 있으나, 동시에 '이에 대한 세부사항은 따로 규정으로 정한다.'고 명시되어 있다. 따라서 여건에 따라 상황에 맞는 전결권자를 지정한다는 것은 규정에 부합하는 행위로 볼 수 없다.

30 甲사에 근무하는 직원의 다음과 같은 결재 문서 관리 및 조치 내용 중 규정에 의거한 적절한 것은?

① A 대리는 같은 날짜에 결재된 문서 2건을 같은 문서번호로 분류하여 등록하였다.

② B 대리는 중요한 내부결재문서에는 '내부결재'를 표시하였고, 그 밖의 문서에는 '일반문서'를 표시하였다.

③ C 과장은 부하 직원에게 문서등록대장에 등록된 문서 중 결재 문서가 아닌 것도 포함될 수 있다고 알려주었다.

④ D 사원은 문서의 보존기간은 보고서에 필요한 사항이며 기안 문서에는 기재할 필요가 없다고 판단하였다.

⑤ 본부장이 최종 결재권자로 위임된 문서를 본부장 부재 시에 팀장이 최종 결재하게 되면, 팀장은 '전결' 처리를 한 것이다.

> **TIP 》** ③ 결재 문서가 아니라도 처리과의 장이 중요하다고 인정하는 문서는 문서등록대장에 등록되어야 한다고 규정하고 있으므로 신 과장의 지침은 적절하다고 할 수 있다.
> ① 같은 날짜에 결재된 문서인 경우 조직 내부 원칙에 의해 문서별 우선순위 번호를 부여해야 한다.
> ② 중요성 여부와 관계없이 내부 결재 문서에는 모두 '내부결재' 표시를 하도록 규정하고 있다.
> ④ 보고서에는 별도의 보존기간 기재란이 없으므로 문서의 표지 왼쪽 위의 여백에 기재란을 마련하라고 규정되어 있으나, 기안 문서에는 문서 양식 자체에 보존기간을 기재하는 것이 일반적이므로 D 사원의 판단은 옳지 않다.
> ⑤ 최종 결재권을 위임받은 자가 본부장이므로 본부장이 결재를 한 것이 '전결'이 되며, 본부장 부재 시에 팀장이 대신 결재를 한 것은 '대결'이 된다.

ANSWER 〉 29.② 30.③

05 정보능력

1 정보화사회와 정보능력

(1) 정보와 정보화사회

① 자료 · 정보 · 지식

구분	특징
자료(Data)	객관적 실제의 반영이며, 그것을 전달할 수 있도록 기호화한 것
정보(Information)	자료를 특정한 목적과 문제해결에 도움이 되도록 가공한 것
지식(Knowledge)	정보를 집적하고 체계화하여 장래의 일반적인 사항에 대비해 보편성을 갖도록 한 것

② **정보화사회** … 필요로 하는 정보가 사회의 중심이 되는 사회

(2) 업무수행과 정보능력

① 컴퓨터의 활용 분야
   ㉠ 기업 경영 분야에서의 활용 : 판매, 회계, 재무, 인사 및 조직관리, 금융 업무 등
   ㉡ 행정 분야에서의 활용 : 민원처리, 각종 행정 통계 등
   ㉢ 산업 분야에서의 활용 : 공장 자동화, 산업용 로봇, 판매시점관리시스템(POS) 등
   ㉣ 기타 분야에서의 활용 : 교육, 연구소, 출판, 가정, 도서관, 예술 분야 등

② 정보처리과정
   ㉠ 정보 활용 절차 : 기획 → 수집 → 관리 → 활용
   ㉡ 5W2H : 정보 활용의 전략적 기획
   • WHAT(무엇을?) : 정보의 입수대상을 명확히 한다.
   • WHERE(어디에서?) : 정보의 소스(정보원)를 파악한다.
   • WHEN(언제까지) : 정보의 요구(수집)시점을 고려한다.
   • WHY(왜?) : 정보의 필요목적을 염두에 둔다.
   • WHO(누가?) : 정보활동의 주체를 확정한다.
   • HOW(어떻게) : 정보의 수집방법을 검토한다.
   • HOW MUCH(얼마나?) : 정보수집의 비용성(효용성)을 중시한다.

예제 1

5W2H는 정보를 전략적으로 수집·활용할 때 주로 사용하는 방법이다. 5W2H에 대한 설명으로 옳지 않은 것은?

① WHAT : 정보의 수집방법을 검토한다.
② WHERE : 정보의 소스(정보원)를 파악한다.
③ WHEN : 정보의 요구(수집)시점을 고려한다.
④ HOW : 정보의 수집방법을 검토한다.

[출제의도]
방대한 정보들 중 꼭 필요한 정보와 수집 방법 등을 전략적으로 기획하고 정보수집이 이루어질 때 효과적인 정보 수집이 가능해진다. 5W2H는 이러한 전략적 정보 활용 기획의 방법으로 그 개념을 이해하고 있는지를 묻는 질문이다.
[해설]
5W2H의 'WHAT'은 정보의 입수대상을 명확히 하는 것이다. 정보의 수집방법을 검토하는 것은 HOW(어떻게)에 해당되는 내용이다.

답 ①

(3) 사이버공간에서 지켜야 할 예절

① 인터넷의 역기능
   ㉠ 불건전 정보의 유통
   ㉡ 개인 정보 유출
   ㉢ 사이버 성폭력
   ㉣ 사이버 언어폭력
   ㉤ 언어 훼손
   ㉥ 인터넷 중독
   ㉦ 불건전한 교제
   ㉧ 저작권 침해

② 네티켓(netiquette) … 네트워크(network) + 에티켓(etiquette)

(4) 정보의 유출에 따른 피해사례

① 개인정보의 종류

　㉠ **일반 정보** : 이름, 주민등록번호, 운전면허정보, 주소, 전화번호, 생년월일, 출생지, 본적지, 성별, 국적 등

　㉡ **가족 정보** : 가족의 이름, 직업, 생년월일, 주민등록번호, 출생지 등

　㉢ **교육 및 훈련 정보** : 최종학력, 성적, 기술자격증/전문면허증, 이수훈련 프로그램, 서클 활동, 상벌사항, 성격/행태보고 등

　㉣ **병역 정보** : 군번 및 계급, 제대유형, 주특기, 근무부대 등

　㉤ **부동산 및 동산 정보** : 소유주택 및 토지, 자동차, 저축현황, 현금카드, 주식 및 채권, 수집품, 고가의 예술품 등

　㉥ **소득 정보** : 연봉, 소득의 원천, 소득세 지불 현황 등

　㉦ **기타 수익 정보** : 보험가입현황, 수익자, 회사의 판공비 등

　㉧ **신용 정보** : 대부상황, 저당, 신용카드, 담보설정 여부 등

　㉨ **고용 정보** : 고용주, 회사주소, 상관의 이름, 직무수행 평가 기록, 훈련기록, 상벌기록 등

　㉩ **법적 정보** : 전과기록, 구속기록, 이혼기록 등

　㉪ **의료 정보** : 가족병력기록, 과거 의료기록, 신체장애, 혈액형 등

　㉫ **조직 정보** : 노조가입, 정당가입, 클럽회원, 종교단체 활동 등

　㉬ **습관 및 취미 정보** : 흡연/음주량, 여가활동, 도박성향, 비디오 대여기록 등

② 개인정보 유출방지 방법

　㉠ 회원 가입 시 이용 약관을 읽는다.

　㉡ 이용 목적에 부합하는 정보를 요구하는지 확인한다.

　㉢ 비밀번호는 정기적으로 교체한다.

　㉣ 정체불명의 사이트는 멀리한다.

　㉤ 가입 해지 시 정보 파기 여부를 확인한다.

　㉥ 남들이 쉽게 유추할 수 있는 비밀번호는 자제한다.

② 정보능력을 구성하는 하위능력

(1) 컴퓨터활용능력

① 인터넷 서비스 활용

 ㉠ 전자우편(E-mail) 서비스 : 정보 통신망을 이용하여 다른 사용자들과 편지나 여러 정보를 주고받는 통신 방법

 ㉡ 인터넷 디스크/웹 하드 : 웹 서버에 대용량의 저장 기능을 갖추고 사용자가 개인용 컴퓨터의 하드 디스크와 같은 기능을 인터넷을 통하여 이용할 수 있게 하는 서비스

 ㉢ 메신저 : 인터넷에서 실시간으로 메시지와 데이터를 주고받을 수 있는 소프트웨어

 ㉣ 전자상거래 : 인터넷을 통해 상품을 사고팔거나 재화나 용역을 거래하는 사이버 비즈니스

② 정보검색 … 여러 곳에 분산되어 있는 수많은 정보 중에서 특정 목적에 적합한 정보만을 신속하고 정확하게 찾아내어 수집, 분류, 축적하는 과정

 ㉠ 검색엔진의 유형

- 키워드 검색 방식 : 찾고자 하는 정보와 관련된 핵심적인 언어인 키워드를 직접 입력하여 이를 검색 엔진에 보내어 검색 엔진이 키워드와 관련된 정보를 찾는 방식
- 주제별 검색 방식 : 인터넷상에 존재하는 웹 문서들을 주제별, 계층별로 정리하여 데이터베이스를 구축한 후 이용하는 방식
- 통합형 검색방식 : 사용자가 입력하는 검색어들이 연계된 다른 검색 엔진에게 보내고 이를 통하여 얻어진 검색 결과를 사용자에게 보여주는 방식

 ㉡ 정보 검색 연산자

기호	연산자	검색조건
*, &	AND	두 단어가 모두 포함된 문서를 검색
|	OR	두 단어가 모두 포함되거나 두 단어 중에서 하나만 포함된 문서를 검색
-, !	NOT	'-' 기호나 '!' 기호 다음에 오는 단어는 포함하지 않는 문서를 검색
~, near	인접검색	앞/뒤의 단어가 가깝게 있는 문서를 검색

③ 소프트웨어의 활용

 ㉠ 워드프로세서

- 특징 : 문서의 내용을 화면으로 확인하면서 쉽게 수정 가능, 문서 작성 후 인쇄 및 저장 가능, 글이나 그림의 입력 및 편집 가능
- 기능 : 입력기능, 표시기능, 저장기능, 편집기능, 인쇄기능 등

ⓛ 스프레드시트
- 특징 : 쉽게 계산 수행, 계산 결과를 차트로 표시, 문서를 작성하고 편집 가능
- 기능 : 계산, 수식, 차트, 저장, 편집, 인쇄기능 등

예제 2

귀하는 커피 전문점을 운영하고 있다. 아래와 같이 엑셀 워크시트로 4개 지점의 원두 구매 수량과 단가를 이용하여 금액을 산출하고 있다. 귀가 다음 중 D3셀에서 사용하고 있는 함수식으로 옳은 것은? (단, 금액 = 수량 × 단가)

	A	B	C	D	E
1	지점	원두	수량(100g)	금액	
2	A	케냐	15	150000	
3	B	콜롬비아	25	175000	
4	C	케냐	30	300000	
5	D	브라질	35	210000	
6					
7		원두	100g당 단가		
8		케냐	10,000		
9		콜롬비아	7,000		
10		브라질	6,000		
11					

① =C3*VLOOKUP(B3, $B$8:$C$10, 1, 1)

② =B3*HLOOKUP(C3, $B$8:$C$10, 2, 0)

③ =C3*VLOOKUP(B3, $B$8:$C$10, 2, 0)

④ =C3*HLOOKUP($B$8:$C$10, 2, B3)

[출제의도]
본 문항은 엑셀 워크시트 함수의 활용도를 확인하는 문제이다.
[해설]
"VLOOKUP(B3,$B$8:$C$10, 2, 0)"의 함수를 해설해보면 B3의 값(콜롬비아)을 B8:C10에서 찾은 후 그 영역의 2번째 열(C열, 100g당 단가)에 있는 값을 나타내는 함수이다. 금액은 "수량 × 단가"으로 나타내므로 D3셀에 사용되는 함수식은 "=C3*VLOOKUP(B3, $B$8: $C$10, 2, 0)"이다.

※ HLOOKUP과 VLOOKUP
- ⓞ HLOOKUP : 배열의 첫 행에서 값을 검색하여, 지정한 행의 같은 열에서 데이터를 추출
- ⓛ VLOOKUP : 배열의 첫 열에서 값을 검색하여, 지정한 열의 같은 행에서 데이터를 추출

답 ③

ⓒ 프레젠테이션
- 특징 : 각종 정보를 사용자 또는 대상자에게 쉽게 전달
- 기능 : 저장, 편집, 인쇄, 슬라이드 쇼 기능 등
ⓔ 유틸리티 프로그램 : 파일 압축 유틸리티, 바이러스 백신 프로그램

④ 데이터베이스의 필요성
ⓞ 데이터의 중복을 줄인다.
ⓛ 데이터의 무결성을 높인다.
ⓒ 검색을 쉽게 해준다.
ⓔ 데이터의 안정성을 높인다.
ⓜ 개발기간을 단축한다.

(2) 정보처리능력

① **정보원** … 1차 자료는 원래의 연구성과가 기록된 자료이며, 2차 자료는 1차 자료를 효과적으로 찾아보기 위한 자료 또는 1차 자료에 포함되어 있는 정보를 압축·정리한 형태로 제공하는 자료이다.

  ㉠ **1차 자료**: 단행본, 학술지와 논문, 학술회의자료, 연구보고서, 학위논문, 특허정보, 표준 및 규격 자료, 레터, 출판 전 배포자료, 신문, 잡지, 웹 정보자원 등

  ㉡ **2차 자료**: 사전, 백과사전, 편람, 연감, 서지데이터베이스 등

② **정보분석 및 가공**

  ㉠ **정보분석의 절차**: 분석과제의 발생 → 과제(요구)의 분석 → 조사항목의 선정 → 관련정보의 수집(기 존자료 조사/신규자료 조사) → 수집정보의 분류 → 항목별 분석 → 종합·결론 → 활용·정리

  ㉡ **가공**: 서열화 및 구조화

③ **정보관리**

  ㉠ 목록을 이용한 정보관리

  ㉡ 색인을 이용한 정보관리

  ㉢ 분류를 이용한 정보관리

예제 3

인사팀에서 근무하는 J씨는 회사가 성장함에 따라 직원 수가 급증하기 시작하면서 직원들의 정보관리 방법을 모색하던 중 다음과 같은 A사의 직원 정보관리 방법을 보게 되었다. J씨는 A사가 하고 있는 이 방법을 회사에도 도입하고자 한다. 이 방법은 무엇인가?

> A사의 인사부서에 근무하는 H씨는 직원들의 개인정보를 관리하는 업무를 담당하고 있다. A사에서 근무하는 직원은 수천 명에 달하기 때문에 H씨는 주요 키워드나 주제어를 가지고 직원들의 정보를 구분하여 관리하여, 찾을 때도 쉽고 내용을 수정할 때도 이전보다 훨씬 간편할 수 있도록 했다.

① 목록을 활용한 정보관리
② 색인을 활용한 정보관리
③ 분류를 활용한 정보관리
④ 1:1 매칭을 활용한 정보관리

[출제의도]
본 문항은 정보관리 방법의 개념을 이해하고 있는가를 묻는 문제이다.

[해설]
주어진 자료의 A사에서 사용하는 정보관리는 주요 키워드나 주제어를 가지고 정보를 관리하는 방식인 색인을 활용한 정보관리이다. 디지털 파일에 색인을 저장할 경우 추가, 삭제, 변경 등이 쉽다는 점에서 정보관리에 효율적이다.

답 ②

05 출제예상문제

1 다음 중 '클라우드 컴퓨팅'에 대한 적절한 설명이 아닌 것은?

① 사용자들이 복잡한 정보를 보관하기 위해 별도의 데이터 센터를 구축할 필요가 없다.

② 성보의 보관보다 정보의 처리 속도와 정확성이 관건인 네트워크 서비스이다.

③ 장소와 시간에 관계없이 다양한 단말기를 통해 정보에 접근할 수 있다.

④ 주소록, 동영상, 음원, 오피스 문서, 게임, 메일 등 다양한 콘텐츠를 대상으로 한다.

⑤ 클라우드 컴퓨팅을 활용하면 스마트 폰으로 이동 중에 시청하던 영상을 집에 도착하여 TV로 볼 수 있게 된다.

> **TIP 》** 클라우드 컴퓨팅이란 인터넷을 통해 제공되는 서버를 활용해 정보를 보관하고 있다가 필요할 때 꺼내쓰는 기술을 말한다. 따라서 클라우드 컴퓨팅의 핵심은 데이터의 저장·처리·네트워킹 및 다양한 어플리케이션 사용 등 IT 관련 서비스를 인터넷과 같은 네트워크를 기반으로 제공하는데 있어, 정보의 보관 분야에 있어 획기적인 컴퓨팅 기술이라고 할 수 있다.

2 많은 전문가들은 미래의 사회는 정보기술(IT), 생명공학(BT), 나노기술(NT), 환경기술(ET), 문화산업(CT), 우주항공기술(ST) 등을 이용한 정보화 산업이 주도해 나갈 것이라고 예언한다. 다음 중, 이와 같은 미래 정보화 사회의 6T 주도 환경의 모습을 설명한 것으로 적절하지 않은 것은 어느 것인가?

① 부가가치 창출 요인이 토지, 자본, 노동에서 지식 및 정보 생산 요소로 전환된다.

② 모든 국가의 시장이 국경 없는 하나의 세계 시장으로 통합되는 세계화가 진전된다.

③ 무한한 정보를 중심으로 하는 열린사회로 정보제공자와 정보소비자의 구분이 명확해진다.

④ 과학적 지식이 폭발적으로 증가한다.

⑤ 새로운 지식과 기술을 개발·활용·공유·저장할 수 있는 지식근로자를 요구한다.

> **TIP 》** 미래사회는 지식정보의 창출 및 유통 능력이 국가경쟁력의 원천이 되는 정보사회로 발전할 것이다. 정보사회는 무한한 정보를 중심으로 하는 열린사회로 정보제공자와 정보소비자의 구분이 모호해지며 네트워크를 통한 범세계적인 시장 형성과 경제활동이 이루어진다. 정보통신은 이러한 미래 정보사회의 기반으로서, 지식정보의 창출과 원활한 유통이 가능해지기 위해서는 정보통신의 역할이 중요하다. 정보통신 기반을 활용함에 따라 정보사회의 활동 주체들은 모든 사회 경제활동을 시간·장소·대상에 구애 받지 않고 수행할 수 있게 될 것이다.

3 다음 내용에 해당하는 인터넷 검색 방식을 일컫는 말은 어느 것인가?

> 이 검색 방식은 검색엔진에서 문장 형태의 질의어를 형태소 분석을 거쳐 언제(when), 어디서 (where), 누가(who), 무엇을(what), 왜(why), 어떻게(how), 얼마나(how much)에 해당하는 5W 2H를 읽어내고 분석하여 각 질문에 답이 들어있는 사이트를 연결해 주는 검색엔진이다.

① 자연어 검색 방식
② 주제별 검색 방식
③ 통합형 검색 방식
④ 키워드 검색 방식
⑤ 연산자 검색 방식

  TIP 》 자연어 검색이란 컴퓨터를 전혀 모르는 사람이라도 대화하듯이, 일반적인 문장의 형태로 검색어를 입력하는 방식을 말한다. 일반적인 키워드 검색과 달리 자연어 검색은 사용자가 질문하는 문장을 분석하여 질문의 의미 파악을 통해 정보를 찾기 때문에 훨씬 더 간편하고 정확도 높은 답을 찾을 수 있다. 단순한 키워드 검색의 경우 중복 검색이 되거나 필요 없는 정보가 더 많아서 여러 차례 해당하는 정보를 찾기 위해 불편을 감수해야 하지만, 자연어 검색은 질문의 의미에 적합한 답만을 찾아주기 때문에 더 효율적이다.
  ② **주제별 검색 방식** : 인터넷상에 존재하는 웹 문서들을 주제별, 계층별로 정리하여 데이터베이스를 구축한 후 이용하는 방식이다. 사용자는 단지 자신이 원하는 정보를 찾을 때까지 상위의 주제부터 하위의 주제까지 분류되어 있는 내용을 선택하여 검색하면 원하는 정보를 발견하게 된다.
  ③ **통합형 검색 방식** : 통합형 검색 방식의 검색은 키워드 검색 방식과 매우 유사하다. 그러나 통합형 검색 방식은 키워드 검색 방식과 같이 검색 엔진 자신만의 데이터베이스를 구축하여 관리하는 방식이 아니라, 사용자가 입력하는 검색어들이 연계된 다른 검색 엔진에게 보내고, 이를 통하여 얻어진 검색 결과를 사용자에게 보여주는 방식을 사용한다.
  ④ **키워드 검색 방식** : 키워드 검색 방식은 찾고자 하는 정보와 관련된 핵심적인 언어인 키워드를 직접 입력하여 이를 검색 엔진에 보내어 검색 엔진이 키워드와 관련된 정보를 찾는 방식이다. 사용자 입장에서는 키워드만을 입력하여 정보 검색을 간단히 할 수 있는 장점이 있는 반면에, 키워드가 불명확하게 입력된 경우에는 검색 결과가 너무 많아 효율적인 검색이 어려울 수 있는 단점이 있다.
  ⑤ **연산자 검색 방식** : 하나의 단어로 검색을 하면 검색 결과가 너무 많아져서, 이용자가 원하는 정보와 상관없는 것들이 많이 포함된다. 연산자 검색 방식은 검색과 관련 있는 2개 이상의 단어를 연산자로 조합하여 키워드로 사용하는 방식이다.

ANSWER 〉 1.② 2.③ 3.①

4 다양한 정보 중 어떤 것들은 입수한 그 자리에서 판단해 처리하고 미련 없이 버리는 것이 바람직한 '동적정보' 형태인 것들이 있다. 다음 중 이러한 동적정보에 속하지 않는 것은?

① 각국의 해외여행 시 지참해야 할 물품을 기록해 둔 목록표
② 비행 전, 목적지의 기상 상태를 확인하기 위해 알아 본 인터넷 정보
③ 신문에서 확인한 해외 특정 국가의 질병 감염 가능성이 담긴 여행 자제 권고 소식
④ 입국장 검색 절차가 한층 복잡해졌음을 알리는 뉴스 기사
⑤ 각국의 환율과 그에 따른 원화가치 환산 그래프 자료

> **TIP 》** 각국의 해외여행 시 지참해야 할 물품이 기록된 자료는 향후에도 유용하게 쓸 수 있는 정보이므로 바로 버려도 되는 동적정보로 볼 수 없다. 나머지 선택지에 제시된 정보들은 모두 1회성이거나 단기에 그 효용이 끝나게 되므로 동적정보이다.
>
> ※ 신문이나 텔레비전의 뉴스는 상황변화에 따라 수시로 변하기 때문에 동적정보이다. 반면에 잡지나 책에 들어있는 정보는 정적정보이다. CD-ROM이나 비디오테이프 등에 수록되어 있는 영상정보도 일정한 형태로 보존되어 언제든지 동일한 상태로 재생할 수 있기 때문에 정적정보로 간주할 수 있다.

5 다음은 정보 분석 절차를 도식화한 것이다. 이를 참고할 때, 공공기관이 새롭게 제정한 정책을 시행하기 전 설문조사를 통하여 시민의 의견을 알아보는 행위가 포함되는 것은 (가)~(마) 중 어느 것인가?

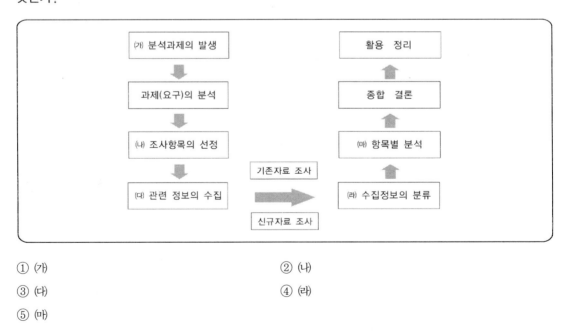

① (가)
② (나)
③ (다)
④ (라)
⑤ (마)

TIP 》 새로운 정책에 대하여 시민의 의견을 알아보고자 하는 것은 정책 시행 전 관련된 정보를 수집하는 단계로, 설문조사의 결과에 따라 다른 정보의 분석 내용과 함께 원하는 결론을 얻을 수 있다.

6 다음 (가)~(다)의 설명에 맞는 용어가 순서대로 올바르게 짝지어진 것은?

> (가) 유통분야에서 일반적으로 물품관리를 위해 사용된 바코드를 대체할 차세대 인식기술로 꼽히며, 판독 및 해독 기능을 하는 판독기(reader)와 정보를 제공하는 태그(tag)로 구성된다.
> (나) 컴퓨터 관련 기술이 생활 구석구석에 스며들어 있음을 뜻하는 '퍼베이시브 컴퓨팅(pervasive computing)'과 같은 개념이다.
> (다) 메신저 애플리케이션의 통화 기능 또는 별도의 데이터 통화 애플리케이션을 설치하면 통신사의 이동통신망이 아니더라도 와이파이(Wi-Fi)를 통해 단말기로 데이터 음성통화를 할 수 있으며, 이동통신망의 음성을 쓰지 않기 때문에 국외 통화 시 비용을 절감할 수 있다는 장점이 있다.

① RFID, 유비쿼터스, VoIP
② POS, 유비쿼터스, RFID
③ RFID, POS, 핫스팟
④ POS, VoIP, 핫스팟
⑤ RFID, VoIP, POS

TIP 》 (가) RFID : IC칩과 무선을 통해 식품·동물·사물 등 다양한 개체의 정보를 관리할 수 있는 인식 기술을 지칭한다. '전자태그' 혹은 '스마트 태그', '전자 라벨', '무선식별' 등으로 불린다. 이를 기업의 제품에 활용할 경우 생산에서 판매에 이르는 전 과정의 정보를 초소형 칩(IC칩)에 내장시켜 이를 무선주파수로 추적할 수 있다.

(나) 유비쿼터스 : 유비쿼터스는 '언제 어디에나 존재한다.'는 뜻의 라틴어로, 사용자가 컴퓨터나 네트워크를 의식하지 않고 장소에 상관없이 자유롭게 네트워크에 접속할 수 있는 환경을 말한다.

(다) VoIP : VoIP(Voice over Internet Protocol)는 IP 주소를 사용하는 네트워크를 통해 음성을 디지털 패킷(데이터 전송의 최소 단위)으로 변환하고 전송하는 기술이다. 다른 말로 인터넷전화라고 부르며, 'IP 텔레포니' 혹은 '인터넷 텔레포니'라고도 한다.

ANSWER 》 4.① 5.③ 6.①

7 국내에서 사용하는 인터넷 도메인(Domain)은 현재 2단계 도메인으로 구성되어 있다. 다음 중 도메인 종류와 해당 기관의 성격이 올바르게 연결되지 않은 것은?

① re.kr – 연구기관

② pe.kr – 개인

③ kg.kr – 유치원

④ ed.kr – 대학

⑤ mil.kr – 국방

> **TIP 》** 대학은 Academy의 약어를 활용한 'ac.kr'을 도메인으로 사용한다. 주어진 도메인 외에도 다음과 같은 것들을 참고할 수 있다.
> ㉠ co.kr – 기업/상업기관(Commercial)
> ㉡ ne.kr – 네트워크(Network)
> ㉢ or.kr – 비영리기관(Organization)
> ㉣ go.kr – 정부기관(Government)
> ㉤ hs.kr – 고등학교(High school)
> ㉥ ms.kr – 중학교(Middle school)
> ㉦ es.kr – 초등학교(Elementary school)

8 길동이는 이번 달 사용한 카드 사용금액을 시기별, 항목별로 다음과 같이 정리하였다. 항목별 단가를 확인한 후 D2 셀에 함수식을 넣어 D5까지 드래그를 하여 결과값을 알아보고자 한다. 길동이가 D2 셀에 입력해야 할 함수식으로 적절한 것은 어느 것인가?

	A	B	C	D
1	시기	항목	횟수	사용금액(원)
2	1주	식비	10	
3	2주	의류구입	3	
4	3주	교통비	12	
5	4주	식비	8	
6				
7	항목	단가		
8	식비	6500		
9	의류구입	43000		
10	교통비	3500		

① =C2*HLOOKUP(B2,$A$8:$B$10,2,0)

② =B2*HLOOKUP(C2,$A$8:$B$10,2,0)

③ =B2*VLOOKUP(B2,$A$8:$B$10,2,0)

④ =C2*VLOOKUP(B2,$A$8:$B$10,2,0)

⑤ =C2*HLOOKUP($A$8:$B$10,2,0)

TIP 》 VLOOKUP은 범위의 첫 열에서 찾을 값에 해당하는 데이터를 찾은 후 찾을 값이 있는 행에서 열 번호 위치에 해당하는 데이터를 구하는 함수이다. 단가를 찾아 연결하기 위해서는 열에 대하여 '항목'을 찾아 단가를 구하게 되므로 VLOOKUP 함수를 사용해야 한다.

찾을 방법은 TRUE(1) 또는 생략할 경우, 찾을 값의 아래로 근삿값, FALSE(0)이면 정확한 값을 표시한다. VLOOKUP(B2,$A$8:$B$10,2,0)은 'A8:B10' 영역의 첫 열에서 '식비'에 해당하는 데이터를 찾아 2열에 있는 단가 값인 6500을 선택하게 된다.

따라서 '=C2*VLOOKUP(B2,$A$8:$B$10,2,0)'은 10 × 6500이 되어 결과값은 65000이 되며, 이를 드래그하면, 각각 129000, 42000, 52000의 사용금액을 결과값으로 나타내게 된다.

9 다음 그림에서 A6 셀에 수식 '=$A$1+$A2'를 입력한 후 다시 A6 셀을 복사하여 C6와 C8에 각각 붙여넣기를 하였을 경우, (A)와 (B)에 나타나게 되는 숫자의 합은 얼마인가?

	A	B	C
1	7	2	8
2	3	3	8
3	1	5	7
4	2	5	2
5			
6			(A)
7			
8			(B)

① 10

② 12

③ 14

④ 16

⑤ 19

TIP 》 '$'는 다음에 오는 셀 기호를 고정값으로 묶어 두는 기능을 하게 된다.

(A) : A6 셀을 복사하여 C6 셀에 붙이게 되면, 'A'셀이 고정값으로 묶여 있어 (A)에는 A6 셀과 같은 '$A$1+$A2'의 값 10이 입력된다.

(B) : (B)에는 '$'로 묶여 있지 않은 2행의 값 대신에 4행의 값이 대응될 것이다. 따라서 '$A$1+$A4'의 값인 9가 입력된다.

따라서 (A)와 (B)의 합은 10+9=19가 된다.

ANSWER 〉 7.④ 8.④ 9.⑤

10 다음과 같은 네 명의 카드 사용실적에 관한 자료를 토대로 한 함수식의 결과값이 동일한 것을 〈보기〉에서 모두 고른 것은 어느 것인가?

	A	B	C	D	E
1		갑	을	병	정
2	1일 카드사용 횟수	6	7	3	5
3	평균 사용금액	8,500	7,000	12,000	10,000

〈보기〉

(가) =COUNTIF(B2:E2,"◇"&E2)

(나) =COUNTIF(B2:E2,">3")

(다) =INDEX(A1:E3,2,4)

(라) =TRUNC(SQRT(C2),2)

① (가), (나), (다)

② (가), (나), (라)

③ (가), (다), (라)

④ (나), (다), (라)

⑤ (가), (나), (다), (라)

TIP 》 (가) COUNTIF는 범위에서 해당 조건을 만족하는 셀의 개수를 구하는 함수이다. 따라서 'B2:E2' 영역에서 E2의 값인 5와 같지 않은 셀의 개수를 구하면 3이 된다.

(나) 'B2:E2' 영역에서 3을 초과하는 셀의 개수를 구하면 3이 된다.

(다) INDEX는 표나 범위에서 지정된 행 번호와 열 번호에 해당하는 데이터를 구하는 함수이다. 따라서 'A1:E3' 영역에서 2행 4열에 있는 데이터를 구하면 3이 된다.

(라) TRUNC는 지정한 자릿수 미만을 버리는 함수이며, SQRT(인수)는 인수의 양의 제곱근을 구하는 함수이다. 따라서 'C2' 셀의 값 7의 제곱근을 구하면 2.645751이 되고, 2.645751에서 소수점 2자리만 남기고 나머지는 버리게 되어 결과값은 2.64가 된다.

따라서 (가), (나), (다)는 모두 3의 결과값을 갖는 것을 알 수 있다.

11 다음 중 '자료', '정보', '지식'의 관계에 대한 설명으로 옳지 않은 것은?

① 객관적 실제의 반영이며, 그것을 전달할 수 있도록 기호화한 것을 자료라고 한다.

② 특정 상황에서 그 가치가 평가된 데이터를 정보와 지식이라고 말한다.

③ 데이터를 집적하고 체계화하여 장래의 일반적인 사항에 대비해 보편성을 갖도록 한 것을 지식이라고 한다.

④ 자료를 가공하여 이용 가능한 정보로 만드는 과정을 자료처리(data processing)라고도 하며 일반적으로 컴퓨터가 담당한다.

⑤ 업무 활동을 통해 알게 된 세부 데이터를 컴퓨터로 일목요연하게 정리해 둔 것을 지식이라고 볼 수 있다.

> **TIP** 》 '지식'이란 '어떤 특정의 목적을 달성하기 위해 과학적 또는 이론적으로 추상화되거나 정립되어 있는 일반화된 '정보'를 뜻하는 것으로, 어떤 대상에 대하여 원리적 · 통일적으로 조직되어 객관적 타당성을 요구할 수 있는 판단의 체계를 제시한다.
> ⑤ 가치가 포함되어 있지 않은 단순한 데이터베이스라고 볼 수 있다.

12 다음 중 필요한 정보를 효과적으로 수집하기 위하여 가져야 하는 정보 인식 태도에 대한 설명으로 적절하지 않은 것은?

① 중요한 정보를 수집하기 위해서는 우선적으로 신뢰관계가 전제가 되어야 한다.

② 정보는 빨리 취득하는 것보다 항상 정보의 질과 내용을 우선시하여야 한다.

③ 단순한 인포메이션을 수집할 것이 아니라 직접적으로 도움을 줄 수 있는 인텔리전스를 수집할 필요가 있다.

④ 수집된 정보를 효과적으로 분류하여 관리할 수 있는 저장 툴을 만들어 두어야 한다.

⑤ 정보수집용 하드웨어에만 의존하지 말고 머릿속에 적당한 정보 저장 공간을 마련한다.

> **TIP** 》 변화가 심한 시대에는 정보를 빨리 잡는다는 것도 상당히 중요한 포인트가 된다. 때로는 질이나 내용보다는 정보를 남보다 빠르게 잡는 것만으로도 앞설 수 있다. 더군다나 격동의 시대에는 빠른 정보수집이 결정적인 효과를 가져 올 가능성이 클 것이다.

ANSWER 〉 10.① 11.⑤ 12.②

13 다음 글에서 알 수 있는 '정보'의 특징으로 적절하지 않은 것은?

> 천연가스 도매요금이 인상될 것이라는 전망과 그 예측에 관한 정보는 가스사업자에게나 유용한 것이지 일반 대중에게 직접적인 영향을 주는 정보는 아니다. 관련된 일을 하거나 특별한 이유가 있어서 찾아보는 경우를 제외하면 이러한 정보에 관심을 갖게 되는 사람들이 있을까?

① 우리가 필요로 하는 정보의 가치는 여러 가지 상황에 따라서 아주 달라질 수 있다.

② 정보의 가치는 우리의 요구, 사용 목적, 그것이 활용되는 시기와 장소에 따라서 다르게 평가된다.

③ 정보는 비공개 정보보다는 반공개 정보가, 반공개 정보보다는 공개 정보가 더 큰 가치를 가질 수 있다.

④ 원하는 때에 제공되지 못하는 정보는 정보로서의 가치가 없어지게 될 것이다.

⑤ 비공개 정보는 정보의 활용이라는 면에서 경제성이 떨어지고, 공개 정보는 경쟁성이 떨어지게 된다.

> **TIP 》** 적시성과 독점성은 정보의 핵심적인 특성이다. 따라서 정보는 우리가 원하는 시간에 제공되어야 하며, 원하는 시간에 제공되지 못하는 정보는 정보로서의 가치가 없어지게 될 것이다. 또한 정보는 아무리 중요한 내용이라도 공개가 되고 나면 그 가치가 급격하게 떨어지는 것이 보통이다. 따라서 정보는 공개 정보보다는 반공개 정보가, 반공개 정보보다는 비공개 정보가 더 큰 가치를 가질 수 있다. 그러나 비공개 정보는 정보의 활용이라는 면에서 경제성이 떨어지고, 공개 정보는 경쟁성이 떨어지게 된다. 따라서 정보는 공개 정보와 비공개 정보를 적절히 구성함으로써 경제성과 경쟁성을 동시에 추구해야 한다.

14 다음 중 '유틸리티 프로그램'으로 볼 수 없는 것은?

① 고객 관리 프로그램　　　　　② 화면 캡쳐 프로그램
③ 이미지 뷰어 프로그램　　　　　④ 동영상 재생 프로그램
⑤ 바이러스 백신 프로그램

> **TIP 》** 사용자가 컴퓨터를 좀 더 쉽게 사용할 수 있도록 도와주는 소프트웨어(프로그램)를 '유틸리티 프로그램'이라고 하고 통상 줄여서 '유틸리티'라고 한다. 유틸리티 프로그램은 본격적인 응용 소프트웨어라고 하기에는 크기가 작고 기능이 단순하다는 특징을 가지고 있으며, 사용자가 컴퓨터를 사용하면서 처리하게 되는 여러 가지 작업을 의미한다.
> ① 고객 관리 프로그램, 자원관리 프로그램 등은 대표적인 응용 소프트웨어에 속한다.

15 사이버 공간은 다양한 연령층의 사람들이 익명성을 보장받은 상태에서 상호 교류를 가질 수 있는 곳이다. 다음 중 이러한 사이버 공간에서의 예절에 대한 설명으로 적절하지 않은 것은?

① 이모티콘을 윗사람에게 보내는 것은 예의에 어긋나는 행위이다.
② 대화방에 새로 들어가게 되면 그간의 대화 내용을 파악하려고 노력한 후 대화에 참여한다.
③ 게시판에 글을 게재할 경우에는 글을 쓰기 전에 이미 같은 내용의 글이 없는지 확인한다.
④ 공개 자료실에 여러 개의 파일을 올릴 때에는 가급적 압축을 한 후 올리도록 한다.
⑤ 다수의 이용자와 함께 인터넷 게임 중 예고도 없이 일방적으로 퇴장하는 일은 삼가야 한다.

> **TIP** 》 ① 이모티콘은 경우에 따라서 완곡하고 애교 섞인 표현의 역할을 할 수도 있으므로 무조건 예의에 어긋나는 행위로 볼 수는 없다.
> ② 다수의 대화자들에 대한 기본 예의이다.
> ③ 같은 내용의 글을 재차 확인해야 하는 독자들의 입장을 고려해야 한다.
> ④ 용량이 큰 여러 개의 파일을 아무렇게나 올리는 것은 자료실 관리 및 사용자의 편의 측면에서도 바람직한 행위로 볼 수 없다.
> ⑤ 아무리 게임이라고 해도 다수의 이용자들에 대한 배려가 필요하며, 종종 인터넷 게임 중의 매너 없는 행위와 비방, 욕설 등으로 인해 불미스러운 상황이 발생하기도 한다.

16 다음은 Window 보조프로그램인 그림판과 메모장에 대한 기능을 설명하는 표이다. 다음 표의 밑줄 친 부분의 설명 중 옳지 않은 것은?

그림판	메모장
• 그림판은 간단한 그림을 그리거나 편집하기 위해 사용하는 프로그램이다. • 그림판으로 작성된 파일의 형식은 ㉠PNG, JPG, BMP, GIF 등으로 저장할 수 있다. • 원 또는 직사각형을 표현할 수 있으며, ㉢정원이나 정사각 형태의 도형 그리기는 지원되지 않는다. • 그림판에서 그림을 그린 다음 다른 문서에 붙여 넣거나 바탕 화면 배경으로 사용할 수 있다. • '색 채우기' 도구는 연필이나 브러시, 도형 등으로 그린 그림에 채우기가 가능하다. 단, 선택한 영역에 대해서는 불가능하다. • ㉣그림의 크기와 대칭, 회전 등의 작업이 가능하다.	• 간단한 문서 또는 웹 페이지를 만들 때 사용할 수 있는 기본 텍스트 편집기이다. • 메모장으로 작성된 파일을 ㉡ANSI, 유니코드, UTF-8 등의 인코딩 형식으로 저장할 수 있다. • 자동 줄 바꿈, 찾기, 시간/날짜 삽입 등의 기능을 제공한다. • 문서 전체에 대하여 글꼴 서식(글꼴 종류, 크기, 속성 등)을 지정할 수 있다. 문서 일부분에 별도 지정은 불가능하다. • ㉤특정 문자나 단어를 찾아서 바꾸기를 할 수 있다. • 텍스트를 잘라내기, 복사하기, 붙여넣기 또는 삭제를 할 수 있다. • 메모장에서는 그림이나 차트 등과 같은 OLE 개체 삽입이 불가능하다.

① ㉠

② ㉡

③ ㉢

④ ㉣

⑤ ㉤

TIP 》 ㉢ 그림판에서는 정원 또는 정사각형을 그리기를 지원한다. 정원이나 정사각형을 그리려면 타원이나 직사각형을 선택한 후에 'shift' 키를 누른 상태로 그리기를 하면 된다.

17 소프트웨어는 사용권(저작권)에 따라 분류될 수 있다. 다음 중 이에 따라 분류된 소프트웨어의 특징에 대한 설명으로 옳지 않은 것은?

① Shareware – 배너 광고를 보는 대가로 무료로 사용하는 소프트웨어

② Freeware – 무료 사용 및 배포, 기간 및 기능에 제한이 없는 누구나 사용할 수 있는 소프트웨어

③ 베타(Beta) 버전 – 정식 버전이 출시되기 전에 프로그램에 대한 일반인의 평가를 받기 위해 제작된 소프트웨어

④ 상용 소프트웨어 – 사용 기간의 제한 없이 무료 사용과 배포가 가능한 프로그램

⑤ 데모(Demo) 버전 – 정식 프로그램의 기능을 홍보하기 위해 기능 및 기간을 제한하여 배포하는 프로그램

> **TIP** 》 ④ 상용 소프트웨어는 정해진 금액을 지불하고 정식으로 사용하는 프로그램이다. 한편, 사용 기간의 제한 없이 무료 사용과 배포가 가능한 프로그램은 공개 소프트웨어라고 한다.

18 다음 중 컴퓨터에서 사용되는 자료의 물리적 단위가 큰 것부터 순서대로 올바르게 나열된 것은?

① Word – Byte – Nibble – Bit

② Byte – Word – Nibble – Bit

③ Word – Byte – Bit – Nibble

④ Word – Nibble – Byte – Bit

⑤ Bit – Byte – Nibble – Word

> **TIP** 》 데이터의 구성단위는 큰 단위부터 Database → File → Record → Field → Word → Byte(8Bit) → Nibble(4Bit) → Bit의 순이다. Bit는 자료를 나타내는 최소의 단위이며, Byte는 문자 표현의 최소 단위로 1Byte = 8Bit이다.

ANSWER 〉 16.③ 17.④ 18.①

19 다음 중 네트워크 관련 장비의 이름과 해당 설명이 올바르게 연결되지 않은 것은?

① 게이트웨이(Gateway)란 주로 LAN에서 다른 네트워크에 데이터를 보내거나 다른 네트워크로 부터 데이터를 받아들이는 데 사용되는 장치를 말한다.

② 허브(Hub)는 네트워크를 구성할 때 각 회선을 통합적으로 관리하여 한꺼번에 여러 대의 컴퓨터를 연결하는 장치를 말한다.

③ 리피터(Repeater)는 네트워크 계층의 연동 장치로, 최적 경로 설정에 이용되는 장치이다.

④ 스위칭 허브(Switching Hub)는 근거리통신망 구축 시 단말기의 집선 장치로 이용하는 스위칭 기능을 가진 통신 장비로, 통신 효율을 향상시킨 허브로 볼 수 있다.

⑤ 브리지(Bridge)는 두 개의 근거리통신망 시스템을 이어주는 접속 장치를 일컫는 말이며, 양쪽 방향으로 데이터의 전송만 해줄 뿐 프로토콜 변환 등 복잡한 처리는 불가능하다.

> **TIP》** ③ 리피터(Repeater)는 장거리 전송을 위하여 전송 신호를 재생시키거나 출력 전압을 높여주는 장치를 말하며 디지털 데이터의 감쇠 현상을 방지하기 위해 사용된다. 네트워크 계층의 연동 장치로서 최적 경로 설정에 이용되는 장치는 라우터(Router)이다.

20 다음 중 아래와 같은 자료의 '기록(초)' 필드를 이용하여 최길동의 순위를 계산하고자 할 때 C3에 들어갈 함수식으로 올바른 것은?

	A	B	C
1	이름	기록(초)	순위
2	김길동	53	3
3	최길동	59	4
4	박길동	51	1
5	이길동	52	2
6			

① =RANK(B3,$B$2:$B$5,1) ② =RANK(B3,$B$2:$B$5,0)

③ =RANK(B3,$B$2:B5,1) ④ =RANK(B3,B2:$B$5,0)

⑤ =RANK(B3,B2:B5,0)

> **TIP》** RANK 함수는 지정 범위에서 인수의 순위를 구할 때 사용하는 함수이다. 결정 방법은 수식의 맨 뒤에 0 또는 생략할 경우 내림차순, 0 이외의 값은 오름차순으로 표시하게 되며, 결과값에 해당하는 필드의 범위를 지정할 때에는 셀 번호에 '$'를 앞뒤로 붙인다.

21 다음 (가)~(마) 중 '인쇄 미리 보기'와 출력에 대한 옳지 않은 설명을 모두 고른 것은?

> (가) '인쇄 미리 보기'를 실행한 상태에서 '페이지 설정'을 클릭하여 '여백' 탭에서 여백을 조절할 수 있다.
> (나) '인쇄 미리 보기' 창에서 셀 너비를 조절할 수 있으나 워크시트에는 변경된 너비가 적용되지 않는다.
> (다) 엑셀에서 그림을 시트 배경으로 사용하면 화면에 표시된 형태로 시트 배경이 인쇄된다.
> (라) 차트를 선택하고 '인쇄 미리 보기'를 하면 차트만 보여 준다.
> (마) 차트를 클릭한 후 'Office 단추' – '인쇄'를 선택하면 '인쇄' 대화 상자의 인쇄 대상이 '선택한 차트'로 지정된다.

① (가), (나), (라)
② (나), (라), (마)
③ (나), (마)
④ (가), (다)
⑤ (나), (다)

> **TIP 》** (나) '인쇄 미리 보기' 창에서 열 너비를 조정한 경우 미리 보기를 해제하면 워크시트에 조정된 너비가 적용되어 나타난다. (X)
> (다) 워크시트에서 그림을 인쇄 배경으로 사용하려면 '삽입' – '머리글/바닥글' – 디자인 탭이 생성되면 '머리글/바닥글 요소' 그룹의 '그림' 아이콘 – 시트배경 대화 상자에서 그림을 선택하고 '삽입'의 과정을 거쳐야 한다. (X)

22 다음에 제시된 네트워크 관련 명령어들 중, 그 의미가 바르게 설명되어 있지 않은 것은?

⊙ netstat	활성 TCP 연결 상태, 컴퓨터 수신 포트, 이더넷 통계 등을 표시한다.
ⓛ nslookup	DNS가 가지고 있는 특정 도메인의 IP Address를 검색해 준다.
ⓒ finger	원격 컴퓨터의 사용자 정보를 알아보기 위해 사용되는 서비스이다.
ⓔ ipconfig	현재 컴퓨터의 IP 주소, 서브넷 마스크, 기본 게이트웨이 등을 확인할 수 있다.
ⓜ ping	인터넷 서버까지의 경로 추적으로 IP 주소, 목적지까지 거치는 경로의 수 등을 파악할 수 있도록 한다.

① ⊙

② ⓛ

③ ⓒ

④ ⓔ

⑤ ⓜ

TIP 》 'ping'은 원격 컴퓨터가 현재 네트워크에 연결되어 정상적으로 작동하고 있는지 확인할 수 있는 명령어이다. 해당 컴퓨터의 이름, IP 주소, 전송 신호의 손실률, 전송 신호의 응답 시간 등이 표시된다.
ⓜ에 제시된 설명은 'tracert'에 대한 설명으로, tracert는 특정 사이트가 열리지 않을 때 해당 서버가 문제인지 인터넷 망이 문제인지 확인할 수 있는 기능, 인터넷 속도가 느릴 때 어느 구간에서 정체를 일으키는지 확인할 수 있는 기능 등을 제공한다.

23 제시된 설명에 공통으로 해당되는 용어로 알맞은 것은?

> • 인터넷 상에 존재하는 각종 자원들의 위치를 같은 형식으로 나타내기 위한 표준 주소 체계이다.
> • 인터넷에 존재하는 정보나 서비스에 대해 접근 방법, 존재 위치, 자료 파일명 등의 요소를 표시한다.
> • 형식은 '프로토콜://서버 주소[:포트 번호]/파일 경로/파일명'으로 표시된다.

① Domain name

② DNS

③ IP Address

④ HTML

⑤ URL

TIP 》 제시된 내용은 URL에 대한 설명이다. 방대한 컴퓨터 네트워크에서 자신이 원하는 정보 자원을 찾기 위해서는 해당 정보 자원의 위치와 종류를 정확히 파악할 필요가 있는데, 이를 나타내는 일련의 규칙을 URL(Uniform Resource Locator : 자원 위치 지정자)이라고 한다. URL에는 컴퓨터 네트워크 상에 퍼져있는 특정 정보 자원의 종류와 위치가 기록되어 있다.

24 다음 매크로 실행 및 보안에 대한 설명 중 옳지 않은 것은?

① Alt＋F1 키를 누르면 Visual Basic Editor가 실행되며, 매크로를 수정할 수 있다.

② Alt＋F8 키를 누르면 매크로 대화 상자가 표시되어 매크로 목록에서 매크로를 선택하여 실행할 수 있다.

③ 매크로 보안 설정 사항으로는 모든 매크로 제외(알림 표시 없음), 모든 매크로 제외(알림 표시), 디지털 서명된 매크로만 포함, 모든 매크로 포함(알림 표시) 등이 모두 권장된다.

④ 개발 도구 – 코드 그룹의 매크로를 클릭하거나 매크로를 기록할 때 지정한 바로가기 키를 눌러 매크로를 실행할 수 있다.

⑤ 빠른 실행 도구 모음에 매크로를 선택하여 아이콘으로 추가한 후 아이콘을 클릭하여 매크로를 실행한다.

> **TIP》** ③ 매크로 보안 설정 사항으로는 모든 매크로 제외(알림 표시 없음), 모든 매크로 제외(알림 표시), 디지털 서명된 매크로만 포함 등이 있으며, '모든 매크로 포함'은 위험성 있는 코드가 실행될 수 있으므로 권장하지 않는다.

25 다음 스프레드시트 서식 코드 사용 설명 중 옳지 않은 것은?

입력 데이터	지정 서식	결과 데이터
㉠ 13-03-12	dd-mmm	12-Mar
㉡ 13-03-12	mmm-yy	Mar-13
㉢ 02:45	hh:mm:ss AM/PM	02:45:00 AM
㉣ 신재생	+@에너지	신재생에너지
㉤ 02:45	h:mm:ss	2:45:00

① ㉠   ② ㉡

③ ㉢   ④ ㉣

⑤ ㉤

> **TIP》** 표시 위치를 지정하여 특정 문자열을 연결하여 함께 표시할 경우에는 @를 사용한다. 따라서 '신재생'을 입력하여 '신재생에너지'라는 결과값을 얻으려면 '@에너지'가 올바른 서식이다.

ANSWER 〉 22.⑤ 23.⑤ 24.③ 25.④

26 워크시트에서 다음 〈보기〉의 표를 참고로 55,000원에 해당하는 할인율을 'C6'셀에 구하고자 할 때의 적절한 수식은?

	A	B	C	D	E	F
1		〈보기〉				
2		금액	30,000	50,000	80,000	150,000
3		할인율	3%	7%	10%	15%
4						
5		금액	55,000			
6		할인율	7%			
7						

① =VLOOKUP(C5,C2:F2,C3:F3)　　　　② =LOOKUP(C5,C2:F2,C3:F3)

③ =HLOOKUP(C5,C2:F2,C3:F3)　　　　④ =LOOKUP(C6,C2:F2,C3:F3)

⑤ =HLOOKUP(C6,C2:F2,C3:F3)

> **TIP 》** LOOKUP 함수에 대한 설명이다. LOOKUP 함수는 찾을 값을 범위의 첫 행 또는 첫 열에서 찾은 후 범위의 마지막 행 또는 열의 같은 위치에 있는 값을 구하는 것으로, 수식은 '=LOOKUP(찾을 값, 범위, 결과 범위)'가 된다.

27 다음 시트에서 1행의 데이터에 따라 2행처럼 표시하려고 할 때, 다음 중 A2 셀에 입력된 함수식으로 적절한 것은?

	A	B
1	3	-2
2	양	음

① =IF(A1〈=0,"양","음")　　　　② =IF(A1 IS=0,"양" OR "음")

③ =IF(A1〉=0,"양","음")　　　　④ =IF(A1〉=0,"양" OR "음")

⑤ =IF(A1 IS=0,"양","음")

> **TIP 》** IF(조건, 인수1, 인수2) 함수는 해당 조건이 참이면 인수1을, 거짓이면 인수2를 실행하게 하는 함수이다. 따라서 A1 셀이 0 이상(크거나 같음)이면 "양"을, 그렇지 않으면 "음"을 표시하게 되는 것이다.

28 최근에는 정보화 시대를 맞아 직장 생활뿐 아니라 가정생활에 있어서도 컴퓨터와 인터넷을 활용할 줄 아는 능력이 점점 많이 요구되고 있다. 다음에 제시된 정보통신망과 관련된 용어 중 그 의미가 잘못 설명된 것은?

① LAN	근거리의 한정된 지역 또는 건물 내에서 데이터 전송을 목적으로 연결되는 통신망으로 단일기관의 소유이면서 수 km 범위 이내의 지역에 한정되어 있는 통신 네트워크를 말한다.
② MAN	LAN과 WAN의 중간 형태의 통신망으로 특정 도시 내에 구성된 각각의 LAN들을 상호 연결하여 자원을 공유한다.
③ WAN	ISDN보다 더 광범위한 서비스로, 음성 통신 및 고속 데이터 통신, 정지화상 및 고해상도의 동영상 등의 다양한 서비스를 제공한다.
④ VAN	통신 회선을 빌려 단순한 전송기능 이상의 정보 축적이나 가공, 변환 처리 등의 부가가치를 부여한 정보를 제공하는 통신망
⑤ ISDN	음성이나 문자, 화상 데이터를 종합적으로 제공하는 디지털 통신망

TIP » WAN(광대역 통신망)은 한 국가, 한 대륙 또는 전 세계에 걸친 넓은 지역의 수많은 컴퓨터를 서로 연결하여 정보를 송·수신할 수 있도록 하는 통신망이다. ③에 제시된 설명은 B-ISDN(광대역 종합정보통신망)에 해당한다.

29 아래 그림을 참고할 때, 할인율을 변경하여 '판매가격'의 목표값을 150,000으로 변경하려고 한다면 [목표값 찾기] 대화 상자의 '수식 셀'에 입력할 값으로 적절한 것은?

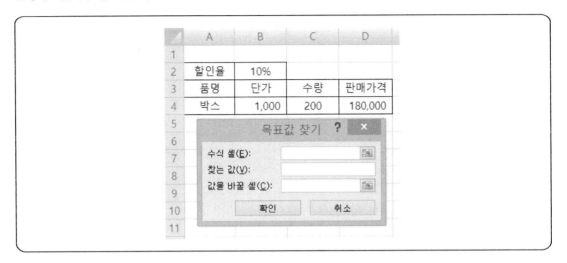

① B4
② C4
③ B2
④ B2*C2
⑤ D4

TIP 》 목표값 찾기는 수식으로 구하려는 결과값은 알지만 해당 결과를 구하는 데 필요한 수식 입력 값을 모르는 경우 사용하는 기능이다. 제시된 대화 상자의 빈칸에는 다음과 같은 내용이 입력된다.
• 수식 셀 : 결과값이 출력되는 셀 주소를 입력 → 반드시 수식이어야 함
• 찾는 값 : 목표값으로 찾고자 하는 값 입력
• 값을 바꿀 셀 : 목표 결과값을 계산하기 위해 변경되는 값이 입력되어 있는 셀 주소 입력

30 G사 홍보팀에서는 다음과 같이 직원들의 수당을 지급하고자 한다. C12셀부터 D15셀까지 기재된 사항을 참고로 D열에 수식을 넣어 직책별 수당을 작성하였다. D2셀에 수식을 넣어 D10까지 드래그하여 다음과 같은 자료를 작성하였다면, D2셀에 들어가야 할 적절한 수식은 어느 것인가?

	A	B	C	D
1	사번	직책	기본급	수당
2	9610114	대리	1,720,000	450,000
3	9610070	대리	1,800,000	450,000
4	9410065	과장	2,300,000	550,000
5	9810112	사원	1,500,000	400,000
6	9410105	과장	2,450,000	550,000
7	9010043	부장	3,850,000	650,000
8	9510036	대리	1,750,000	450,000
9	9410068	과장	2,380,000	550,000
10	9810020	사원	1,500,000	400,000
11				
12			부장	650,000
13			과장	550,000
14			대리	450,000
15			사원	400,000

① =VLOOKUP(C12, $C$12:$D$15, 2, 1)

② =VLOOKUP(C12, $C$12:$D$15, 2, 0)

③ =VLOOKUP(B2, $C$12:$D$15, 2, 0)

④ =VLOOKUP(B2, $C$12:$D$15, 2, 1)

⑤ =VLOOKUP(C12, $C$12:$D$15, 1, 0)

> **TIP** 》 D2셀에 기재되어야 할 수식은
> =VLOOKUP(B2,$C$12:$D$15,2,0)이다. B2는 직책이 대리이므로 대리가 있는 셀을 입력하여야 하며, 데이터 범위인 C12:D15가 변하지 않도록 절대 주소로 지정을 해 주게 된다. 또한 대리 직책에 대한 수당이 있는 열의 위치인 2를 입력하게 되며, 마지막에 직책이 정확히 일치하는 값을 찾아야 하므로 0을 기재하게 된다.

06 직업윤리

1 윤리와 직업

(1) 윤리의 의미

① 윤리적 인간 … 공동의 이익을 추구하고 도덕적 가치 신념을 기반으로 형성된다.

② 윤리규범의 형성 … 공동생활과 협력을 필요로 하는 인간생활에서 형성되는 공동행동의 룰을 기반으로 형성된다.

③ 윤리의 의미 … 인간과 인간 사이에서 지켜야 할 도리를 바르게 하는 것으로 인간 사회에 필요한 올바른 질서라고 할 수 있다.

예제 1

윤리에 대한 설명으로 옳지 않은 것은?

① 윤리는 인간과 인간 사이에서 지켜져야 할 도리를 바르게 하는 것으로 볼 수 있다.
② 동양적 사고에서 윤리는 인륜과 동일한 의미이며, 엄격한 규율이나 규범의 의미가 배어 있다.
③ 인간은 윤리를 존중하며 살아야 사회가 질서와 평화를 얻게 되고, 모든 사람이 안심하고 개인적 행복을 얻게 된다.
④ 윤리는 세상에 두 사람 이상이 있으면 존재하며, 반대로 혼자 있을 때도 지켜져야 한다.

[출제의도]
윤리의 의미와 윤리적 인간, 윤리규범의 형성 등에 대한 기본적인 이해를 평가하는 문제이다.
[해설]
윤리는 인간과 인간 사이에서 지켜져야 할 도리를 바르게 하는 것으로서 이 세상에 두 사람 이상이 있으면 존재하고 반대로 혼자 있을 때에는 의미가 없는 말이 되기도 한다.

답 ④

---

(2) 직업의 의미

① 직업은 본인의 자발적 의사에 의한 장기적으로 지속하는 일로, 경제적 보상이 따라야 한다.

② 입신출세론 … 입신양명(立身揚名)이 입신출세(立身出世)로 바뀌면서 현대에 와서는 직업 활동의 결과를 출세에 비중을 두는 경향이 짙어졌다.

③ 3D 기피현상 … 힘들고(Difficult), 더럽고(Dirty), 위험한(Dangerous) 일은 하지 않으려고 하는 현상

(3) 직업윤리

① 직업윤리란 직업인이라면 반드시 지켜야 할 공통적인 윤리규범으로 어느 직장에 다니느냐를 구분하지 않는다.

② 직업윤리와 개인윤리의 조화

 ㉠ 업무상 행해지는 개인의 판단과 행동이 사회적 파급력이 큰 기업시스템을 통하여 다수의 이해관계자와 관련된다.

 ㉡ 많은 사람의 고도화 된 협력을 요구하므로 맡은 역할에 대한 책임완수와 투명한 일 처리가 필요하다.

 ㉢ 규모가 큰 공동 재산·정보 등을 개인이 관리하므로 높은 윤리의식이 요구된다.

 ㉣ 직장이라는 특수 상황에서 갖는 집단적 인간관계는 가족관계, 친분관계와는 다른 배려가 요구된다.

 ㉤ 기업은 경쟁을 통하여 사회적 책임을 다하고, 보다 강한 경쟁력을 키우기 위하여 조직원인의 역할과 능력을 꾸준히 향상시켜야 한다.

 ㉥ 직무에 따른 특수한 상황에서는 개인 차원의 일반 상식과 기준으로는 규제할 수 없는 경우가 많다.

예제 2

직업윤리에 대한 설명으로 옳지 않은 것은?

① 개인윤리를 바탕으로 각자가 직업에 종사하는 과정에서 요구되는 특수한 윤리규범이다.

② 직업에 종사하는 현대인으로서 누구나 공통적으로 지켜야 할 윤리기준을 직업윤리라 한다.

③ 개인윤리의 기본 덕목인 사랑, 자비 등과 공동발전의 추구, 장기적 상호이익 등의 기본은 직업윤리도 동일하다.

④ 직업을 가진 사람이라면 반드시 지켜야 할 윤리규범이며, 중소기업 이상의 직장에 다니느냐에 따라 구분된다.

[출제의도]
직업윤리의 정의와 내용에 대한 올바른 이해를 요구하는 문제이다.
[해설]
직업윤리란 직업을 가진 사람이라면 반드시 지켜야 할 공통적인 윤리규범을 말하는 것으로 어느 직장에 다니느냐를 구분하지 않는다.

 ④

② 직업윤리를 구성하는 하위능력

(1) 근로윤리

① 근면한 태도
  ⊙ 근면이란 게으르지 않고 부지런한 것으로 근면하기 위해서는 일에 임할 때 적극적이고 능동적인 자세가 필요하다.
  ⊙ 근면의 종류
  • 외부로부터 강요당한 근면
  • 스스로 자진해서 하는 근면

② 정직한 행동
  ⊙ 정직은 신뢰를 형성하고 유지하는 데 기본적이고 필수적인 규범이다.
  ⊙ 정직과 신용을 구축하기 위한 지침
  • 정직과 신뢰의 자산을 매일 조금씩 쌓아가자.
  • 잘못된 것도 정직하게 밝히자.
  • 타협하거나 부정직을 눈감아 주지 말자.
  • 부정직한 관행은 인정하지 말자.

③ **성실한 자세** … 성실은 일관하는 마음과 정성의 덕으로 자신의 일에 최선을 다하고자 하는 마음자세를 가지고 업무에 임하는 것이다.

예제 3

우리 사회에서 정직과 신용을 구축하기 위한 지침으로 볼 수 없는 것은?

① 정직과 신뢰의 자산을 매일 조금씩 쌓아가도록 한다.
② 잘못된 것도 정직하게 밝혀야 한다.
③ 작은 실수는 눈감아 주고 때론 타협을 하여야 한다.
④ 부정직한 관행은 인정하지 말아야 한다.

[출제의도]
근로윤리 중에서도 정직한 행동과 성실한 자세에 대해 올바르게 이해하고 있는지 평가하는 문제이다.
[해설]
타협하거나 부정직한 일에 대해서는 눈감아주지 말아야 한다.

답 ③

---

(2) 공동체윤리

① 봉사(서비스)의 의미
  ⊙ 직업인에게 봉사란 자신보다 고객의 가치를 최우선으로 하는 서비스 개념이다.

ⓒ SERVICE의 7가지 의미

- S(Smile & Speed) : 서비스는 미소와 함께 신속하게 하는 것
- E(Emotion) : 서비스는 감동을 주는 것
- R(Respect) : 서비스는 고객을 존중하는 것
- V(Value) : 서비스는 고객에게 가치를 제공하는 것
- I(Image) : 서비스는 고객에게 좋은 이미지를 심어 주는 것
- C(Courtesy) : 서비스는 예의를 갖추고 정중하게 하는 것
- E(Excellence) : 서비스는 고객에게 탁월하게 제공되어져야 하는 것

ⓒ **고객접점서비스** : 고객과 서비스 요원 사이에서 15초 동안의 짧은 순간에 이루어지는 서비스로, 이 순간을 진실의 순간(MOT ; Moment of Truth) 또는 결정적 순간이라고 한다.

② **책임의 의미** … 책임은 모든 결과는 나의 선택으로 인한 결과임을 인식하는 태도로, 상황을 회피하지 않고 맞닥뜨려 해결하는 자세가 필요하다.

③ **준법의 의미** … 준법은 민주 시민으로서 기본적으로 지켜야 하는 의무이며 생활 자세이다.

④ **예절의 의미** … 예절은 일정한 생활문화권에서 오랜 생활습관을 통해 하나의 공통된 생활방법으로 정립되어 관습적으로 행해지는 사회계약적 생활규범으로, 언어문화권에 따라 다르고 같은 언어문화권이라도 지방에 따라 다를 수 있다.

⑤ **직장에서의 예절**

ⓐ 직장에서의 인사예절

- 악수
  - 악수를 하는 동안에는 상대에게 집중하는 의미로 반드시 눈을 맞추고 미소를 짓는다.
  - 악수를 할 때는 오른손을 사용하고, 너무 강하게 쥐어짜듯이 잡지 않는다.
  - 악수는 힘 있게 해야 하지만 상대의 뼈를 부수듯이 손을 잡지 말아야 한다.
  - 악수는 서로의 이름을 말하고 간단한 인사 몇 마디를 주고받는 정도의 시간 안에 끝내야 한다.
- 소개
  - 나이 어린 사람을 연장자에게 소개한다.
  - 내가 속해 있는 회사의 관계자를 타 회사의 관계자에게 소개한다.
  - 신참자를 고참자에게 소개한다.
  - 동료임원을 고객, 손님에게 소개한다.
  - 비임원을 임원에게 소개한다.
  - 소개받는 사람의 별칭은 그 이름이 비즈니스에서 사용되는 것이 아니라면 사용하지 않는다.
  - 반드시 성과 이름을 함께 말한다.
  - 상대방이 항상 사용하는 경우라면, Dr. 또는 Ph.D. 등의 칭호를 함께 언급한다.
  - 정부 고관의 직급명은 퇴직한 경우라도 항상 사용한다.

-천천히 그리고 명확하게 말한다.

-각각의 관심사와 최근의 성과에 대하여 간단한 언급을 한다.

• 명함 교환

-명함은 반드시 명함 지갑에서 꺼내고 상대방에게 받은 명함도 명함 지갑에 넣는다.

-상대방에게서 명함을 받으면 받은 즉시 호주머니에 넣지 않는다.

-명함은 하위에 있는 사람이 먼저 꺼내는데 상위자에 대해서는 왼손으로 가볍게 받쳐 내는 것이 예의이며, 동위자, 하위자에게는 오른손으로만 쥐고 건넨다.

-명함을 받으면 그대로 집어넣지 말고 명함에 관해서 한두 마디 대화를 건네 본다.

-쌍방이 동시에 명함을 꺼낼 때는 왼손으로 서로 교환하고 오른손으로 옮겨진다.

ⓛ 직장에서의 전화예절

• 전화걸기

-전화를 걸기 전에 먼저 준비를 한다. 정보를 얻기 위해 전화를 하는 경우라면 얻고자 하는 내용을 미리 메모하도록 한다.

-전화를 건 이유를 숙지하고 이와 관련하여 대화를 나눌 수 있도록 준비한다.

-전화는 정상적인 업무가 이루어지고 있는 근무 시간에 걸도록 한다.

-당신이 통화를 원하는 상대와 통화할 수 없을 경우에 대비하여 비서나 다른 사람에게 메시지를 남길 수 있도록 준비한다.

-전화는 직접 걸도록 한다.

-전화를 해달라는 메시지를 받았다면 가능한 한 48시간 안에 답해주도록 한다.

• 전화받기

-전화벨이 3~4번 울리기 전에 받는다.

-당신이 누구인지를 즉시 말한다.

-천천히, 명확하게 예의를 갖추고 말한다.

-밝은 목소리로 말한다.

-말을 할 때 상대방의 이름을 함께 사용한다.

-메시지를 받아 적을 수 있도록 펜과 메모지를 곁에 둔다.

-주위의 소음을 최소화한다.

-긍정적인 말로서 전화 통화를 마치고 전화를 건 상대방에게 감사를 표시한다.

• 휴대전화

-당신이 어디에서 휴대전화로 전화를 하든지 간에 상대방에게 통화를 강요하지 않는다.

-상대방이 장거리 요금을 지불하게 되는 휴대전화의 사용은 피한다.

-운전하면서 휴대전화를 하지 않는다.

-친구의 휴대전화를 빌려 달라고 부탁하지 않는다.

-비상시에만 휴대전화를 사용하는 친구에게는 휴대전화로 전화하지 않는다.

ⓒ 직장에서의 E-mail 예절

• E-mail 보내기

–상단에 보내는 사람의 이름을 적는다.

–메시지에는 언제나 제목을 넣도록 한다.

–메시지는 간략하게 만든다.

–요점을 빗나가지 않는 제목을 잡도록 한다.

–올바른 철자와 문법을 사용한다.

• E-mail 답하기

–원래 이-메일의 내용과 관련된 일관성 있는 답을 하도록 한다.

–다른 비즈니스 서신에서와 마찬가지로 화가 난 감정의 표현을 보내는 것은 피한다.

–답장이 어디로, 누구에게로 보내는지 주의한다.

⑥ **성예절을 지키기 위한 자세** … 직장에서 여성의 특징을 살린 한정된 업무를 담당하던 과거와는 달리 여성과 남성이 대등한 동반자 관계로 동등한 역할과 능력발휘를 한다는 인식을 가질 필요가 있다.

㉠ 직장 내에서 여성이 남성과 동등한 지위를 보장 받기 위해서 그만한 책임과 역할을 다해야 하며, 조직은 그에 상응하는 여건을 조성해야 한다.

㉡ 성희롱 문제를 사전에 예방하고 효과적으로 처리하는 방안이 필요한 것이다.

㉢ 남성 위주의 가부장적 문화와 성 역할에 대한 과거의 잘못된 인식을 타파하고 남녀공존의 직장 문화를 정착하는 노력이 필요하다.

예제 4

예절에 대한 설명으로 옳지 않은 것은?

① 예절은 일정한 생활문화권에서 오랜 생활습관을 통해 하나의 공통된 생활방식으로 정립되어 관습적으로 행해지는 사회계약적인 생활규범이라 할 수 있다.

② 예절은 언어문화권에 따라 다르나 동일한 언어문화권일 경우에는 모두 동일하다.

③ 무리를 지어 하나의 문화를 형성하여 사는 일정한 지역을 생활문화권이라 하며, 이 문화권에 사는 사람들이 가장 편리하고 바람직한 방법이라고 여겨 그렇게 행하는 생활방법이 예절이다.

④ 예절은 한 나라에서 통일되어야 국민들이 생활하기가 수월하며, 올바른 예절을 지키는 것이 바른 삶을 사는 것이라 할 수 있다.

[출제의도]
공동체윤리에 속하는 여러 항목 중 예절의 의미와 특성에 대한 이해능력을 평가하는 문제이다.

[해설]
예절은 언어문화권에 따라 다르고, 동일한 언어문화권이라도 지방에 따라 다를 수 있다. 예를 들면 우리나라의 경우 서울과 지방에 따라 예절이 조금씩 다르다.

답 ②

1 다음 두 가지 근면의 사례를 구분하는 가장 중요한 요소로 적절한 것은?

> 1) 연일 계속되는 야근과 휴일 근무로 인해 육체의 수고와 정신적 스트레스는 물론 가정의 화목까지 위협받지만 온 힘을 다하여 새벽부터 출근길에 오르는 수많은 직장인들
> 2) 부유한 집안에서 태어나 젊은 나이에도 학업과 직장 생활을 뒤로 하고 방탕한 생활을 하다가, 40대 후반이 되어서야 만학의 꿈을 갖고 스스로 불철주야 도서관에서 학문에 정진하는 중년

① 근면의 방법
② 보수의 유무
③ 근면의 동기
④ 근면의 사회성
⑤ 집단과 개인의 근면

> **TIP 》** 1)은 외부로부터 강요당한 근면, 2)는 스스로 자진해서 하는 근면의 모습이며 이는 '근면의 동기'로 구분될 수 있는 종류이다. 1)과 같은 근면은 수동적, 소극적인 반면, 2)와 같은 근면은 능동적, 적극적이다.

2 공동체 윤리의 하나인 '예절'에 대한 다음 설명 중 적절한 행동 사례로 보기 가장 어려운 것은?

① 사람을 가리지 않고 동일한 인사법을 사용하였다.
② 내가 속해 있는 회사의 관계자를 타 회사의 관계자에게 먼저 소개하여야 한다.
③ 소개할 때에는 반드시 성과 이름을 함께 말하여야 한다.
④ 나이 어린 사람을 연장자에게 먼저 소개한다.
⑤ 악수를 할 경우 상대방의 다리 쪽으로 시선을 향하며 진지한 표정을 짓는다.

> **TIP 》** ⑤ 악수를 할 경우의 올바른 인사 예절은 상대방의 눈을 보며 밝은 표정을 짓는 것이다.

3 다음과 같은 직업윤리의 덕목을 참고할 때, 빈칸에 공통으로 들어갈 알맞은 말은 무엇인가?

> 사회시스템은 구성원 서로가 신뢰하는 가운데 운영이 가능한 것이며, 그 신뢰를 형성하고 유지하는 데 필요한 가장 기본적이고 필수적인 규범이 바로 (　　)인 것이다.
> 그러나 우리 사회의 (　　)은(는) 아직까지 완벽하지 못하다. 거센 역사의 소용돌이 속에서 여러 가지 부당한 핍박을 받은 경험이 있어서 그럴 수도 있지만, 원칙보다는 집단 내의 정과 의리를 소중히 하는 문화적 정서도 그 원인이라 할 수 있다

① 성실

② 정직

③ 인내

④ 희생

⑤ 도전

　　TIP 》 이러한 정직과 신용을 구축하기 위한 4가지 지침으로 다음과 같은 것들이 있다.
　　　　㉠ 정직과 신뢰의 자산을 매일 조금씩 쌓아가자.
　　　　㉡ 잘못된 것도 정직하게 밝히자.
　　　　㉢ 정직하지 못한 것을 눈감아 주지 말자.
　　　　㉣ 부정직한 관행은 인정하지 말자.

4   다음 글의 빈칸에 공통으로 들어갈 윤리 덕목으로 적절한 것은?

> (   )이란 사전적인 의미로는 새로운 기업을 만들어 경제활동을 하는 사람들이 지니고 있는 것이라고 말할 수 있다. 즉, 경제적인 이윤을 얻기 위해 위험을 무릅쓰고 창업을 하는 사람들이 지니고 있는 가치 지향이나 태도인 것이다.
>
> 오스트리아 출신 미국 경제학자 조셉 슘페터는 새로운 가치를 창출하여 사회와 경제에 기여하려는 사람들로 정의하고, 이들이 지니고 있는 혁신적 사고와 태도를 (   )이라고 정의하였다. 그리고 그는 이것이 건강한 자본주의 경제의 핵심이라고 보았다. 경쟁적 시장경제에서는 진입 장벽이 낮아서 개인이 혁신적인 사고만 가지고도 새로운 기회를 만들어서 기업으로 발전시킨 사례가 많이 나타난다. 이러한 혁신적 사고와 도전 정신 속에서 경제는 활력이 넘치고, 시민들은 그 활력에 따른 성장의 혜택을 누리게 된다.

① 창의성

② 지속 가능성

③ 창업 의지

④ 기업가 정신

⑤ 사명감

　　TIP 》 기업가 정신의 대표적인 예로 마이크로 소프트의 빌 게이츠나 애플의 창시자 스티브 잡스와 같은 창업자들이 보여준 새로운 혁신과 도전의 정신이 있다. 기업가 정신은 경제적 이익 추구와 더불어 국민 전체의 이익을 증진시키지만, 반대로 기업가 정신이 부족한 기업이 많아지면 경제는 활력을 잃고 국민의 삶은 나아지지 않는다. 그러므로 기업가 정신은 건강한 경제와 경제성장의 핵심이라고 할 수 있다.

5 '내부고발제도'와 관련한 다음의 글을 참고할 때, 내부고발제도를 효과적으로 실행할 수 있는 방안으로 적절하지 않은 것은?

> 내부고발제도가 뿌리 내리기 위해 요구되는 것은 법 제도에 앞선 사회적 인식의 전환이다. 우선 조직을 지배하는 온정주의와 연고주의 문화가 뿌리 뽑혀야 한다. 인간적 관계 때문에 부정행위를 보고도 모른 체하고 넘어가는 조직문화 속에서 내부고발제도는 제대로 작동하기 어렵다. 지난 6월 세계일보 조사 결과, 사소한 관행적인 부정행위를 '신고하겠다.'는 응답은 39.7%에 불과했다. 이 결과의 가장 큰 이유는 조직의 '보복과 불이익'(46.3%) 때문이다. 내부고발자가 "너 혼자 깨끗한 척 하는 바람에 조직이 망가지고 동료 직원이 쫓겨났다."는 비난을 받으면 괜한 일을 했는가라는 좌절감에 빠진다. 따라서 보복행위를 명확히 규정하여 그 처벌을 강화하고, 공익제보자의 포상 및 보상 기준을 높여 경제적 불이익 때문에 실제 내부고발을 주저하는 일이 없게 해야 한다. 그 제도적 대안으로는 부패 몰수자산의 일정액을 공익신고자지원기금으로 조성하여 공익제보자에 대한 실질적 지원에 활용하는 방안을 생각할 수 있다.
>
> 현행 내부고발제도는 본인이 직접 실명 신고했을 경우에만 인정한다. 비밀이 보장되어도 신분이 노출될 수 있다는 두려움 때문에 신고에 나서지 않는 현실을 감안해 변호사나 시민단체를 통한 대리신고 역시 인정되어야 할 것이다. 부득이하게 내부고발자의 신분이 노출된 경우 조직차원에서는 감사·윤리경영 관련 부서에 배치해 관련 업무를 맡기거나 국가 차원에서도 공공기관의 감사부서에서 이들이 일할 수 있는 기회를 적극적으로 제공할 필요가 있다. 결국, 조직의 투명성 강화와 윤리경영은 내부고발제도가 불법행위의 예방제 역할을 할 때 가능하다.

① 내부고발과 개인적인 불평불만은 분명히 구분돼야 하므로 이 둘은 별도의 보고체계를 통해 관리한다.
② 내부고발자의 신원이 확실히 보호될 수 있는 법적, 제도적 장치를 마련해야 한다.
③ 내부고발 정책은 조직 내의 모든 관리자와 직원에게 동일하게 적용되어야 한다.
④ 내부고발 메커니즘이 실제로 어떻게 작동하는지를 보여주고 직원들의 질의에 응답하는 특정 교육 과정을 마련한다.
⑤ 내부고발자의 상황을 고려해 외부로의 확산을 우선 차단하고 직속상관에게 우선 보고하는 시스템을 마련해야 한다.

> **TIP 》** 직원들이 항상 불법이나 과실을 직속상관과 편하게 논의할 수 있는 것은 아니며 때로는 직속상관이 문제의 몸통일 수도 있다. 직원들이 내부자와의 대화를 불편하게 생각할 수 있기 때문에 다양한 내부의 제보 라인 외에도 외부의 공익 제보단체들과 핫라인을 구축하여 효과적인 고발이 이루어지도록 시스템을 갖추어야 한다.

ANSWER 》 4.④ 5.⑤

6 다음은 「청탁금지법」에 저촉되는지 여부에 대한 'Q&A'이다. 해당 질문에 대한 답변이 적절하지 않은 것은?

① Q : 골프접대의 경우도 선물로 인정되어, 가액기준 내라면 수수가 가능한가요?

   A : 접대·향응에 해당하는 골프접대는 선물로 볼 수 없어 가액기준(5만 원) 이하라도 다른 예외사유가 없는 한 허용되지 않습니다.

② Q : 언론사 임직원이 직무관련자로부터 15만 원 상당의 선물을 받고, 지체 없이 반환하고 신고한 경우 선물 제공자는 「청탁금지법」 위반인가요?

   A : 지체 없이 반환하여 실제 수수가 이루어지지 않았다면 「청탁금지법」에 저촉되지 않습니다.

③ Q : 식사접대와 선물을 동시에 받을 수 있는지요?

   A : 그런 경우 수수한 물품의 가액을 합산하여 합산된 가액이 정해진 기준을 넘지 않아야 합니다.

④ Q : 언론사 임직원이 축의금으로 15만 원을 받은 경우 가액한도를 초과한 부분(10만 원)만 반환하면 되나요?

   A : 가액기준을 초과하는 경조사비를 수수한 경우 가액기준을 초과하는 부분만 반환하면 제재대상에서 제외됩니다.

⑤ Q : 5만 원의 범위 내에서라면 음식물 상품권도 줄 수 있나요?

   A : 5만 원 이하라도 직무관련 언론사 임직원에게 상품권 선물은 허용되지 않습니다.

> **TIP 》** 직무와 관련된 언론사 임직원에게 가액기준을 초과하는 선물을 제공하거나 제공의 약속 또는 의사표시를 한 경우 실제 언론사 임직원이 수수하였는지 여부와 상관없이 청탁금지법 위반이다.
> ① '선물'은 금전, 유가증권, 음식물 및 경조사비를 제외한 일체의 물품, 그 밖에 이에 준하는 것에 한 정되며, 접대·향응에 해당하는 골프접대는 선물로 볼 수 없어 가액기준(5만 원) 이하라도 다른 예외 사유가 없는 한 허용되지 않는다.
> ③ 사교·의례 등 목적으로 음식물과 선물을 함께 수수한 경우에는 그 가액을 합산하고 이 경우 가액 범위는 함께 받은 음식물, 선물의 가액 범위 중 가장 높은 금액으로 하되, 각각의 가액범위[음식물 3만 원 이하, 선물 5만 원 이하(농수산물, 농수산가공품은 10만 원 이하)]를 넘지 못한다.
> ④ 가액기준을 초과하는 경조사비를 수수한 경우 가액기준을 초과하는 부분만 반환하면 제재대상에서 제외되나, 제공자는 제공한 경조사비 전액을 기준으로 제재된다.
> ⑤ 상품권 등의 유가증권은 원활한 직무수행, 사교·의례의 목적으로 제공할 수 있는 선물의 범위에서 제외되었으므로 5만 원 이하라도 직무관련 언론사 임직원에게 상품권 선물은 허용되지 않는다.

7 다음 글에서 엿볼 수 있는 우리나라 기업 문화의 비윤리적인 악습을 지칭하는 말로 적절한 것은?

> 근대 이전으로 거슬러 올라갈수록 사회적 강자의 약자에 대한 지배는 인신예속적 양상을 보인다. 봉건적 신분 제도가 가진 중요한 특징은 개인이 사회에서 차지하는 직분이 단순한 기능적 차원을 넘어 인신예속적 성격을 띤다는 점이다. 예를 들어 지주와 소작농의 관계는 토지 임대인-임차인의 관계를 넘어 주인-머슴의 관계와 동일시되었다. 따라서 지주는 토지 임대인으로서 가지는 법적 권리를 넘어 주인 또는 상전으로서 무한한 권리를 향유할 수 있었으며, 소작농은 토지 임차인으로서 가지는 법적 의무를 넘어 머슴이나 상놈으로서 무한한 의무를 걸머지지 않으면 안 되었다.

① 성희롱
② 갑질
③ 무책임
④ 상하관계
⑤ 빈익빈부익부

> **TIP** 》 최근 사회적 문제로 대두되고 있는 갑질 문제의 근원을 설명하고 있는 글이다. 갑질은 계약 권리에 있어 쌍방을 의미하는 갑을(甲乙) 관계에서 상대적으로 우위에 있는 '갑'이 우월한 신분, 지위, 직급, 위치 등을 이용하여 상대방에 오만무례하게 행동하거나 이래라저래라 하며 제멋대로 구는 행동을 말한다. 갑질의 범위에는 육체적, 정신적 폭력, 언어폭력, 괴롭히는 환경 조장 등이 해당된다.

8 다음은 공무원이 준수해야 할 직업윤리의 중요성을 설명하는 글이다. 빈칸에 들어갈 가장 적절한 말은 어느 것인가?

> 공무원은 국민 전체에 대한 봉사자로서 공적업무를 수행함에 있어서 공무원 개인의 이해나 관심에 따라 직무수행에 영향을 받아서는 아니 된다. 이러한 공무원들에게는 일반 국민에게 기대되는 것보다 더욱 높은 수준의 도덕성이 요구되고 공무원에게 기대되는 바람직한 행동의 방향과 원칙에 대한 명확한 기준의 제시가 필요하며 이러한 기능을 수행하는 것이 바로 (   )(이)라 할 수 있다.
>
> 우리 사회에서 공무원이 수행하는 역할과 그 영향력은 어느 영역보다도 크고 중요한 것으로 국민들에게 인식되고 있다. 이로 인하여 일반 국민들은 공무원들이 가지고 있는 가치관이나 의사결정, 그리고 행동에 대하여 매우 민감하게 반응한다. 그리고 공무원의 그릇된 행동이 미치는 사회적 영향력 또한 매우 크다는 점에서 공무원의 바람직한 의식과 행동을 담보하기 위한 지침의 제정이 요구되는 것이다.

① 공무원 윤리지침
② 공무원 행동강령
③ 공무원 청렴평가
④ 청탁금지법
⑤ 직무의 공정성

> **TIP》** 공무원들에게는 일반 국민들에게 기대되는 것 보다 높은 수준의 사고와 도덕성이 요구된다. 일반 국민들과 비교하여 '축소(절제)된 사생활의 원칙'이 적용되며, 이러한 원칙을 규범화한 것이 바로 「공무원 행동강령」이라고 할 수 있다.

9 다음은 채용비리와 관련한 실태와 문제점을 제기한 글이다. 다음 글에서 제기된 문제점을 보완할 수 있는 방안으로 적절한 것을 〈보기〉에서 모두 고른 것은?

> 공직 유관단체 채용비리 특별점검 결과 272개 대상 기관 중 200개 기관에서 적발 건이 발생되었다. 적발 건수의 합계는 무려 946건으로 기관 당 평균 5건에 육박하는 수치이다. 그러나 채용비리 연루자 및 부정합격자 등에 대한 제재 근거 미흡하다는 지적이 제기되고 있다. 공직유관단체 대다수의 기관이 채용비리 연루 직원 업무배제, 면직, 부정합격자 채용취소 등에 관한 내부 규정 미비로 인하여 연루 기관장 등 임원에 대한 해임 이외의 다른 제재수단이 없는 것을 드러냈다. 채용비리 연루자 중 수사의뢰(징계요구)된 기관의 임직원에 대해 근거규정이 없어 업무배제가 불가하며, 범죄사실과 징계여부가 확정되기까지는 최소 3개월의 시간이 소요된다는 것 또한 문제점을 해소하는 데 걸림돌이 되고 있다.

〈보기〉
(가) 채용비리 예방을 위해 부정청탁 또는 비리 내용을 홈페이지 등에 공개한다.
(나) 채용비리로 수사의뢰 되거나 징계 의결 요구된 경우 해당 직원을 즉시 업무 배제할 수 있는 근거를 마련한다.
(다) 채용비리의 징계시효를 연장하는 규정을 마련한다.
(라) 채용 관리 및 면접 위원 구성의 투명성과 평가 기준의 공정성을 확보한다.

① (가), (나), (다), (라)
② (나), (다), (라)
③ (가), (다), (라)
④ (가), (나), (라)
⑤ (가), (나), (다)

TIP 》 제시된 내용 이외에도 채용비리 근절을 위하여 취할 수 있는 방법으로, 수사결과 등으로 밝혀진 부정합격자에 대해서는 채용취소 근거규정을 마련하고 응시자격을 제한하는 조치도 고려할 수 있다. 또한 채용 과정의 투명성을 확보하고 내부 점검을 보다 강화하기 위하여 외부 시험위원을 과반수 이상 구성토록 명시하는 것도 좋은 방법이 될 수 있다. 이 밖에도 이해당사자 구체화, 블라인드 방식 강화, 채용 관련 문서 영구 보존 의무화 등을 통해 채용비리 근절을 앞당길 수 있을 것이다.

10 A공사의 성희롱 방지 관련 다음 규정을 참고할 때, 규정의 내용에 부합하지 않는 설명은 어느 것인가?

제○○조(피해자 등 보호 및 비밀유지)
① 위원장(인사·복무 등에 관한 권한을 위원장으로부터 위임받은 자를 포함한다)은 피해자 등, 신고자, 조력자에 대하여 고충의 상담, 조사신청, 협력을 이유로 다음 각 호의 어느 하나에 해당하는 불리한 처우를 하여서는 아니 된다.
1. 파면, 해임, 그 밖에 신분상실에 해당하는 불이익 조치
2. 징계, 정직, 감봉, 강등, 승진 제한 등 부당한 인사조치
3. 직무 미부여, 직무 재배치, 그 밖에 본인의 의사에 반하는 인사조치
4. 성과평가, 동료평가 등에서 차별이나 그에 따른 임금 또는 상여금 등의 차별 지급
5. 직업능력 개발 및 향상을 위한 교육훈련 기회의 제한
6. 집단 따돌림, 폭행 또는 폭언 등 정신적·신체적 손상을 가져오는 행위를 하거나 그 행위의 발생을 방치하는 행위
7. 그 밖에 피해를 주장하는 자, 조사 등에 협력하는 자의 의사에 반하는 불리한 처우
② 위원장은 피해자등의 의사를 고려하여 행위자와의 업무분장·업무공간 분리, 휴가 등 적절한 조치를 취해야 한다.
③ 성희롱·성폭력 사건 발생 시 피해자 치료 지원, 행위자에 대한 인사 조치 등을 통해 2차 피해를 방지하고 피해자의 근로권 등을 보호하여야 한다.
④ 고충상담원 등 성희롱·성폭력 고충과 관계된 사안을 직무상 알게 된 자는 사안의 조사 및 처리를 위해 필요한 경우를 제외하고는 사안 관계자의 신원은 물론 그 내용 등에 대하여 이를 누설하여서는 아니 된다.

① 성희롱을 목격하여 신고한 사람에게 인사상 불이익을 주어서는 안 된다고 설명하였다.
② 성희롱 피해자가 원할 경우, 직장에서는 행위자와의 격리 조치를 취해주어야 한다고 설명하였다.
③ 성희롱 사건을 직무상 알게 된 사람이 피해자의 이름을 누설하는 것은 규정 위반이라고 설명하였다.
④ 성희롱 피해자에게 성희롱 피해를 이유로 상여금을 더 많이 지급하는 것도 옳지 않다고 설명하였다.
⑤ 성희롱 피해 당사자에게는 우선 어떠한 직무도 부여하지 말고 절대 휴식을 주어야 한다고 설명하였다.

TIP 》 본인의 의사에 반하는 어떠한 인사상의 조치도 취하면 안 된다고 규정하고 있다. 따라서 피해 당사자라 하더라도 직무에서 배제할 수 없으며, 오히려 치료지원 등을 위한 업무상 공백을 인정해야 주어야 한다. 따라서 어떠한 직무도 부여하지 않고 절대 휴식을 주어야 한다는 해석은 규정에 내용과 부합하지 않는다.

④ 상여금 차별 지급으로 볼 수 있으며, 돈으로 사안을 무마하려는 의도로 보일 수 있으므로 옳은 처사가 아니다.

11 다음 글과 같은 친절한 서비스를 제공하기 위해서 금지해야 할 행위로 적절하지 않은 것은?

> 고객이 서비스 상품을 구매하기 위해서는 입구에 들어올 때부터 나갈 때까지 여러 서비스 요원과 몇 번의 짧은 순간을 경험하게 되는데 그때마다 서비스 요원은 모든 역량을 동원하여 고객을 만족시켜 주어야 하는 것이다. 이를 뒷받침하기 위해서는 고객접점에 있는 서비스 요원들에게 권한을 부여하고 강화된 교육이 필요하며, 고객과 상호작용에 의하여 서비스가 순발력 있게 제공될 수 있는 서비스 전달시스템을 갖추어야 한다. 고객은 윗사람에게 결재의 여유를 주지 않을 뿐만 아니라 기다리지도 않는다.

① 고객에게 짧은 시간에 결정적이고 좋은 인상을 심어주려는 행위
② 고객을 방치한 채 업무자끼리 대화하는 행위
③ 고객이 있는데 화장을 하거나 고치는 행위
④ 개인 용무의 전화 통화를 하는 행위
⑤ 이어폰을 꽂고 음악을 듣는 행위

TIP 》 주어진 글은 '고객접점서비스'에 관한 내용이다. 고객접점서비스란 고객과 서비스 요원 사이의 15초 동안의 짧은 순간에서 이루어지는 서비스로서 이 순간은 진실의 순간(MOT : moment of truth) 또는 결정적 순간이다. 이 15초 동안에 고객접점에 있는 최일선 서비스 요원이 책임과 권한을 가지고 우리 회사를 선택한 것이 가장 좋은 선택이었다는 사실을 고객에게 입증시켜야 한다는 것이다. 즉 "결정의 순간"이란 고객이 기업조직의 어떤 한 측면과 접촉하는 사건이며, 그 서비스의 품질에 관하여 무언가 인상을 얻을 수 있는 사건이다. 따라서 고객접점서비스 차원에서 볼 때, 고객에게 짧은 시간에 결정적이고 좋은 인상을 심어주려는 행위는 바람직한 행위인 것이다.

12 다음 중 개인윤리와 직업윤리에 대한 올바른 설명을 모두 고른 것은?

> (가) 직업윤리는 개인윤리에 비해 특수성을 갖고 있다.
> (나) 개인윤리가 보통 상황에서의 일반적 윤리규범이라고 한다면, 직업윤리는 좀 더 구체적 상황에서의 실천규범이다.
> (다) 모든 사람은 근로자라는 공통점 속에서 모두 같은 직업윤리를 가지게 된다.
> (라) 직업윤리는 개인윤리를 바탕으로 성립되는 규범이기 때문에, 항상 개인윤리보다 우위에 있다.

① (가), (나)　　　　　　　　　　　② (가), (다)

③ (가), (라)　　　　　　　　　　　④ (나), (다)

⑤ (나), (라)

TIP 》 직업윤리는 특정 직업에서 보이는 특수하고 구체적인 윤리를 말한다. 개인윤리의 경우에는 일반적인 상황에 대한 윤리를 의미한다.
　　　(다) 모든 사람은 근로자라는 공통점을 가질 수도 있겠지만, 어떤 직업을 갖느냐에 따라 서로 다른 직업윤리를 가질 수 있다.
　　　(라) 직업윤리는 개인윤리를 바탕으로 성립되고 조화가 필요하며, 항상 직업윤리가 개인윤리보다 우위에 있다고 말할 수 없다.

13 다음 사례에서 엿볼 수 있는 직업윤리 정신으로 가장 알맞은 것은?

> 고려청자 재현의 기초를 습득한 해강 유근형 선생은 일본인 공장을 나온 후 경기도 분원의 사기장 출신인 김완배를 찾아 그가 은거하고 있는 강원도 양구로 간다. 그에게 유약 제조법의 기본을 배운 유근형은 청자 제작에 좋은 태토를 찾기 위해 황해도 봉산 관정리와 함경북도 생기령 등을 다녔다. 청자 유약의 비법을 알아내기 위해, 고려시대 때 청자 가마터를 수소문해서 강진을 비롯한 전국의 옛 가마터를 답사했다. 유약과 태토의 비법을 어느 정도 찾아낸 그는 여주와 수원의 야산에 장작 가마를 만든 후 끝없는 실패를 반복하면서도 불과 씨름을 했고, 1928년 드디어 일본 벳푸시(別府市) 박람회에 청자를 출품하여 금상을 수상했다.

① 봉사　　　　　　　　　　　② 성실

③ 희생　　　　　　　　　　　④ 근검

⑤ 책임

TIP 》 해강 유근형 선생이 고려청자 재현에 열성을 보인 사례를 소개하고 있다. 이는 성실한 모습을 보여주는 사례로, 성실은 일관하는 마음과 정성의 덕이다. 우리는 정성스러움을 '진실하여 전연 흠이 없는 완전한 상태에 도달하고자 하는 사람이 선을 택하여 노력하는 태도'라 말할 수 있다. 그러한 태도가 보통 사람들의 삶 속으로 스며들면서 자신의 일에 최선을 다하고자 하는 마음자세로 연결되었다고 볼 수 있다.

14 다음 글을 참고할 때, 빈칸에 들어갈 적절한 말은?

> 길동이는 얼마 전 B공사에 합격하여 출근 후 자신만의 명함을 갖게 되었다. 길동이는 스승의 날이 가까워져 집 근처에 있는 은사님을 찾아가 인사를 드리게 되었고, 은사님에게 명함을 건넸다. 길동이의 명함을 받은 은사님은 웃으며 "취직을 축하하네. 그런데 말이야, 다른 사람과 명함 교환을 할 때에는 (   )는 점을 잊지 말게." 라고 말씀하셨다.

① 윗사람에게 명함을 건넬 때에는 손으로 건네지 말고, 책상 위에 올려 밀어주어야 한다.
② 명함을 받고, 빨리 명함 지갑에 집어넣는 모습을 보여야 한다.
③ 윗사람이 명함을 달라고 하기 전까지 먼저 꺼내지 않는다.
④ 상대방을 만나기 전에 미리 명함을 꺼내두고, 윗사람 앞에서는 명함 지갑을 보이지 않는다.
⑤ 명함에 추가 정보를 적는 것은 상대방의 앞에서 하지 않도록 한다.

TIP 》 명함에 추가 정보를 적는 것 자체는 상대방에 대한 세부사항을 기억하기 위해 바람직한 방법이라고 할 수 있으나, 상대방이 건네 준 소중한 명함에 상대방의 면전에서 무언가 기재를 하는 것은 자칫 무례한 행동으로 보일 수 있어 유의해야 한다.
① 명함은 아랫사람이 먼저 꺼내고, 왼손으로 가볍게 받쳐 건넨다.
② 명함을 받으면 명함에 관해 한두 마디 건넨다.
③ 명함을 달라고 하기 전에 꺼내는 것은 문제가 되지 않는다.
④ 명함을 미리 꺼내둘 필요는 없으며, 명함 지갑을 보이는 것 역시 예절에 어긋나는 행동이 아니다.

15 다음은 '기업의 직업윤리'의 중요성을 다루는 세미나에서 제공된 발표 자료의 일부이다. 이에 대한 설명으로 적절하지 않은 것은?

> 외국인 투자자들은 최근 한국 기업의 기업 윤리 행태에 대해 비판의 목소리를 높이고 있죠. 투자자의 신뢰를 배신한 한국 기업이라고 구체적으로 지칭하며, 이들에 대한 지분율을 낮추는 등 보유 주식을 대거 처분하고 있는 모습을 보이고 있습니다. 특히 가짜 백수오 사건으로 물의를 일으키는 N사가 대표적인데요. N사는 건강 기능성식품을 제조하면서 진짜 백수오가 아닌, 인체에 유해한 물질을 넣었죠. 이 같은 사실이 공개되기 직전에 내부 임원들이 수십억 원대의 보유 주식을 매각한 사실까지 드러나면서 엄청난 비난이 쏟아지기도 했습니다.
>
> 이러한 행태에 분노한 외국인들은 N사의 주식을 대규모로 매각했고, 주가는 한 달 만에 82% 이상 폭락했죠. 문제는 N사와 같은 행태가 한국 기업 내에서 어렵지 않게 보인다는 것입니다. 국내 최대 자동차기업 중 하나인 Z사는 10조 원이 넘는 지출을 통해 부지를 매입했는데, 이것에 대해 외국인 투자자들은 비상식적인 경영 행위로 판단하고, 경영진에게 일침을 가하기도 했습니다.

① 투자자들은 기업의 경영 방침에 대해 지적하고 간섭할 권리가 있다.

② 한국 기업 경영진들은 종종 자신의 이득만을 위해 정보를 조작하는 등 투명하지 않은 모습을 보이기 때문에 국민들에게 비난의 대상이 되기도 한다.

③ 정보 통신의 발달로 인해 기업들의 정직하지 못한 행태가 쉽게 확인 가능하게 되면서, 기업의 공정에 대한 윤리의식이 기업의 성과에 매우 중요한 요인이 되고 있다.

④ 기업들은 브랜드 이미지를 관리하기 위해 SNS 모니터링, 홍보단 등을 구성하고 운영할 필요가 있다.

⑤ 경영진은 절대 사익을 추구해서는 안 된다는 것이 아니며, 최소한 상식적인 운영을 통해 주주의 이익을 저버리는 행동을 해서는 안 된다.

TIP 》 브랜드 이미지를 관리하기 위한 조치로 적절한 것은 사실이지만, 제공된 자료에 의하면 브랜드 이미지에 대한 오해를 해소하거나 홍보를 위한 행동이 필요한 것이 아니라, 신뢰를 저버린 것이 크게 문제가 된다는 점을 알 수 있다.
> ① 기업은 투자자에게 투명한 정보를 제공하고, 투자자의 이윤 성취에 힘써야 할 의무가 있다. 따라서 투자자를 설득시킬 수 있는 경영 방침을 시행하는 것이 중요하다.
> ② 주어진 글을 통해 확인할 수 있는 내용이다.
> ③ 정보 통신의 발달이 공정성의 강조를 촉진시키고 있다는 내용뿐만 아니라, 주어진 글을 통해 주가가 폭락하는 등의 모습이 보여 성과와의 연관성을 설명하고 있다.
> ⑤ Z사의 비상식적인 경영 행태를 비판하는 모습에서 확인할 수 있다.

16 다음에서 알 수 있는 슈펭글러의 사례가 우리 사회에 발생하지 않도록 하기 위한 적절한 제도적 장치로 가장 거리가 먼 것은?

> 2000년대 초, 독일 카셀의 폭스바겐 공장에서 근무하던 슈펭글러는 믿을 수 없는 장면을 목격했다. 폭스바겐 내에서 공금 유용과 비용 부풀리기를 이용한 착복 등이 일어나고 있었던 것이다. 슈펭글러가 확인한 바에 따르면 이는 일부 몇몇 직원의 일탈이 아니라 노조까지 연루된 부패 사건이었다. 그는 이 사실을 직속 상사와 감사담당관, 경영진에게 알렸으나, 몇 해가 지나도록 그들은 묵묵부답이었다.
>
> 2003년, 회사에 알리는 것만으로는 이를 해결할 수 없다는 걸 깨달은 슈펭글러는 주주들과 감독이사회에 편지를 보내기에 이른다. 하지만 며칠 뒤 그가 받은 답변은 슈펭글러 자신의 해고 통지였다. 부정행위로 회사의 공금이 새고 있음을 고발한 대가는 가혹했다. 슈펭글러는 긴 시간 동안 법정 투쟁 속에 힘든 싸움을 이어가야 했으며, 수년 후에야 검찰 수사를 통해 슈펭글러가 고발한 사내 부패문제가 밝혀졌다.

① 직원의 신원은 확실히 보호되고 모든 제보가 진지하게 다루어지며 제기된 문제는 적절하게 조사된다는 내용이 명확하게 명시된 정책을 운영해야 한다.

② 개인의 불평불만과도 관련될 수 있으므로 인사부 직원을 중심으로 한 '고충신고라인' 등의 제도와 연계시키는 정책을 추진하여야 한다.

③ 조직 내의 모든 관리자와 직원은 물론 외부 이해관계자까지 포함하는 포괄적인 정책이 마련되어야 한다.

④ 고발 행위는 자발적인 행동이 아니라 의무가 돼야 하고 이 의무는 정책에서 분명하게 설명되어야 한다.

⑤ 직속상관에 추가하여 조직원이 신뢰할 만한 윤리경영 담당자 또는 내부감사 책임자(조직 대표나 CEO 포함)에게 직접 제보할 수 있는 시스템이 갖춰져야 한다.

TIP 》 기업의 내부고발에 대한 문제이다. 내부고발자는 자신의 업무에서 알게 된 조직 내 불법 행위나 위험한 활동에 우려를 제기하는 사람이다. 따라서 내부고발과 개인적인 불평불만은 구분돼야 하며 이 둘은 별도의 보고체계를 갖는 것이 중요하다. 일반적인 고충신고라인은 복리후생을 담당하는 인사부와 연결되며, 내부고발의 문제는 이보다 훨씬 중요한 사안이므로 근본적이고 독립적인 내부고발 시스템으로 다루어져야 할 문제이다.

ANSWER 〉 15.④ 16.②

17 다음 (가)와 (나)에 해당하는 직업윤리 덕목을 순서대로 바르게 짝지은 것은?

> (가) 자신의 일이 자신의 능력과 적성에 꼭 맞는다 여기고 그 일에 열성을 가지고 성실히 임하는 태도
>
> (나) 자신의 일이 누구나 할 수 있는 것이 아니라 해당 분야의 지식과 교육을 밑바탕으로 성실히 수행해야만 가능한 것이라 믿고 수행하는 태도

① 책임의식, 천식의식
② 전문가의식, 소명의식
③ 천직의식, 전문가의식
④ 직분의식, 소명의식
⑤ 봉사의식, 직분의식

> **TIP** 》 선택지에 주어진 직업윤리 덕목은 다음과 같이 설명될 수 있다.
> • 소명의식 : 자신이 맡은 일은 하늘에 의해 맡겨진 일이라고 생각하는 태도
> • 천직의식 : 자신의 일이 자신의 능력과 적성에 꼭 맞는다 여기고 그 일에 열성을 가지고 성실히 임하는 태도
> • 직분의식 : 자신이 하고 있는 일이 사회나 기업을 위해 중요한 역할을 하고 있다고 믿고 자신의 활동을 수행하는 태도
> • 책임의식 : 직업에 대한 사회적 역할과 책무를 충실히 수행하고 책임을 다하는 태도
> • 전문가의식 : 자신의 일이 누구나 할 수 있는 것이 아니라 해당 분야의 지식과 교육을 밑바탕으로 성실히 수행해야만 가능한 것이라 믿고 수행하는 태도
> • 봉사의식 : 직업 활동을 통해 다른 사람과 공동체에 대하여 봉사하는 정신을 갖추고 실천하는 태도

18 다음 중 책임감이 높은 사람의 특징으로 가장 거리가 먼 것은?

① 동료의 일은 자신이 알아서 해결하도록 간섭하지 않는다.
② 삶을 긍정적으로 바라보는 태도가 바탕이 된다.
③ 모든 결과는 나의 선택으로 말미암아 일어났다고 생각한다.
④ 누구의 잘못인지를 따지기 전에 어떤 상황에 있어서든 나는 문제해결의 주체라고 생각한다.
⑤ 모든 상황에 대하여 회피하지 않는다.

> **TIP** 》 일반적으로 책임감이 없는 사람은 회사에서 불필요한 사람으로 인식을 받기 쉽고, 반대로 자기 일에 대한 사명감과 책임감이 투철한 사람은 여러 사람에게 도움을 많이 주므로 조직에서 꼭 필요한 사람으로 인식하는 경우가 많다. 따라서 책임감이 높은 사람은 자신의 일뿐만 아니라 동료들의 업무 수행에 있어서도 적극적으로 도움을 줄 수 있는지를 스스로 찾아낼 수 있는 특징이 있다.

19 다음은 A기관 민원실에 걸려 있는 전화 민원 응대 시 준수사항이다. 밑줄 친 (가)~(마) 중 전화 예절에 어긋나거나 관계없는 것은?

> - 전화는 항상 친절하고 정확하게 응대하겠습니다.
> - 전화는 전화벨이 세 번 이상 울리기 전에 신속하게 받겠으며, (가)<u>전화 받은 직원의 소속과 이름을 정확히 밝힌 후 상담하겠습니다.</u>
> - (나)<u>통화 중에는 고객의 의견을 명확히 이해하기 위하여 고객과의 대화를 녹취하여 보관하도록</u> 하겠습니다.
> - 고객의 문의 사항에 대해서는 공감하고 경청하며, 문의한 내용을 이해하기 쉽게 충분히 설명하겠습니다.
> - 부득이한 사정으로 전화를 다른 직원에게 연결할 경우에는 먼저 고객의 양해를 구한 후 신속하게 연결하겠으며, (다)<u>통화 요지를 다른 직원에게 간략하게 전달하여 고객이 같은 내용을 반복하지 않도록</u> 하겠습니다.
> - 담당 직원이 부재중이거나 통화 중일 경우에는 고객에게 연결하지 못하는 이유를 설명하고 (라)<u>유선 민원 접수표를 담당 직원에게 전달하여 빠른 시간 내에 연락드리겠습니다.</u>
> - (마)<u>고객의 문의 사항에 즉시 답변하기 어려울 때는 양해를 구한 후 관련 자료 등을 확인하여 신속히 답변</u> 드리겠습니다.
> - 고객과 상담 종료 후에는 추가 문의 사항을 확인한 다음 정중히 인사하고, 고객이 전화를 끊은 후에 수화기를 내려놓겠습니다.
> - 직원이 고객에게 전화를 할 경우에는 본인의 소속과 성명을 정확히 밝힌 후에 답변 드리겠습니다.

① (가)
② (나)
③ (다)
④ (라)
⑤ (마)

TIP 》 고객과의 대화 내용을 녹취하는 것은 고객에 대한 예절의 차원이 아닌 A기관의 업무수행을 위한 행위이다. 고객의 의견을 명확히 이해하기 위해서는 "~다는 말씀이시지요?" 또는 "~라고 이해하면 되겠습니까?" 등의 발언을 통하여 고객이 말하는 중요 부분을 반복하여 확인하는 것이 효과적인 방법이라고 할 수 있다.

ANSWER 〉 17.③ 18.① 19.②

20 다음은 B공사의 윤리경영에 입각한 임직원 행동강령의 일부이다. 주어진 행동강령에 부합하는 설명이 아닌 것은?

> 제○○조(금품 등을 받는 행위의 제한)
> ① 임직원(배우자 또는 직계 존·비속을 포함한다.)은 직무관련자나 직무관련임직원으로부터 금전, 부동산, 선물, 향응, 채무면제, 취업제공, 이권부여 등 유형·무형의 경제적 이익을 받거나 요구 또는 제공받기로 약속해서는 아니 된다. 다만, 다음 각 호의 어느 하나에 해당하는 경우에는 그러하지 아니하다.
> 1. 친족이 제공하는 금품 등
> 2. 사적 거래로 인한 채무의 이행 등에 의하여 제공되는 금품 등
> 3. 원활한 직무수행 또는 사교·의례의 목적으로 제공될 경우에 한하여 제공되는 3만 원 이하의 음식물·편의 또는 5만 원 이하의 소액의 선물
> 4. 직무와 관련된 공식적인 행사에서 주최자가 참석자에게 통상적인 범위에서 일률적으로 제공하는 교통·숙박·음식물 등의 금품 등
> 5. 불특정 다수인에게 배포하기 위한 기념품 또는 홍보용품 등
> 6. 특별히 장기적·지속적인 친분관계를 맺고 있는 자가 질병·재난 등으로 어려운 처지에 있는 임직원에게 공개적으로 제공하는 금품 등
> 7. 임직원으로 구성된 직원 상조회 등이 정하는 기준에 따라 공개적으로 구성원에게 제공하는 금품 등
> 8. 상급자가 위로, 격려, 포상 등의 목적으로 하급자에게 제공하는 금품 등
> 9. 외부강의·회의 등에 관한 대가나 경조사 관련 금품 등
> 10. 그 밖에 다른 법령·기준 또는 사회상규에 따라 허용되는 금품 등
> ② 임직원은 직무관련자였던 자나 직무관련임직원이었던 사람으로부터 당시의 직무와 관련하여 금품 등을 받거나 요구 또는 제공받기로 약속해서는 아니 된다. 다만, 제1항 각 호의 어느 하나에 해당하는 경우는 제외한다.

① 임직원의 개인적인 채무 이행 시의 금품 수수 행위는 주어진 행동강령에 의거하지 않는다.
② 3만 원 이하의 음식물·편의 제공은 어떤 경우에든 가능하다.
③ 어떠한 경우이든 공개적으로 제공되는 금품은 문제의 소지가 현저히 줄어든다고 볼 수 있다.
④ 직원 상조회 등으로부터 금품이 제공될 경우, 그 한도액은 제한하지 않는다.
⑤ 해당 업무를 더 이상 담당하지 않는 자로부터 이미 지난 과거의 업무와 관련한 금품도 제공받을 수 없다.

TIP 》 '원활한 직무수행 또는 사교 · 의례의 목적으로 제공될 경우에 한하여 제공되는 3만 원 이하의 음식물 · 편의 또는 5만 원 이하의 소액의 선물'이라고 명시되어 있으며, 부정한 이익을 목적으로 하는 경우는 3 만 원 이하의 금액에 대해서도 처벌이 가능하다고 해석될 수 있다.
① 사적 거래로 인한 채무의 이행 등에 의하여 제공되는 금품은 '금품 등을 받는 행위의 제한' 사항의 예외로 규정되어 있다.
③ 공개적인 경우 문제의 소지가 현저히 줄어든다고 볼 수 있다.
④ 상조회로부터의 금품에 대한 한도액과 관련한 규정은 제시되어 있지 않다.
⑤ '직무관련자였던 자나 직무관련임직원이었던 사람'에 해당되므로 이 역시 금품을 제공받을 수 없는 경우가 된다.

21 다음은 근로윤리에 있어 기본이 되는 덕목을 설명하는 글이다. 빈칸에 들어갈 내용으로 적절한 것은?

> (   )은(는) 일관된 마음과 정성의 덕이다. 자식에 대한 어머니의 정성이 대표적인 한국인의 '정성스러움'이다. 우리는 정성스러움을 '진실하여 전연 흠이 없는 완전한 상태에 도달하고자 하는 사람이 선을 택하여 노력하는 태도'라 말할 수 있다. 그러한 태도가 보통 사람들의 삶 속으로 스며들면서 자신의 일에 최선을 다하고자 하는 마음자세로 연결되었다고 볼 수 있다. '지성(至誠)이면 감천(感天)이다' 혹은 '진인사대천명(盡人事待天命)' 등의 말은 인간으로서 자신이 할 수 있는 모든 노력을 경주하고자 하는 정성스러움을 함축하고 있다.

① 성실   ② 정직
③ 근면   ④ 준법
⑤ 희생

TIP 》 조직의 리더가 조직 구성원에게 원하는 첫째 요건이 바로 성실성이라고 한다. 즉, 성실은 조직생활에서 가장 큰 무기가 될 수 있다.

22 다음 글에서 의미하는 공동체 윤리의 덕목으로 가장 적절한 것은?

> 오 사원은 민원실을 찾아 요청사항을 해결하고자 하는 고객에게 최선을 다한다. 항상 고객의 물음에 열성적인 마음으로 답을 해 줄 뿐 아니라, 민원실 문을 열고 들어오는 고객을 발견한 순간부터 상담이 끝날 때까지 오 사원은 한시도 고객으로부터 시선을 떼지 않는다. 또한 상담 중에 다른 불편함이 있지나 않은지 고객을 유심히 살피기도 한다. 가끔 상담을 마치고 민원실을 나서는 고객의 얼굴에선 오 사원의 태도에 매우 만족했음을 느낄 수 있다.

① 성실   ② 봉사
③ 근면   ④ 예절
⑤ 책임

  TIP 》 주어진 글은 봉사(서비스) 중에서도 '고객접점서비스'에 관한 설명이다.

23 다음 중 직업윤리로 준수해야 할 덕목의 하나인 '책임'을 강조한 사례가 아닌 것은?

① 중요한 계약을 성사시키기 위해 아내의 출산 소식에도 끝까지 업무를 수행한 A과장
② 실적 부진의 원인으로 자신의 추진력과 영업력이 부족했음을 인정한 B팀장
③ 매일 출근시간 한 시간 전에 나와 운동을 하며 건강관리에 소홀함이 없는 C대리
④ 본인이 선택한 일이니 그에 따른 결과 역시 다른 누구의 탓도 아니라는 D팀장
⑤ 상사의 지시가 없었어도 며칠 후 행사를 준비하기 위해 스스로 잔업을 마다하지 않는 E대리

  TIP 》 C대리의 행동에서는 꾸준히 자기개발을 수행하는 성실함을 엿볼 수 있으며, 이는 '책임'을 실천하는 모습과는 관련이 없다

24 다음은 사장과읜 간담회 자리에서 신입사원 갑, 을, 병, 정 4명이 한 말이다. 각자의 의견이 의미하는 직업윤리의 덕목을 순서대로 바르게 나열한 것은?

> 갑 : "제가 수행하는 업무는 누구나 할 수 있는 게 아니라 교육을 통한 지식과 경험을 갖추어야만 가능한 것이라고 믿습니다."
>
> 을 : "저는 제가 수행하는 일이 나에게 딱 맞는다는 긍정적인 생각을 갖고 업무 수행을 하는 것이 매우 중요하다고 생각합니다."
>
> 병 : "제가 이 회사에서 일할 기회를 갖게 된 것은, 하늘이 제게 맡긴 중요한 업무라고 생각합니다."
>
> 정 : "자신의 일이 사회 전체에 있어 중요한 역할을 수행하는 것이라는 생각이야말로 무엇보다 중요하다고 봅니다."

① 전문가의식, 천직의식, 소명의식, 직분의식
② 천직의식, 직분의식, 전문가의식, 소명의식
③ 소명의식, 전문가의식, 소명의식, 직분의식
④ 직분의식, 소명의식, 전문가의식, 천직의식
⑤ 전문가의식, 소명의식, 직분의식, 천직의식

> **TIP** 》 각자가 말한 직업관은 다음과 같은 의미로 해석할 수 있다.
> • 갑 : 자신의 일이 누구나 할 수 있는 것이 아니라 해당 분야의 지식과 교육을 밑바탕으로 성실히 수행해야만 가능한 것이라 믿고 수행하는 태도→전문가의식
> • 을 : 자신의 일이 자신의 능력과 적성에 꼭 맞는다 여기고 그 일에 열성을 가지고 성실히 임하는 태도→천직의식
> • 병 : 자신이 맡은 일은 하늘에 의해 맡겨진 일이라고 생각하는 태도→소명의식
> • 정 : 자신이 하고 있는 일이 사회나 기업을 위해 중요한 역할을 하고 있다고 믿고 자신의 활동을 수행하는 태도→직분의식

25 다음과 같은 상황을 맞은 영업팀 최 대리가 취할 수 있는 가장 적절한 행동은?

> 최 대리는 일요일을 맞아 오랜만에 가족들과 함께 가까운 교외로 나들이를 다녀오기로 하였다. 그러나 토요일 저녁 갑자기 베트남 지사로부터 전화가 걸려왔고, 월요일에 도착하기로 했던 바이어 일행 중 2명이 현지 사정상 일요일 오전 비행기로 입국하게 된다는 사실을 통보받게 되었다. 중요한 거래처 바이어인지라, 입국 후부터 모든 일정을 동행하며 불편함이 없도록 수행하기로 되어 있던 최 대리는 매우 난감한 상황에 놓이게 되었고, 가족과의 약속과 바이어 일행의 입국 문제를 놓고 어찌해야 좋을지를 고민하게 되었다.

① 휴일인 만큼 계획대로 가족들과의 나들이를 다녀온다.
② 지사에 전화하여 일요일 입국은 불가하며 어떻게든 월요일에 입국해 줄 것을 다시 한 번 요청해 본다.
③ 가족들에게 미안함을 표하며 바이어 수행을 위해 나들이를 다음 기회로 미룬다.
④ 가족과의 약속을 지키기 위해 동료인 남 대리에게 일요일 바이어 수행을 부탁한다.
⑤ 일요일 휴무를 정식 휴가로 돌려 사용하고 업무대행자를 찾도록 팀장에게 요청한다.

> **TIP** 》 직업윤리와 개인윤리가 충돌하는 상황이며, 이러한 경우 직업윤리를 우선시하는 것이 바람직하다. 선택지 ④의 경우는 책임감 있는 태도라고 볼 수 없으며, ⑤와 같은 행위 역시 맡은 바 업무를 직업정신에 의거하여 성실히 수행하는 태도라고 볼 수 없다.

ANSWER 〉

26 다음은 세계적인 스타트업 기업인 '우버'에 관한 사례이다. 다음 글을 보고 고객들이 우버의 윤리 의식에 대하여 표출할 수 있는 불만의 내용으로 가장 적절하지 않은 것은?

> 2009년 미국 샌프란시스코에서 차량 공유업체로 출발한 우버는 세계 83개국 674개 도시에서 여러 사업을 운영하고 있다. 2016년 기준 매출액 65억 달러, 순손실 28억 달러, 기업가치 평가액 680억 달러로 세계 1위 스타트업 기업이다. 우버가 제공하는 가장 일반적인 서비스는 개인 차량을 이용한 '우버 X'가 있다. 또한, '우버 블랙'은 고급 승용차를 이용한 프리미엄 서비스를 제공하고, 인원이 많거나 짐이 많을 경우에 '우버 XL'이 대형 차량 서비스를 제공한다. '우버 풀(POOL)'은 출퇴근길 행선지가 비슷한 사람들끼리 카풀을 할 수 있게 서로 연결해주는 일종의 합승서비스다. 그 밖에 '우버 이츠(EATS)'는 우버의 배달 서비스로서, 음식배달 주문자와 음식을 배달하는 일반인을 연결해주는 플랫폼이다.
>
> 앞으로 자율주행차량이 도입되면 가장 주목받는 기업으로 계속 발전할 것이라는 전망 속에서 2019년 주식 상장 계획이 있던 우버에게 2017년은 악재의 연속이었다. 연초에 전직 소프트웨어 엔지니어 수잔 파울러가 노골적인 성추행과 성차별이 횡행하는 막장 같은 우버의 사내 문화를 폭로하면서 악재가 시작되었다. 또 연말에는 레바논 주재 영국대사관 여직원 다이크스가 수도 베이루트에서 우버 택시 운전기사에 의해 살해당하는 사건이 발생했다. 우버 서비스의 고객 안전에 대한 우려가 현실로 나타난 것이다.

① 불안정 노동 문제에 대해 사회적 책임 의식을 공유해야 한다.
② 운전기사 고용 과정에서 이력 검증을 강화해야 한다.
③ 고객의 안전을 최우선시하는 의무 소홀에 대한 책임을 져야한다.
④ 실력이 있는 뛰어난 직원이라면 근무태도는 문제 삼지 않는 문화를 고쳐야 한다.
⑤ 단기 일자리를 제공하는 임시 고용형태를 없애야 한다.

> **TIP 》** 단기 일자리를 제공하는 임시 고용형태는 육아와 일, 학업과 일을 병행하거나 정규직을 찾지 못한 사람 등이 주축이 되는 경우가 많으며, 제대로 운용할 경우 적절한 직업으로 거듭날 수도 있는 방식이다. 따라서 이런 임시 고용형태 자체를 무조건 비판하고 부정하는 것은 적절하지 않다.
> ④ 성추행과 성차별이 횡행했던 조직이라면, 채용된 직원에 대한 올바른 조직문화와 기업윤리를 교육하지 않고 실력에만 의존하여 무분별한 행위를 일삼는 근무태도를 문제 삼지 않았을 것이라고 판단할 수 있다.

ANSWER 〉 25.③ 26.⑤

27 다음 글을 참고할 때, 김 대리가 윤리적인 가치를 지키며 직장생활을 하는 근본적인 이유로 가장 적절한 것은?

> 어젯밤 뉴스에서는, 회사의 공금 5백만 원을 횡령하여 개인적 용도로 사용한 한 30대 중반의 직장인 G씨의 이야기가 화제가 되었다. 김 대리는 자신도 회사에서 수억 원의 공금을 운용하고 관리하는 업무를 담당하고 있어 유난히 뉴스가 관심 있게 다가왔다. 그러나 김 대리는 한 번도 G씨와 같은 행위에 대한 유혹을 느껴보지 않았으며, 그러한 마음가짐은 당연한 것이라는 사실을 G씨의 이야기를 통해 다시 한 번 되새기는 계기가 되었다.

① 직장에서의 출세를 위하여
② 사회적 명예를 지키기 위하여
③ 결국 완벽한 범죄일 수는 없기 때문에
④ 삶의 본질적 가치와 도덕적 신념을 존중하기 때문에
⑤ 회사로부터 충분한 경제적 보상을 받고 있기 때문에

> **TIP 》** 김 대리가 윤리적 가치를 준수하고 있는 가장 큰 이유는, 그것이 어떻게 살 것인가 하는 가치관의 문제와도 관련이 있기 때문이다. 그러한 가치는 눈에 보이는 경제적 이득과 육신의 안락만을 추구하는 것이 아니고, 삶의 본질적 가치와 도덕적 신념을 존중하기 때문에 윤리적으로 행동해야 한다는 것을 말해 준다.

28 K사는 기업 윤리경영과 관련하여 외부 감사기관의 감사를 받게 되었다. 피감기관에 대한 외부 감사기관의 감사 보고서에 기재된 다음 보기와 같은 내용 중 윤리경영에 어긋나는 사항이라고 볼 수 없는 것은?

① 계약 성사를 위해 정부 해당 기관 인사들을 만나 식사 자리에서 청탁을 하였다.
② 일부 수익을 이전하여 막대한 세금을 줄일 수 있었다.
③ 품질저하를 무릅쓰고 비용절감을 통해 수익성을 유지하였다.
④ 기업 운영비용을 절감하기 위하여 느슨한 업무 조직을 통합하였다.
⑤ 매출 목표를 초과 달성한 해의 임원과 평직원 간의 임금 격차가 매우 심하였다.

> **TIP 》** ④ 부당 해고나 비윤리적 일자리 축소 등의 행위는 윤리경영에 어긋난다고 볼 수 있으나 기업이 비용절감을 위하여 조직 구조를 개편하는 노력은 정상적인 경영의 일환으로 보아야 한다.
> ①②③⑤ 부정 청탁, 세금 회피, 품질을 담보로 한 수익구조 유지, 임직원 간 막대한 임금 격차 등은 모두 바람직한 윤리경영 행위라고 볼 수 없다.

29 다음 대화의 빈칸에 들어갈 내용으로 적절하지 않은 것은?

> 교사 : '노블레스 오블리주'가 무슨 뜻일까요?
>
> 학생 : 사회 지도층이 공동체를 위해 지켜야 할 도덕성을 의미합니다.
>
> 교사 : 그렇다면 구체적으로 어떤 예가 있을까요?
>
> 학생 : (   ) 등이 있습니다.

① 법관이 은퇴한 후 무료 변호 활동을 하는 것

② 전문직 종사자가 사회에 대한 부채 의식을 버리는 것

③ 의사가 낙후된 지역에서 의료 봉사를 하는 것

④ 교수가 재능 기부에 참여하여 지식을 나누는 것

⑤ 기업에서 소외된 지역의 아동을 위한 장학금을 조성하는 것

> **TIP** » 사회 지도층으로서의 도덕적 의무를 이행하기 위해서는 고위공직자 및 전문직 종사자들이 사회에 대한 책임의식을 가져야 한다.

30 공공기관 민원실에서의 업무상 전화 응대법에 대한 다음 내용을 참고할 때, 상황에 따른 적절한 응대를 한 경우라고 볼 수 없는 것은?

전화 받기	• 벨소리가 3회 이상 울리기 전에 받으며, 늦게 받았을 경우 적절한 사과하기 • 소속과 이름 밝히기 • 상대방 확인과 용건 묻기 • 대화 내용을 재확인하고 필요사항은 반드시 메모해 두기 • 상대방 먼저 끊는 것을 확인 후 통화 완료하기
담당자 부재 중 전화 당겨 받기	• 담당자 대신 전화를 당겨 받았음을 우선 통보하기 • 담당자의 부재를 통보하고 통화 가능 시간 알려주기 • 대화 내용을 메모하고 책임 밖의 확답 금지 • 본인의 소속과 이름 밝히기
담당 부서를 잘못 찾은 전화 받기	• 친절함 유지하기 • 전화를 잘못 걸었음을 정중하게 통보하기 • 올바른 부서의 담당자와 연락처 알려주기 ※ 통화 대기 후 자동 연결 시에도 반드시 통보
전화 걸기	• 이름과 소속 밝히고 통화가 가능한 상황인지 먼저 문의하기 • 담당자가 부재중일 경우 복귀시간을 문의하고 메모 부탁하기 • 간결하고 명확하게 의사 전달하기
민원 전화 응대하기	• 민원인의 입장에서 통화하기 • 항의에 정중히 사과하고 어떠한 경우에도 민원인에 화내지 말기 • 민원인의 요구사항을 파악하여 긍정적인 해결방법 제시하기 • 본인의 권한 이외의 사항일 경우 책임자와 상의 후 회신 약속하기 • 이름과 소속 밝히기

① "전화 당겨 받았습니다. xx팀 xx입니다."

② "죄송합니다만 제가 말씀드릴 수 있는 사항이 아니니 잠시 기다려 주시면 확인 후 답변 드리겠습니다."

③ "전화를 잘못 거셨네요. 찾으시는 담당자에게 연결해 드릴 테니 잠시만 기다리세요."

④ "지금은 담당자가 자리를 비웠습니다. 10분 후 돌아올 것 같은데요, 연락처를 알려주시면 전화를 드리라고 하겠습니다. 저는 민원 2팀 xxx입니다."

⑤ "글쎄요, 그건 저희 기관 업무 소관이 아니라 정확한 답을 드릴 수 없습니다. 원하시는 답변은 xx기관 xx과로 문의하시면 됩니다. 연락처를 알려드리죠."

TIP 》 흔히 범할 수 있는 전화 응대의 실수 사례로 볼 수 있다. 전화를 다른 사람에게 돌려줄 경우, 종종 끊기는 경우가 발생하게 되며 이 때 전화를 건 사람은 똑같은 전화를 다시 반복해야 하는 불편함을 겪게 된다. 따라서 전화를 돌려주기 전에 끊길 경우를 대비하여 올바른 전화번호를 미리 고지해 주어야 한다.

① 전화를 받고 먼저 이름과 소속 등을 밝히고 있다.

② 자신의 업무 밖의 일인 경우, 확인 후 전화를 건 사람에게 답을 제시하겠다는 태도이므로 적절한 응대법이 된다.

④ 담당자 부재중에 전화를 대신 받은 경우로 담당자가 돌아오는 시간을 고지하였으며 연락처를 문의하였고, 자신의 소속과 이름을 밝힌 적절한 응대법이 된다.

⑤ 전화를 건 민원인에게 해결방법을 제시해 준 적절한 응대법이 된다.

PART

IV

NCS 면접

01 면접의 기본

1 면접준비

(1) 면접의 기본 원칙

① **면접의 의미** … 다양한 면접기법을 활용하여 지원한 직무에 필요한 능력을 지원자가 보유하고 있는지를 확인하는 절차라고 할 수 있다. 즉, 지원자의 입장에서는 채용 직무수행에 필요한 요건들과 관련하여 자신의 환경, 경험, 관심사, 성취 등에 대해 기업에 직접 어필할 수 있는 기회를 제공받는 것이며, 기업의 입장에서는 서류전형만으로 알 수 없는 지원자에 대한 정보를 직접적으로 수집하고 평가하는 것이다.

② **면접의 특징** … 면접은 기업의 입장에서 서류전형이나 필기전형에서 드러나지 않는 지원자의 능력이나 성향을 볼 수 있는 기회로, 면대면으로 이루어지며 즉흥적인 질문들이 포함될 수 있기 때문에 지원자가 완벽하게 준비하기 어려운 부분이 있다. 하지만 지원자 입장에서도 서류전형이나 필기전형에서 모두 보여주지 못한 자신의 능력 등을 기업의 인사담당자에게 어필할 수 있는 추가적인 기회가 될 수도 있다.

[서류·필기전형과 차별화되는 면접의 특징]

- 직무수행과 관련된 다양한 지원자 행동에 대한 관찰이 가능하다.
- 면접관이 알고자 하는 정보를 심층적으로 파악할 수 있다.
- 서류상의 미비한 사항과 의심스러운 부분을 확인할 수 있다.
- 커뮤니케이션 능력, 대인관계 능력 등 행동·언어적 정보도 얻을 수 있다.

③ **면접의 유형**

　㉠ **구조화 면접**: 사전에 계획을 세워 질문의 내용과 방법, 지원자의 답변 유형에 따른 추가 질문과 그에 대한 평가 역량이 정해져 있는 면접 방식으로 표준화 면접이라고도 한다.

- 표준화된 질문이나 평가요소가 면접 전 확정되며, 지원자는 편성된 조나 면접관에 영향을 받지 않고 동일한 질문과 시간을 부여받을 수 있다.
- 조직 또는 직무별로 주요하게 도출된 역량을 기반으로 평가요소가 구성되어, 조직 또는 직무에서 필요한 역량을 가진 지원자를 선발할 수 있다.
- 표준화된 형식을 사용하는 특성 때문에 비구조화 면접에 비해 신뢰성과 타당성, 객관성이 높다.

　㉡ **비구조화 면접**: 면접 계획을 세울 때 면접 목적만을 명시하고 내용이나 방법은 면접관에게 전적으로 일임하는 방식으로 비표준화 면접이라고도 한다.

- 표준화된 질문이나 평가요소 없이 면접이 진행되며, 편성된 조나 면접관에 따라 지원자에게 주어지는 질문이나 시간이 다르다.
- 면접관의 주관적인 판단에 따라 평가가 이루어져 평가 오류가 빈번히 일어난다.
- 상황 대처나 언변이 뛰어난 지원자에게 유리한 면접이 될 수 있다.

④ 경쟁력 있는 면접 요령

　㉠ 면접 전에 준비하고 유념할 사항
- 예상 질문과 답변을 미리 작성한다.
- 작성한 내용을 문장으로 외우지 않고 키워드로 기억한다.
- 지원한 회사의 최근 기사를 검색하여 기억한다.
- 지원한 회사가 속한 산업군의 최근 기사를 검색하여 기억한다.
- 면접 전 1주일간 이슈가 되는 뉴스를 기억하고 자신의 생각을 반영하여 정리한다.
- 찬반토론에 대비한 주제를 목록으로 정리하여 자신의 논리를 내세운 예상답변을 작성한다.

　㉡ 면접장에서 유념할 사항
- 질문의 의도 파악 : 답변을 할 때에는 질문 의도를 파악하고 그에 충실한 답변이 될 수 있도록 질문사항을 유념해야 한다. 많은 지원자가 하는 실수 중 하나로 답변을 하는 도중 자기 말에 심취되어 질문의 의도와 다른 답변을 하거나 자신이 알고 있는 지식만을 나열하는 경우가 있는데, 이럴 경우 의사소통능력이 부족한 사람으로 인식될 수 있으므로 주의하도록 한다.
- 답변은 두괄식 : 답변을 할 때에는 두괄식으로 결론을 먼저 말하고 그 이유를 설명하는 것이 좋다. 미괄식으로 답변을 할 경우 용두사미의 답변이 될 가능성이 높으며, 결론을 이끌어 내는 과정에서 논리성이 결여될 우려가 있다. 또한 면접관이 결론을 듣기 전에 말을 끊고 다른 질문을 추가하는 예상치 못한 상황이 발생될 수 있으므로 답변은 자신이 전달하고자 하는 바를 먼저 밝히고 그에 대한 설명을 하는 것이 좋다.
- 지원한 회사의 기업정신과 인재상을 기억 : 답변을 할 때에는 회사가 원하는 인재라는 인상을 심어주기 위해 지원한 회사의 기업정신과 인재상 등을 염두에 두고 답변을 하는 것이 좋다. 모든 회사에 해당되는 두루뭉술한 답변보다는 지원한 회사에 맞는 맞춤형 답변을 하는 것이 좋다.
- 나보다는 회사와 사회적 관점에서 답변 : 답변을 할 때에는 자기중심적인 관점을 피하고 좀 더 넓은 시각으로 회사와 국가, 사회적 입장까지 고려하는 인재임을 어필하는 것이 좋다. 자기중심적 시각을 바탕으로 자신의 출세만을 위해 회사에 입사하려는 인상을 심어줄 경우 면접에서 불이익을 받을 가능성이 높다.
- 난처한 질문은 정직한 답변 : 난처한 질문에 답변을 해야 할 때에는 피하기보다는 정면 돌파로 정직하고 솔직하게 답변하는 것이 좋다. 난처한 부분을 감추고 드러내지 않으려 회피하는 지원자의 모습은 인사담당자에게 입사 후에도 비슷한 상황에 처했을 때 회피할 수도 있다는 우려를 심어줄 수 있다. 따라서 직장생활에 있어 중요한 덕목 중 하나인 정직을 바탕으로 솔직하게 답변을 하도록 한다.

(2) 면접의 종류 및 준비 전략

① 인성면접

㉠ 면접 방식 및 판단기준

- 면접 방식 : 인성면접은 면접관이 가지고 있는 개인적 면접 노하우나 관심사에 의해 질문을 실시한다. 주로 입사지원서나 자기소개서의 내용을 토대로 지원동기, 과거의 경험, 미래 포부 등을 이야기하도록 하는 방식이다.
- 판단기준 : 면접관의 개인적 가치관과 경험, 해당 역량이 수준, 경험의 구체성·진실성 등

㉡ 특징 : 인성면접은 그 방식으로 인해 역량과 무관한 질문들이 많고 지원자에게 주어지는 면접질문, 시간 등이 다를 수 있다. 또한 입사지원서나 자기소개서의 내용을 토대로 하기 때문에 지원자별 질문이 달라질 수 있다.

㉢ 예시 문항 및 준비전략

- 예시 문항

> - 3분 동안 자기소개를 해 보십시오.
> - 자신의 장점과 단점을 말해 보십시오.
> - 학점이 좋지 않은데 그 이유가 무엇입니까?
> - 최근에 인상 깊게 읽은 책은 무엇입니까?
> - 회사를 선택할 때 중요시하는 것은 무엇입니까?
> - 일과 개인생활 중 어느 쪽을 중시합니까?
> - 10년 후 자신은 어떤 모습일 것이라고 생각합니까?
> - 휴학 기간 동안에는 무엇을 했습니까?

- 준비전략 : 인성면접은 입사지원서나 자기소개서의 내용을 바탕으로 하는 경우가 많으므로 자신이 작성한 입사지원서와 자기소개서의 내용을 충분히 숙지하도록 한다. 또한 최근 사회적으로 이슈가 되고 있는 뉴스에 대한 견해를 묻거나 시사상식 등에 대한 질문을 받을 수 있으므로 이에 대한 대비도 필요하다. 자칫 부담스러워 보이지 않는 질문으로 가볍게 대답하지 않도록 주의하고 모든 질문에 입사 의지를 담아 성실하게 답변하는 것이 중요하다.

② 발표면접

㉠ 면접 방식 및 판단기준

- 면접 방식 : 지원자가 특정 주제와 관련된 자료를 검토하고 그에 대한 자신의 생각을 면접관 앞에서 주어진 시간 동안 발표하고 추가 질의를 받는 방식으로 진행된다.
- 판단기준 : 지원자의 사고력, 논리력, 문제해결력 등

㉡ 특징 : 발표면접은 지원자에게 과제를 부여한 후, 과제를 수행하는 과정과 결과를 관찰·평가한다. 따라서 과제수행 결과뿐 아니라 수행과정에서의 행동을 모두 평가할 수 있다.

ⓒ 예시 문항 및 준비전략

• 예시 문항

[신입사원 조기 이직 문제]

※ 지원자는 아래에 제시된 자료를 검토한 뒤, 신입사원 조기 이직의 원인을 크게 3가지로 정리하고 이에 대한 구체적인 개선안을 도출하여 발표해 주시기 바랍니다.

※ 본 과제에 정해진 정답은 없으나 논리적 근거를 들어 개선안을 작성해 주십시오.

• A기업은 동종업계 유사기업들과 비교해 볼 때, 비교적 높은 재무안정성을 유지하고 있으며 업무강도가 그리 높지 않은 것으로 외부에 알려져 있음.

• 최근 조사결과, 동종업계 유사기업들과 연봉을 비교해 보았을 때 연봉 수준도 그리 나쁘지 않은 편이라는 것이 확인되었음.

• 그러나 지난 3년간 1~2년차 직원들의 이직률이 계속해서 증가하고 있는 추세이며, 경영진 회의에서 최우선 해결과제 중 하나로 거론되었음.

• 이에 따라 인사팀에서 현재 1~2년차 사원들을 대상으로 개선되어야 하는 A기업의 조직문화에 대한 설문조사를 실시한 결과, '상명하복식의 의사소통'이 36.7%로 1위를 차지했음.

• 이러한 설문조사와 함께, 신입사원 조기 이직에 대한 원인을 분석한 결과 파랑새 증후군, 셀프홀릭 증후군, 피터팬 증후군 등 3가지로 분류할 수 있었음.

〈동종업계 유사기업들과의 연봉 비교〉

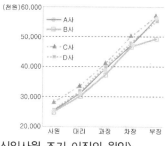

〈우리 회사 조직문화 중 개선되었으면 하는 것〉

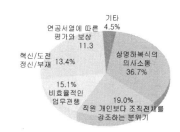

〈신입사원 조기 이직의 원인〉

• 파랑새 증후군
 –현재의 직장보다 더 좋은 직장이 있을 것이라는 막연한 기대감으로 끊임없이 새로운 직장을 탐색함.
 –학력 수준과 맞지 않는 '하향지원', 전공과 적성을 고려하지 않고 일단 취업하고 보자는 '묻지마 지원'이 파랑새 증후군을 초래함.

• 셀프홀릭 증후군
 –본인의 역량에 비해 가치가 낮은 일을 주로 하면서 갈등을 느낌.

• 피터팬 증후군
 –기성세대의 문화를 무조건 수용하기보다는 자유로움과 변화를 추구함.
 –상명하복, 엄격한 규율 등 기성세대가 당연시하는 관행에 거부감을 가지며 직장에 답답함을 느낌.

• 준비전략 : 발표면접의 시작은 과제 안내문과 과제 상황, 과제 자료 등을 정확하게 이해하는 것에서 출발한다. 과제 안내문을 침착하게 읽고 제시된 주제 및 문제와 관련된 상황의 맥락을 파악한 후 과제를 검토한다. 제시된 기사나 그래프 등을 충분히 활용하여 주어진 문제를 해결할 수 있는 해결책이나 대안을 제시하며, 발표를 할 때에는 명확하고 자신 있는 태도로 전달할 수 있도록 한다.

③ 토론면접

　㉠ 면접 방식 및 판단기준

• 면접 방식 : 상호갈등적 요소를 가진 과제 또는 공통의 과제를 해결하는 내용의 토론 과제를 제시하고, 그 과정에서 개인 간의 상호작용 행동을 관찰하는 방식으로 면접이 진행된다.

• 판단기준 : 팀워크, 적극성, 갈등 조정, 의사소통능력, 문제해결능력 등

　㉡ 특징 : 토론을 통해 도출해 낸 최종안의 타당성도 중요하지만, 결론을 도출해 내는 과정에서의 의사소통능력이나 갈등상황에서 의견을 조정하는 능력 등이 중요하게 평가되는 특징이 있다.

　㉢ 예시 문항 및 준비전략

• 예시 문항

> • 군 가산점제 부활에 대한 찬반토론
> • 담뱃값 인상에 대한 찬반토론
> • 비정규직 철폐에 대한 찬반토론
> • 대학의 영어 강의 확대 찬반토론
> • 워크숍 장소 선정을 위한 토론

• 준비전략 : 토론면접은 무엇보다 팀워크와 적극성이 강조된다. 따라서 토론과정에 적극적으로 참여하며 자신의 의사를 분명하게 전달하며, 갈등상황에서 자신의 의견만 내세울 것이 아니라 다른 지원자의 의견을 경청하고 배려하는 모습도 중요하다. 갈등상황을 일목요연하게 정리하여 조정하는 등의 의사소통능력을 발휘하는 것도 좋은 전략이 될 수 있다.

④ 상황면접

　㉠ 면접 방식 및 판단기준

• 면접 방식 : 상황면접은 직무 수행 시 접할 수 있는 상황들을 제시하고, 그러한 상황에서 어떻게 행동할 것인지를 이야기하는 방식으로 진행된다.

• 판단기준 : 해당 상황에 적절한 역량의 구현과 구체적 행동지표

　㉡ 특징 : 실제 직무 수행 시 접할 수 있는 상황들을 제시하므로 입사 이후 지원자의 업무수행능력을 평가하는 데 적절한 면접 방식이다. 또한 지원자의 가치관, 태도, 사고방식 등의 요소를 통합적으로 평가하는 데 용이하다.

ⓒ 예시 문항 및 준비전략

• 예시 문항

> 당신은 생산관리팀의 팀원으로, 생산팀이 기한에 맞춰 효율적으로 제품을 생산할 수 있도록 관리하는
> 역할을 맡고 있습니다. 3개월 뒤에 제품A를 정상적으로 출시하기 위해 생산팀의 생산 계획을 수립한
> 상황입니다. 그러나 원가가 곧 실적으로 이어지는 구매팀에서는 최대한 원가를 줄여 전반적 단가를
> 낮추려고 원가절감을 위한 제안을 하였으나, 연구개발팀에서는 구매팀이 제안한 방식으로 제품을 생
> 산할 경우 대부분이 구매팀의 실적으로 산정될 것이므로 제대로 확인도 해보지 않은 채 적합하지 않
> 은 방식이라고 판단하고 있습니다. 당신은 어떻게 하겠습니까?

• 준비전략 : 상황면접은 먼저 주어진 상황에서 핵심이 되는 문제가 무엇인지를 파악하는 것에서 시작한
다. 주질문과 세부질문을 통하여 질문의 의도를 파악하였다면, 그에 대한 구체적인 행동이나 생각 등
에 대해 응답할수록 높은 점수를 얻을 수 있다.

⑤ 역할면접

㉠ 면접 방식 및 판단기준

• 면접 방식 : 역할면접 또는 역할연기 면접은 기업 내 발생 가능한 상황에서 부딪히게 되는 문제와 역
할을 가상적으로 설정하여 특정 역할을 맡은 사람과 상호작용하고 문제를 해결해 나가도록 하는 방식
으로 진행된다. 역할연기 면접에서는 면접관이 직접 역할연기를 하면서 지원자를 관찰하기도 하지만,
역할연기 수행만 전문적으로 하는 사람을 투입할 수도 있다.

• 판단기준 : 대처능력, 대인관계능력, 의사소통능력 등

㉡ 특징 : 역할면접은 실제 상황과 유사한 가상 상황에서의 행동을 관찰함으로서 지원자의 성격이나 대처
행동 등을 관찰할 수 있다.

㉢ 예시 문항 및 준비전략

• 예시 문항

> **[금융권 역할면접의 예]**
> 당신은 ○○은행의 신입 텔러이다. 사람이 많은 월말 오전 한 할아버지(면접관 또는 역할담당자)께서 ○
> ○은행을 사칭한 보이스피싱으로 인해 500만 원을 피해 보았다며 소란을 일으키고 있다. 실제 업무상황
> 이라고 생각하고 상황에 대처해 보시오.

• 준비전략 : 역할연기 면접에서 측정하는 역량은 주로 갈등의 원인이 되는 문제를 해결 하고 제시된 해결방안을 상대방에게 설득하는 것이다. 따라서 갈등해결, 문제해결, 조정·통합, 설득력과 같은 역량이 중요시된다. 또한 갈등을 해결하기 위해서 상대방에 대한 이해도 필수적인 요소이므로 고객 지향을 염두에 두고 상황에 맞게 대처해야 한다.

역할면접에서는 변별력을 높이기 위해 면접관이 압박적인 분위기를 조성하는 경우가 많기 때문에 스트레스 상황에서 불안해하지 않고 유연하게 대처할 수 있도록 시간과 노력을 들여 충분히 연습하는 것이 좋다.

② 면접 이미지 메이킹

(1) 성공적인 이미지 메이킹 포인트

① 복장 및 스타일

㉠ 남성

• 양복 : 양복은 단색으로 하며 넥타이나 셔츠로 포인트를 주는 것이 효과적이다. 짙은 회색이나 감청색이 가장 단정하고 품위 있는 인상을 준다.
• 셔츠 : 흰색이 가장 선호되나 자신의 피부색에 맞추는 것이 좋다. 푸른색이나 베이지색은 산뜻한 느낌을 줄 수 있다. 양복과의 배색도 고려하도록 한다.
• 넥타이 : 의상에 포인트를 줄 수 있는 아이템이지만 너무 화려한 것은 피한다. 지원자의 피부색은 물론, 정장과 셔츠의 색을 고려하며, 체격에 따라 넥타이 폭을 조절하는 것이 좋다.
• 구두 & 양말 : 구두는 검정색이나 짙은 갈색이 어느 양복에나 무난하게 어울리며 깔끔하게 닦아 준비한다. 양말은 정장과 동일한 색상이나 검정색을 착용한다.
• 헤어스타일 : 머리스타일은 단정한 느낌을 주는 짧은 헤어스타일이 좋으며 앞머리가 있다면 이마나 눈썹을 가리지 않는 선에서 정리하는 것이 좋다.

ⓛ 여성

- 의상 : 단정한 스커트 투피스 정장이나 슬랙스 슈트가 무난하다. 블랙이나 그레이, 네이비, 브라운 등 차분해 보이는 색상을 선택하는 것이 좋다.
- 소품 : 구두, 핸드백 등은 같은 계열로 코디하는 것이 좋으며 구두는 너무 화려한 디자인이나 굽이 높은 것을 피한다. 스타킹은 의상과 구두에 맞춰 단정한 것으로 선택한다.
- 액세서리 : 액세서리는 너무 크거나 화려한 것은 좋지 않으며 과하게 많이 하는 것도 좋은 인상을 주지 못한다. 착용하지 않거나 작고 깔끔한 디자인으로 포인트를 주는 정도가 적당하다.
- 메이크업 : 화장은 자연스럽고 밝은 이미지를 표현하는 것이 좋으며 진한 색조는 인상이 강해 보일 수 있으므로 피한다.
- 헤어스타일 : 커트나 단발처럼 짧은 머리는 활동적이면서도 단정한 이미지를 줄 수 있도록 정리한다. 긴 머리의 경우 하나로 묶거나 단정한 머리망으로 정리하는 것이 좋으며, 짙은 염색이나 화려한 웨이브는 피한다.

② 인사

ⓐ 인사의 의미 : 인사는 예의범절의 기본이며 상대방의 마음을 여는 기본적인 행동이라고 할 수 있다. 인사는 처음 만나는 면접관에게 호감을 살 수 있는 가장 쉬운 방법이 될 수 있기도 하지만 제대로 예의를 지키지 않으면 지원자의 인성 전반에 대한 평가로 이어질 수 있으므로 각별히 주의해야 한다.

ⓛ 인사의 핵심 포인트

- 인사말 : 인사말을 할 때에는 밝고 친근감 있는 목소리로 하며, 자신의 이름과 수험번호 등을 간략하게 소개한다.
- 시선 : 인사는 상대방의 눈을 보며 하는 것이 중요하며 너무 빤히 쳐다본다는 느낌이 들지 않도록 주의한다.
- 표정 : 인사는 마음에서 우러나오는 존경이나 반가움을 표현하고 예의를 차리는 것이므로 살짝 미소를 지으며 하는 것이 좋다.
- 자세 : 인사를 할 때에는 가볍게 목만 숙인다거나 흐트러진 상태에서 인사를 하지 않도록 주의하며 절도 있고 확실하게 하는 것이 좋다.

③ 시선처리와 표정, 목소리

　　㉠ **시선처리와 표정** : 표정은 면접에서 지원자의 첫인상을 결정하는 중요한 요소이다. 얼굴표정은 사람의 감정을 가장 잘 표현할 수 있는 의사소통 도구로 표정 하나로 상대방에게 호감을 주거나, 비호감을 사기도 한다. 호감이 가는 인상의 특징은 부드러운 눈썹, 자연스러운 미간, 적당히 볼록한 광대, 올라간 입 꼬리 등으로 가볍게 미소를 지을 때의 표정과 일치한다. 따라서 면접 중에는 밝은 표정으로 미소를 지어 호감을 형성할 수 있도록 한다. 시선은 면접관과 고르게 맞추되 생기 있는 눈빛을 띄도록 하며, 너무 빤히 쳐다본다는 인상을 주지 않도록 한다.

　　㉡ **목소리** : 면접은 주로 면접관과 지원자의 대화로 이루어지므로 목소리가 미치는 영향이 상당하다. 답변을 할 때에는 부드러우면서도 활기차고 생동감 있는 목소리로 하는 것이 면접관에게 호감을 줄 수 있으며 적당한 제스처가 더해진다면 상승효과를 얻을 수 있다. 그러나 적절한 답변을 하였음에도 불구하고 콧소리나 날카로운 목소리, 자신감 없는 작은 목소리는 답변의 신뢰성을 떨어뜨릴 수 있으므로 주의하도록 한다.

④ 자세

　　㉠ 걷는 자세
- 면접장에 입실할 때에는 상체를 곧게 유지하고 발끝은 평행이 되게 하며 무릎을 스치듯 11자로 걷는다.
- 시선은 정면을 향하고 턱은 가볍게 당기며 어깨나 엉덩이가 흔들리지 않도록 주의한다.
- 발바닥 전체가 닿는 느낌으로 안정감 있게 걸으며 발소리가 나지 않도록 주의한다.
- 보폭은 어깨넓이만큼이 적당하지만, 스커트를 착용했을 경우 보폭을 줄인다.
- 걸을 때도 미소를 유지한다.

　　㉡ 서있는 자세
- 몸 전체를 곧게 펴고 가슴을 자연스럽게 내민 후 등과 어깨에 힘을 주지 않는다.
- 정면을 바라본 상태에서 턱을 약간 당기고 아랫배에 힘을 주어 당기며 바르게 선다.
- 양 무릎과 발뒤꿈치는 붙이고 발끝은 11자 또는 V형을 취한다.
- 남성의 경우 팔을 자연스럽게 내리고 양손을 가볍게 쥐어 바지 옆선에 붙이고, 여성의 경우 공수자세를 유지한다.

ⓒ 앉은 자세

• 남성

> • 의자 깊숙이 앉고 등받이와 등 사이에 주먹 1개 정도의 간격을 두며 기대듯 앉지 않도록 주의한다.
>   (남녀 공통 사항)
> • 무릎 사이에 주먹 2개 정도의 간격을 유지하고 발끝은 11자를 취한다.
> • 시선은 정면을 바라보며 턱은 가볍게 당기고 미소를 짓는다. (남녀 공통 사항)
> • 양손은 가볍게 주먹을 쥐고 무릎 위에 올려놓는다.
> • 앉고 일어날 때에는 자세가 흐트러지지 않도록 주의한다. (남녀 공통 사항)

• 여성

> • 스커트를 입었을 경우 왼손으로 뒤쪽 스커트 자락을 누르고 오른손으로 앞쪽 자락을 누르며 의자에 앉
>   는다.
> • 무릎은 붙이고 발끝을 가지런히 하며, 다리를 왼쪽으로 비스듬히 기울이면 여성스러워 보이는 효과가
>   있다.
> • 양손을 모아 무릎 위에 모아 놓으며 스커트를 입었을 경우 스커트 위를 가볍게 누르듯이 올려놓는다.

(2) 면접 예절

① 행동 관련 예절

ⓐ **지각은 절대금물** : 시간을 지키는 것은 예절의 기본이다. 지각을 할 경우 면접에 응시할 수 없거나,
면접 기회가 주어지더라도 불이익을 받을 가능성이 높아진다. 따라서 면접장소가 결정되면 교통편과
소요시간을 확인하고 가능하다면 사전에 미리 방문해 보는 것도 좋다. 면접 당일에는 서둘러 출발하
여 면접 시간 20~30분 전에 도착하여 회사를 둘러보고 환경에 익숙해지는 것도 성공적인 면접을
위한 요령이 될 수 있다.

ⓑ **면접 대기 시간** : 지원자들은 대부분 면접장에서의 행동과 답변 등으로만 평가를 받는다고 생각하지만
그렇지 않다. 면접관이 아닌 면접진행자 역시 대부분 인사실무자이며 면접관이 면접 후 지원자에 대
한 평가에 있어 확신을 위해 면접진행자의 의견을 구한다면 면접진행자의 의견이 당락에 영향을 줄
수 있다. 따라서 면접 대기 시간에도 행동과 말을 조심해야 하며, 면접을 마치고 돌아가는 순간까지
도 긴장을 늦춰서는 안 된다. 면접 중 압박적인 질문에 답변을 잘 했지만, 면접장을 나와 흐트러진
모습을 보이거나 욕설을 한다면 면접 탈락의 요인이 될 수 있으므로 주의해야 한다.

    ⓒ **입실 후 태도** : 본인의 차례가 되어 호명되면 또렷하게 대답하고 들어간다. 만약 면접장 문이 닫혀 있
다면 상대에게 소리가 들릴 수 있을 정도로 노크를 두세 번 한 후 대답을 듣고 나서 들어가야 한다.
문을 여닫을 때에는 소리가 나지 않게 조용히 하며 공손한 자세로 인사한 후 성명과 수험번호를 말
하고 면접관의 지시에 따라 자리에 앉는다. 이 경우 착석하라는 말이 없는데 먼저 의자에 앉으면 무
례한 사람으로 보일 수 있으므로 주의한다. 의자에 앉을 때에는 끝에 앉지 말고 무릎 위에 양손을
가지런히 얹는 것이 예절이라고 할 수 있다.

    ⓔ **옷매무새를 자주 고치지 마라.** : 일부 지원자의 경우 옷매무새 또는 헤어스타일을 자주 고치거나 확인
하기도 하는데 이러한 모습은 과도하게 긴장한 것 같아 보이거나 면접에 집중하지 못하는 것으로 보
일 수 있다. 남성 지원자의 경우 넥타이를 자꾸 고쳐 맨다거나 정장 상의 끝을 너무 자주 만지작거
리지 않는다. 여성 지원자는 머리를 계속 쓸어 올리지 않고, 특히 짧은 치마를 입고서 신경이 쓰여
치마를 끌어 내리는 행동은 좋지 않다.

    ⓜ **다리를 떨거나 산만한 시선은 면접 탈락의 지름길** : 자신도 모르게 다리를 떨거나 손가락을 만지는 등
의 행동을 하는 지원자가 있는데, 이는 면접관의 주의를 끌 뿐만 아니라 불안하고 산만한 사람이라는
느낌을 주게 된다. 따라서 가능한 한 바른 자세로 앉아 있는 것이 좋다. 또한 면접관과 시선을 맞추
지 못하고 여기저기 둘러보는 듯한 산만한 시선은 지원자가 거짓말을 하고 있다고 여겨지거나 신뢰
할 수 없는 사람이라고 생각될 수 있다.

② **답변 관련 예절**

    ㉠ **면접관이나 다른 지원자와 가치 논쟁을 하지 않는다.** : 질문을 받고 답변하는 과정에서 면접관 또는 다
른 지원자의 의견과 다른 의견이 있을 수 있다. 특히 평소 지원자가 관심이 많은 문제이거나 잘 알
고 있는 문제인 경우 자신과 다른 의견에 대해 이의가 있을 수 있다. 하지만 주의할 것은 면접에서
면접관이나 다른 지원자와 가치 논쟁을 할 필요는 없다는 것이며 오히려 불이익을 당할 수도 있다.
정답이 정해져 있지 않은 경우에는 가치관이나 성장배경에 따라 문제를 받아들이는 태도에서 답변까
지 충분히 차이가 있을 수 있으므로 굳이 면접관이나 다른 지원자의 가치관을 지적하고 고치려 드는
것은 좋지 않다.

    ㉡ **답변은 항상 정직해야 한다.** : 면접이라는 것이 아무리 지원자의 장점을 부각시키고 단점을 축소시키는
것이라고 해도 절대로 거짓말을 해서는 안 된다. 거짓말을 하게 되면 지원자는 불안하거나 꺼림칙한
마음이 들게 되어 면접에 집중을 하지 못하게 되고 수많은 지원자를 상대하는 면접관은 그것을 놓치
지 않는다. 거짓말은 그 지원자에 대한 신뢰성을 떨어뜨리며 이로 인해 다른 스펙이 아무리 훌륭하
고 해도 채용에서 탈락하게 될 수 있음을 명심하도록 한다.

ⓒ **경력직인 경우 전 직장에 대해 험담하지 않는다.** : 지원자가 전 직장에서 무슨 업무를 담당했고 어떤 성과를 올렸는지는 면접관이 관심을 둘 사항일 수 있지만, 이전 직장의 기업문화나 상사들이 어땠는 지는 그다지 궁금해 하는 사항이 아니다. 전 직장에 대해 험담을 늘어놓는다든가, 동료와 상사에 대한 악담을 하게 된다면 오히려 지원자에 대한 부정적인 이미지만 심어줄 수 있다. 만약 전 직장에 대한 말을 해야 할 경우가 생긴다면 가능한 한 객관적으로 이야기하는 것이 좋다.

ⓔ **자기 자신이나 배경에 대해 자랑하지 않는다.** : 자신의 성취나 부모 형제 등 집안사람들이 사회·경제 적으로 어떠한 위치에 있는지에 대한 자랑은 면접관으로 하여금 지원자에 대해 오만한 사람이거나 배경에 의존하려는 나약한 사람이라는 이미지를 갖게 할 수 있다. 따라서 자기 자신이나 배경에 대해 자랑하지 않도록 하고, 자신이 한 일에 대해서 너무 자세하게 얘기하지 않도록 주의해야 한다.

③ 면접 질문 및 답변 포인트

(1) 가족 및 대인관계에 관한 질문

① 당신의 가정은 어떤 가정입니까?

면접관들은 지원자의 가정환경과 성장과정을 통해 지원자의 성향을 알고 싶어 이와 같은 질문을 한다. 비록 가정 일과 사회의 일이 완전히 일치하는 것은 아니지만 '가화만사성'이라는 말이 있듯이 가정이 화 목해야 사회에서도 화목하게 지낼 수 있기 때문이다. 그러므로 답변 시에는 가족사항을 정확하게 설명하 고 집안의 분위기와 특징에 대해 이야기하는 것이 좋다.

② 아버지의 직업은 무엇입니까?

아주 기본적인 질문이지만 지원자는 아버지의 직업과 내가 무슨 관련성이 있을까 생각하기 쉬워 포괄적 인 답변을 하는 경우가 많다. 그러나 이는 바람직하지 않은 것으로 단답형으로 답변하면 세부적인 직종 및 근무연한 등을 물을 수 있으므로 모든 걸 한 번에 대답하는 것이 좋다.

③ 친구 관계에 대해 말해 보십시오.

지원자의 인간성을 판단하는 질문으로 교우관계를 통해 답변자의 성격과 대인관계능력을 파악할 수 있 다. 새로운 환경에 적응을 잘하여 새로운 친구들이 많은 것도 좋지만, 깊고 오래 지속되어온 인간관계를 말하는 것이 더욱 바람직하다.

(2) 성격 및 가치관에 관한 질문

① 당신의 PR포인트를 말해 주십시오.

PR포인트를 말할 때에는 지나치게 겸손한 태도는 좋지 않으며 적극적으로 자기를 주장하는 것이 좋다. 앞으로 입사 후 하게 될 업무와 관련된 자기의 특성을 구체적인 일화를 더하여 이야기하도록 한다.

② 당신의 장·단점을 말해 보십시오.

지원자의 구체적인 장·단점을 알고자 하기 보다는 지원자가 자기 자신에 대해 얼마나 알고 있으며 어느 정도의 객관적인 분석을 하고 있나, 그리고 개선의 노력 등을 시도하는지를 파악하고자 하는 것이다. 따라서 장점을 말할 때는 업무와 관련된 장점을 뒷받침할 수 있는 근거와 함께 제시하며, 단점을 이야기할 때에는 극복을 위한 노력을 반드시 포함해야 한다.

③ 가장 존경하는 사람은 누구입니까?

존경하는 사람을 말하기 위해서는 우선 그 인물에 대해 알아야 한다. 잘 모르는 인물에 대해 존경한다고 말하는 것은 면접관에게 바로 지적당할 수 있으므로, 추상적이라도 좋으니 평소에 존경스럽다고 생각했던 사람에 대해 그 사람의 어떤 점이 좋고 존경스러운지 대답하도록 한다. 또한 자신에게 어떤 영향을 미쳤는지도 언급하면 좋다.

(3) 학교생활에 관한 질문

① 지금까지의 학교생활 중 가장 기억에 남는 일은 무엇입니까?

가급적 직장생활에 도움이 되는 경험을 이야기하는 것이 좋다. 또한 경험만을 간단하게 말하지 말고 그 경험을 통해서 얻을 수 있었던 교훈 등을 예시와 함께 이야기하는 것이 좋으나 너무 상투적인 답변이 되지 않도록 주의해야 한다.

② 성적은 좋은 편이었습니까?

면접관은 이미 서류심사를 통해 지원자의 성적을 알고 있다. 그럼에도 불구하고 이 질문을 하는 것은 지원자가 성적에 대해서 어떻게 인식하느냐를 알고자 하는 것이다. 성적이 나빴던 이유에 대해서 변명하려 하지 말고 담백하게 받아들이고 그것에 대한 개선노력을 했음을 밝히는 것이 적절하다.

③ 학창시절에 시위나 집회 등에 참여한 경험이 있습니까?

기업에서는 노사분규를 기업의 사활이 걸린 중대한 문제로 인식하고 거시적인 차원에서 접근한다. 이러한 기업문화를 제대로 인식하지 못하여 학창시절의 시위나 집회 참여 경험을 자랑스럽게 답변할 경우 감점요인이 되거나 심지어는 탈락할 수 있다는 사실에 주의한다. 시위나 집회에 참가한 경험을 말할 때에는 타당성과 정도에 유의하여 답변해야 한다.

(4) 지원동기 및 직업의식에 관한 질문

① 왜 우리 회사를 지원했습니까?

이 질문은 어느 회사나 가장 먼저 물어보고 싶은 것으로 지원자들은 기업의 이념, 대표의 경영능력, 재무구조, 복리후생 등 외적인 부분을 설명하는 경우가 많다. 이러한 답변도 적절하지만 지원 회사의 주력상품에 관한 소비자의 인지도, 경쟁사 제품과의 시장점유율을 비교하면서 입사동기를 설명한다면 상당히 주목 받을 수 있을 것이다.

② 만약 이번 채용에 불합격하면 어떻게 하겠습니까?

불합격할 것을 가정하고 회사에 응시하는 지원자는 거의 없을 것이다. 이는 지원자를 궁지로 몰아넣고 어떻게 대응하는지를 살펴보며 입사 의지를 알아보려고 하는 것이다. 이 질문은 너무 깊이 들어가지 말고 침착하게 답변하는 것이 좋다.

③ 당신이 생각하는 바람직한 사원상은 무엇입니까?

직장인으로서 또는 조직의 일원으로서의 자세를 묻는 질문으로 지원하는 회사에서 어떤 인재상을 요구하는가를 알아두는 것이 좋으며, 평소에 자신의 생각을 미리 정리해 두어 당황하지 않도록 한다.

④ 직무상의 적성과 보수의 많음 중 어느 것을 택하겠습니까?

이런 질문에서 회사 측에서 원하는 답변은 당연히 직무상의 적성에 비중을 둔다는 것이다. 그러나 적성만을 너무 강조하다 보면 오히려 솔직하지 못하다는 인상을 줄 수 있으므로 어느 한 쪽을 너무 강조하거나 경시하는 태도는 바람직하지 못하다.

⑤ 상사와 의견이 다를 때 어떻게 하겠습니까?

과거와 다르게 최근에는 상사의 명령에 무조건 따르겠다는 수동적인 자세는 바람직하지 않다. 회사에서는 때에 따라 자신이 판단하고 행동할 수 있는 직원을 원하기 때문이다. 그러나 지나치게 자신의 의견만을 고집한다면 이는 팀원 간의 불화를 야기할 수 있으며 팀 체제에 악영향을 미칠 수 있으므로 선호하지 않는다는 것에 유념하여 답해야 한다.

⑥ 근무지가 지방인데 근무가 가능합니까?

근무지가 지방 중에서도 특정 지역은 되고 다른 지역은 안 된다는 답변은 바람직하지 않다. 직장에서는 순환 근무라는 것이 있으므로 처음에 지방에서 근무를 시작했다고 해서 계속 지방에만 있는 것은 아님을 유의하고 답변하도록 한다.

(5) 여가 활용에 관한 질문

① 취미가 무엇입니까?

기초적인 질문이지만 특별한 취미가 없는 지원자의 경우 대답이 애매할 수밖에 없다. 그래서 가장 많이 대답하게 되는 것이 독서, 영화감상, 혹은 음악감상 등과 같은 흔한 취미를 말하게 되는데 이런 취미는 면접관의 주의를 끌기 어려우며 설사 정말 위와 같은 취미를 가지고 있다하더라도 제대로 답변하기는 힘든 것이 사실이다. 가능하면 독특한 취미를 말하는 것이 좋으며 이제 막 시작한 것이라도 열의를 가지고 있음을 설명할 수 있으면 그것을 취미로 답변하는 것도 좋다.

② 술자리를 좋아합니까?

이 질문은 정말로 술자리를 좋아하는 정도를 묻는 것이 아니다. 우리나라에서는 대부분 술자리가 친교의 자리로 인식되기 때문에 그것에 얼마나 적극적으로 참여할 수 있는 가를 우회적으로 묻는 것이다. 술자리를 싫어한다고 대답하게 되면 원만한 대인관계에 문제가 있을 수 있다고 평가될 수 있으므로 술을 잘 마시지 못하더라도 술자리의 분위기는 즐긴다고 답변하는 것이 좋으며 주량에 대해서는 정확하게 말하는 것이 좋다.

(6) 여성 지원자들을 겨냥한 질문

① 결혼은 언제 할 생각입니까?

지원자가 결혼예정자일 경우 기업은 채용을 꺼리게 되는 경향이 있다. 업무를 어느 정도 인식하고 수행할 정도가 되면 퇴사하는 일이 흔하기 때문이다. 가능하면 향후 몇 년간은 결혼 계획이 없다고 답변하는 것이 현실적인 대처 요령이며, 덧붙여 결혼 후에도 일하고자 하는 의지를 강하게 내보인다면 더욱 도움이 된다.

② 만약 결혼 후 남편이나 시댁에서 직장생활을 그만두라고 강요한다면 어떻게 하겠습니까?

결혼적령기의 여성 지원자들에게 빈번하게 묻는 질문으로 의견 대립이 생겼을 때 상대방을 설득하고 타협하는 능력을 알아보고자 하는 것이다. 따라서 남편이나 시댁과 충분한 대화를 통해 설득하고 계속 근무하겠다는 의지를 밝히는 것이 좋다.

③ 여성의 취업을 어떻게 생각합니까?

여성 지원자들의 일에 대한 열의와 포부를 알고자 하는 질문이다. 많은 기업들이 여성들의 섬세하고 꼼꼼한 업무능력과 감각을 높이 평가하고 있으며, 사회 전반적인 분위기 역시 맞벌이를 이해하고 있으므로 자신의 의지를 당당하고 자신감 있게 밝히는 것이 좋다.

④ 커피나 복사 같은 잔심부름이 주어진다면 어떻게 하겠습니까?

여성 지원자들에게 가장 난감하고 자존심상하는 질문일 수 있다. 이 질문은 여성 지원자에게 잔심부름을 시키겠다는 요구가 아니라 직장생활 중에서의 협동심이나 봉사정신, 직업관을 알아보고자 하는 것이다. 또한 이 과정에서 압박기법을 사용해 비꼬는 투로 말하는 수 있는데 이는 자존심이 상하거나 불쾌해질 때의 행동을 알아보려는 것이다. 이럴 경우 흥분하여 과격하게 답변하면 탈락하게 되며, 무조건 열심히 하겠다는 대답도 신뢰성이 없는 답변이다. 직장생활을 위해 필요한 일이면 할 수 있다는 정도의 긍정적인 답변을 하되, 한 사람의 사원으로서 당당함을 유지하는 것이 좋다.

(7) 지원자를 당황하게 하는 질문

① 성적이 좋지 않은데 이 정도의 성적으로 우리 회사에 입사할 수 있다고 생각합니까?

비록 자신의 성적이 좋지 않더라도 이미 서류심사에 통과하여 면접에 참여하였다면 기업에서는 지원자의 성적보다 성적 이외의 요소, 즉 성격·열정 등을 높이 평가했다는 것이라고 할 수 있다. 그러나 이런 질문을 받게 되면 지원자는 당황할 수 있으나 주눅 들지 말고 침착하게 대처하는 면모를 보인다면 더 좋은 인상을 남길 수 있다.

② 우리 회사 회장님 함자를 알고 있습니까?

회장이나 사장의 이름을 조사하는 것은 면접일을 통고받았을 때 이미 사전 조사되었어야 하는 사항이다. 단답형으로 이름만 말하기보다는 그 기업에 입사를 희망하는 지원자의 입장에서 답변하는 것이 좋다.

③ 당신은 이 회사에 적합하지 않은 것 같군요.

이 질문은 지원자의 입장에서 상당히 곤혹스러울 수밖에 없다. 질문을 듣는 순간 그렇다면 면접은 왜 참가시킨 것인가 하는 생각이 들 수도 있다. 하지만 당황하거나 흥분하지 말고 침착하게 자신의 어떤 면이 회사에 적당하지 않은지 겸손하게 물어보고 지적당한 부분에 대해서 고치겠다는 의지를 보인다면 오히려 자신의 능력을 어필할 수 있는 기회로 사용할 수도 있다.

④ 다시 공부할 계획이 있습니까?

이 질문은 지원자가 합격하여 직장을 다니다가 공부를 더 하기 위해 회사를 그만 두거나 학습에 더 관심을 두어 일에 대한 능률이 저하될 것을 우려하여 묻는 것이다. 이때에는 당연히 학습보다는 일을 강조해야 하며, 업무 수행에 필요한 학습이라면 업무에 지장이 없는 범위에서 야간학교를 다니거나 회사에서 제공하는 연수 프로그램 등을 활용하겠다고 답변하는 것이 적당하다.

⑤ 지원한 분야가 전공한 분야와 다른데 여기 일을 할 수 있겠습니까?

수험생의 입장에서 본다면 지원한 분야와 전공이 다르지만 서류전형과 필기전형에 합격하여 면접을 보게 된 경우라고 할 수 있다. 이는 결국 해당 회사의 채용 방침상 전공에 크게 영향을 받지 않는다는 것이므로 무엇보다 자신이 전공하지는 않았지만 어떤 업무도 적극적으로 임할 수 있다는 자신감과 능동적인 자세를 보여주도록 노력하는 것이 좋다.

02 면접기출

서울디자인재단 면접기출

서울디자인재단의 면접은 인성면접(BEI)과 PT면접으로 진행된다.

① 자기소개 및 지원동기를 밀해 보시오.

② 자기 자신을 평가해 보시오.

③ 우리 재단이 어떤 일을 하는 곳인지 말해 보시오.

④ 지원한 직무가 어떤 일을 하는 것인지 아는 대로 말해 보시오.

⑤ 자신의 장점과 단점을 1분 내로 짧게 말해 보시오.

⑥ 목표를 정하고 추진한 경험이나, 어려움을 극복한 경험에 대해 말해 보시오.

⑦ 디자인이 무엇이라고 생각하는지 말해 보시오.

⑧ 자신의 전공이 우리 재단이나 서울 시민에게 어떻게 도움이 될 수 있을지 말해 보시오.

⑨ 공공기관을 지원한 이유가 있다면 말해 보시오.

⑩ 5년 후 자신의 모습이 어떨지에 대해 말해 보시오.

⑪ 시민으로서 우리 재단에 바라는 점이 있다면 말해 보시오.

⑫ 존경하는 CEO가 있다면 누구고, 왜 존경하는지 말해 보시오.

⑬ 공공디자인 프로세스 중 가장 중요한 부분은 무엇이라고 생각하는지 말해 보시오.

⑭ 공공기관의 사업이 시민에게 다가가기 어려운 이유에 대해 말해 보시오.

⑮ 입사 후 해보고 싶은 직무나 프로젝트에 대해 말해 보시오.

⑯ 근무 중 상사와 마찰이 생긴다면 어떻게 해결할 것인지 말해 보시오.

⑰ 새활용 관련 아이디어가 있다면 말해 보시오.

⑱ 업사이클링 확장에 대한 자신의 견해를 말해 보시오.

⑲ 한국전통공예를 소재로 하여 전시기획안을 작성해 보시오. (PT면접)

⑳ 걷기 좋은 서울시를 만들기 위한 프로젝트를 제안해 보시오. (PT면접)

M · E · M · O

M · E · M · O

봉투모의고사 **찐!5회** 횟수로 플렉스해 버렸지 뭐야 ~

지역농협 6급 봉투모의고사(직무능력평가)

서울교통공사 Seoul Metro 봉투모의고사(직업기초능력평가)

합격을 위한 준비
서원각 온라인강의

요점만 담은
알짜이론

믿고보는
교수진

www.sojungedu.co.kr

공 무 원	자 격 증	취 업	부사관/장교
9급공무원	건강운동관리사	NCS코레일	육군부사관
9급기술직	관광통역안내사	공사공단 전기일반	육해공군 국사(근현대사)
사회복지직	사회복지사 1급		공군장교 필기시험
운전직	사회조사분석사		
계리직	임상심리사 2급		
	텔레마케팅관리사		
	소방설비기사		